文化文創・010A

止於至善

傅佩榮談《大學》・《中庸》

傅佩榮 著

止於至善

傅佩榮談《大學》·《中庸》

目錄

大學

中庸 170

【自序】

止於至善談《大學》、《中庸》

「四書三玄」本來包含七本書，但因為其中的《大學》與《中庸》篇幅太少，經常被合為一本，結果就成了六本書。我為「四書三玄」作了「解讀」，並把課堂上對這些經典的解說，整理為一系列詳說本出版，就是天下文化的這一套書。

許多讀者告訴我，他們從詳說本的獲益更大，因為我在講解時，引述了不少故事、案例、個人經驗與心得，使枯燥的原典變得較為活潑有趣，可讀性更是顯而易見。

《大學》與《中庸》是這一系列作品中最後完成的兩本。我們學習經典，一開始時必須借助古人的注釋，但是古人的觀點見仁見智，這時該如何取捨？以《大學》為例，朱熹與王陽明關於「格物致知」的看法就南轅北轍、無法相容。我們只有力求客觀，避免先入為主，然後認真探討其中合理的思維。本書關於這個題材的討論相當完整，應可解決長期困擾大家的難題。

古人與我們一樣，會從生活經驗中歸納出深刻的智慧。因此，我在詮釋時所採取的標準有二：

一是經典本身的主要概念與各章節的內容必須圓融一致；

二是經典所提及的道理，必須與今日生活經驗相互印證。

《大學》與《中庸》屬於儒家經典，而儒家的源頭是《論語》及《孟子》。因此，我在講解過程中，盡量引述孔子與孟子的言論。從整體看來，「四書」確實展現了「極高明而道中庸」的特色，提供了我們今日所需要的價值觀。

【引言】

進入《大學》、《中庸》的世界

「止於至善」一詞出於《大學》開宗明義所說的三句話：「大學之道，在明明德，在親民，在止於至善。」如果要說清楚什麼是止於至善，為何要止於至善，以及如何做到止於至善，就必須充分理解《大學》這部經典。

古代貴族子弟十五歲入「大學」，學習融入統治階級的生活。《大學》這本書是從儒家立場說明統治者應該具備的基本思想、修養方法，以及從政目標。其中論及「修養方法」的部分，已擺脫了時代及社會的限制，彰顯普遍而永恆的啟示，能幫助每一個人走上生命的康莊大道。

首先，為了瞭解「至善」，我們必須先澄清什麼是「善」。

依據儒家的理論，「善」是人與人之間適當關係的實現。例如，身為父母，要教養子女；身為國君，要照顧百姓；身為公務員，要盡忠職守；身為朋友，要講求信義。人不能脫離社會而生存，因此「建立人與人之間的適當關係」是我們修養自己、成就人生的必經之路。

以個人而言，「至善」指的是能夠達成自己在人際相處各方面的職責；以社會而言，「至善」是要求一國之君做到「修己以安百姓」、「博施而能濟眾」。孔子認為這個目標是連堯舜都難以做到的。至於孔子本人的志向——「老者安之，朋友信之，少者懷之」，也正是「止於至善」的具體實現。

其次，深入探索「人為何要止於至善」，答案則是因為「人性向善」。人的真誠會由內而發，進而產生主動的力量，要求自己行善，使適當的人際關係得以實現。孔子說「我欲仁，斯仁至矣」，可見行仁需要自己主動；孟子所謂的「人皆有不忍人之心」，但須真誠自覺，才能付諸行動。孟子一貫地在「善」與「不善」前面，加一個「為」字，可見他認定「善是具體行為」，人性只是向善，而不是朱熹所想像的「本善」。

《大學》第四章談「誠意」時，提到「小人閒居為不善，無所不至」，這句話的意思是：小人平日就做不善的事，沒有什麼壞事不做的。讀到這樣的語句，誰還能一廂情願地宣稱人性「本善」？

最後，如何做到止於至善呢？《大學》對現代人最大的意義，就是為大眾提供了一套修養方法。從天子到百姓，全都要以「修身」為本。

在「八條目」中，修身之前的四個步驟是「格物、致知、誠意、正心」。光是第一步「格物」，就形成了難解之謎。朱熹認為格物是指「窮究萬物之理」；王陽明認為是「正其心於事物」。前者支離瑣碎，無人可以做到；後者簡易空洞，全靠自由心證。而我們的理解則是：

「格物」是指辨別與自身有關的人與事；「致知」是指由此得知相關的善惡判斷與行為規範，然後才有可能進行「誠意」與「正心」的功夫。接著所謂的「修身」，是指修養言行，正是要以善惡及規範為其準繩。這樣的理解，才可由前到後「一以貫之」。

由「修身」開始，還有「齊家、治國、平天下」，這種觀念在今日應做些調整。例如「治國」的「國」可以指個人的行業與職責範圍；「平天下」的「天下」可以指與個人生活相關的全部領域。修身是一輩子的事，所以八條目也是永無止境的努力過程。

《大學》在本書中只占三分之一的篇幅，談的更多的是《中庸》。如果《大學》算是大學生的教材，《中庸》就是研究生的課本了。儒家思想發軔於孔子，完成於孟子，應用於《大學》，結晶於《中庸》。

《中庸》開頭就說「天命之謂性，率性之謂道，脩道之謂教」，這三句話聚焦於人的生命原貌與人生正途。人之道是擇善固執，人之性是向善，聯繫兩者的是「明善」與「誠身」。《中庸》以此為出發點，進而把人類與天地萬物融合成一個整體來思考，提出一系列讓人「心嚮往之」的描述。人類在世間所能期望的最高境界莫過於此，很明顯的，這也是另一種類型的「止於至善」。

儒家有這麼美妙的觀點，不論它能否實現，至少我們要盡力學習，並認識它的價值。

大學

大學之道，
在明明德，
在親民，
在止於至善。

《大學》這本書

古代有大學，相對的，也有小學，教的是灑掃、應對、進退等事項。古代的每個人都要進小學，讓孩子融入社會前，在家庭、學校之中，與人相處時，能夠習得基本的生活規範，並懂得「禮、樂、射、御、書、數」等「六藝」。

孔子小時候念過的鄉村學校，屬於小學的範圍，滿十五歲時，就可以上大學了。但是大學並非每個人都能念，只有將來有機會當上官員的貴族子弟，以及民間的俊彥之士，也就是少數特別傑出的年輕人，才有這樣的機會。古代大學的基本目的，是要讓人能夠做官，因此會學習做官所須具備的條件和修養。所以一般人都知道《大學》有「三綱八目」，最終目的是要「治國、平天下」。

大家對於《大學》的第一句：「大學之道，在明明德，在親民，在止於至善。」

應該都是耳熟能詳，至於這本書的重要性何在？接下來先把它的背景大致說明如下。

《大學》的背景

古代有五經：《易經》、《詩經》、《尚書》之外，還有《禮經》與《樂經》。《樂經》已經失傳了，《禮經》包括三部分：《儀禮》、《周禮》與《禮記》。《儀禮》介紹的是古代社會生活之中的各種儀式，包括男子二十歲加冠的冠禮、結婚的婚禮、喪禮與祭禮，還有同鄉的人相聚飲酒、讀書的人見面等禮儀，細節繁雜，十分瑣碎。《周禮》是周朝的各種制度，所提及的範圍包括三百六十行等所有的行業。隨著時代更迭，制度大多已經更改，所以《儀禮》和《周禮》，一般人不太能夠理解，到漢朝時很多人已經弄不清楚，今天也很少有人去研究它們。《禮記》是把「禮」的精神，做比較完整的說明，反而流傳了下來。

東漢的鄭玄曾注解《禮記》，今天我們所讀的《禮記》版本即為鄭玄所編注。《禮記》分《大戴禮記》與《小戴禮記》，我們所讀的是《小戴禮記》四十九篇。這四十九篇中包含《大學》與《中庸》，所以這兩者是《禮記》之中的兩篇文章。漢朝之後一直到唐宋的學者，在這方面並沒有什麼特別的心得，也沒有特別重視。

宋朝時的儒學和佛學都很發達，兩相比較之下，佛教的思想系統非常完備。佛教有幾個大的宗派，從三論宗、天臺宗、法相唯識宗，一路到華嚴宗，以及後來禪宗的思想，可以看出佛教的體大思精。而儒家的學說只用《論語》、《孟子》的格言與簡單對話，無法與佛教複雜深刻的思辨相抗衡，所以宋儒開始研究《大學》與《中庸》這兩篇，並把這兩篇抽離出《禮記》，獨立成兩本書。南宋時，朱熹把《大學》、《中庸》、《論語》、《孟子》合為一本書，以《四書章句集注》六字做為書名，於是這四本書常以《四書》一詞統指之。

朱熹的《四書章句集注》

這書名的六字中，所謂「章句」指的是《大學》和《中庸》，因為古代的書籍沒有標點符號，朱熹把這兩篇分章分句，並以自己的思想做注解，然後添加他認為遺漏的章句；而書名中的「集注」則是把歷代以來對《論語》、《孟子》的注解匯合起來。所以，朱熹的《四書章句集注》中，《大學》、《中庸》以章句為主，大多是朱熹個人的解釋；《論語》、《孟子》是集注，把各家注解合起來放在書中。編成之後，《四書章句集注》在元朝皇慶二年（一三一三年）列為科舉考試的參考本，到了明朝洪武二年（一三六九年），更以它為標準讀本與教材，原因之一是明朝的皇帝也姓朱，用自家人的書比較放心。但是這六百多年來，大家都讀朱熹的「章句集注」，以為他的注解就是標準的解釋，問題就產生了。

朱熹是一個哲學家，有自己的思想體系，歷來都是學者注解六經，他卻反過來用六經注解他的思想。在為《四書》做章句與注解時，處處表現他個人的見解。他認為講解不夠清楚的地方，就加上自己的看法。最典型的做法就是他把人性分成兩半，一半是天地之性，叫做「天理」，就是仁義禮智，這是善的；另一半是氣質之性，因為人生下來有身體，所以有各種特殊的氣質，而氣質有清有濁，會產生遮蔽。

人有「天理」做為本心，是善的；但氣質會遮蔽與阻礙本心，所以人要學習把它去掉，讓天理出現。他稱此為「復其心」，也就是恢復個人的本心，這是朱熹的思想立場。但是如何去掉這種遮蔽呢？在《大學》裡就出現了這樣的問題。

朱熹說《大學》可能是曾子所作，而《中庸》則是子思的作品。他認為孔子是儒家的第一代，《論語》記載了他的學說；曾子是孔子的學生，寫了《大學》；子思是孔子的孫子，寫了《中庸》；然後才是孟子，如此形成了代代相傳的系統。但這個說法是無法成立的，因為根據後代學者的研究，《大學》與《中庸》是《禮記》中的兩篇，而《禮記》一書在秦漢之際編成，也就是戰國結束之後到秦朝、漢朝之間方才成書。也許書的材料是古代的，但經過研究，《大學》、《中庸》的成書年代不可能比《孟子》更早。

生活在南宋的朱熹為了提高這兩本書的地位，提高了作者的輩分。更大的問題在於，他在編《四書》時，把《大學》排第一，《中庸》排第二，《論語》排第三，《孟子》排第四，這樣的順序讓人無法接受。

儒家的順序是《論語》第一，《孟子》第二。就算《大學》是曾參寫的，記錄孔子主要思想的《論語》卻被排在第三，實在沒有道理。朱熹認為《大學》是初學入德之門，也就是說讀完《大學》這本書，就知道怎麼進入德行的世界修養自己，所以要放在第一，《中庸》第二，讓「論、孟」排在後面。事實上《大學》與《中庸》這兩本書是完全不同的，《中庸》的內容很深入，《大學》則較淺顯，我們很快就會發現它們各自的特色。

回到古本《大學》

朱熹的做法讓人難以接受，所以今天要從古本《大學》談起。為什麼加上「古本」二字呢？因為《大學》被朱熹整理之後變成《大學章句》，我們說《大學章句》時，指的就是朱熹所作的；古本《大學》即是《禮記》中的《大學》。為什麼要重視古本《大學》？這裡面有個故事。

明朝的著名學者王陽明，比朱熹晚了三百多年，他年輕的時候讀朱熹的書，認為朱熹是大學者，肯定說得有道理，就按照朱熹的做法去格物。他十八歲的時候格竹子，把竹子剖開來，研究了幾天，卻生病了。他想，只是格竹子都生病了，如果這樣去格萬物，還有命嗎？所以，王陽明十八歲時就發現此路不通，轉而走入了「致良知」的世界。關於王陽明，將來提到相關內容會再做討論。

朱熹與王陽明是兩個極端，王陽明特別強調要用古本《大學》，因為朱熹的《大學章句》問題出在第五章。現在流傳的說法是《大學》分為「經一章，傳十章」。經一章是孔子說的，後面有十章是「傳」。「傳」是用來解釋「經」的，例如，《左傳》、《公羊傳》、《穀梁傳》這三傳是解釋《春秋》的。但是，朱熹認為「傳十章」中漏了一章，他就根據程頤的意思，自己加了第五章。內容寫得頭頭是道，卻都是朱熹的思想。我們也會把這一章附在書中，供諸位客觀評比。這是《大學》這本書的來龍去脈，雖然有些複雜，但卻是認識《大學》的內容之前，應該先具備的知識。

所以，要正確認識這本書，就要以古本《大學》為基準，才能不受朱熹的干擾。如果接受朱熹所編的「經一章、傳十章」，就必須接受他的解釋，因為編排順序與解釋是連在一起的。既然不確定他的解釋是否正確，就要回到古本《大學》，重新進行詮釋。

接著，我們就進入《大學》的內容，直接讀它的原典。

第一章

〈1〉

大學之道，在明明德，在親民，在止於至善。知止而后有定，定而后能靜，靜而后能安，安而后能慮，慮而后能得。物有本末，事有終始，知所先後，則近道矣。

大學的理想，是要彰顯一個人光明的德行；是要他親近愛護百姓；是要他抵達完美的目標。知道目標何在，就會引發確定的志向；有了確定的志向，才可能保持平靜的心情；保持平靜的心情，才可能安於所處的環境；安於所處的環境，才可能進行周全的思慮；進行周全的思慮，才可能領悟目標的價值。外物的存在有根本部分，也有末節部分；事件的發生有結束階段，也有開始階段。知道這一切的先後次序，就接近大學的理想了。

「大學」是古代的高等教育機構，其職掌為培養貴族子弟，教授他們未來從政所需的知識與能力。而《大學》這本書，則是《禮記》裡面的一篇，是從儒家的立場出發，說明大學的宗旨與理想。

「道」在此處譯為「理想」。「道」就是路，包括法則、規則，也包括正途（正確的途徑），還包括理想。大學的理想，也就是朱熹稱為三綱領的「在明明德，在親民，在止於至善」。

大學的三個理想

《大學》有三個理想，首先是「在明明德」，其中第一個「明」是動詞，代表彰顯；第二個「明」是形容詞，意思是「光明的」。「明德」就是光明的德行。為什麼要彰顯光明的德行呢？德行雖是光明的，但本來沒能彰顯。大學的宗旨就是要彰顯光明的德行。簡單來說，就是驅使人去行善。朱熹把「明德」解釋為「人性本善」，這樣的解釋並不正確。《尚書》中曾多次出現「明德」一詞，前面都加一個「用」字，即「用明德」，意即國君做為政治領袖要「用明德」，「明德」是我的善行，我要用它照顧百姓，用現代的詞彙講就是行善。

一個人如果沒讀《大學》，不明白道理，恐怕光明的德行就沒有機會彰顯。《禮記．學記》中提到「人不學，不知道」，人不學習就不懂得道理，不知道正路該怎麼走。所以，「明明德」其實要做很多事，包括後面的「格物致知」、「誠意正心」，一直到「修身」，都是「明明德」的工作。

大學的第二個理想是「在親民」。朱熹的解釋版本，最大的特色是把「親」字改為「新」，新舊的「新」。朱熹的理由是，接下來有幾段古文《尚書》的資料，其中都提到「新」，如「作新民」，要做新的老百姓，還有「苟日新，日日新，又日新」等。所以，第一步要讓自己不斷更新，第二步是讓老百姓都革新。

但王陽明認為不需要把「親」改為「新」。他指出「親民」是要親愛、照顧百姓。有了德行，就要行善，行善自然就會親近百姓，照顧百姓；百姓受了感動，自然就革新了。改與不改，結論都是類似的。「明明德」是以善的行為表現出來，重點在於自我修養；「親民」則是善行的效果。

儒家主張的「善」，是一個人與別人之間適當關係的實現，要注意此處「善」的概念。如果不清楚儒家「善」的概念，就無法掌握儒家所說的「行善」，而誤以為只是教條。古今中外不論哪個國家、社會，長輩都會教晚輩行善，老師也教學生行善，但是所有人對善的定義卻不盡相同。儒家從孔子開始，就把善定義為「我與別人之間適當關係的實現」，讓我們思考自己與他人的適當關係。例如年輕人在搭乘捷運時不占用博愛座，老人家上車就有地方坐，還有很多年輕人主動把自己的座位讓給老人。這就是社會教化產生的效果，大家在讓座這件事上表現出自己與別人的適當關係。人我之間的關係如何界定非常重要。假設人際關係冷漠，就算社會經濟再繁榮，都不見得符合大眾的需求。

儒家一向對「人」特別重視。《論語》中記載孔子在魯國做官時，有一天下朝回家，家裡的人報告「馬廄失火被燒了」，他只問「有人受傷嗎？」沒有問馬的損失。人與人之間的相互對待是最重要的一環，不論是馬還是熊貓，或是其他任何貴重的動物，都不能與人相提並論。我們既生而為人，就都是平等的，因此才說「己所不欲，勿施於人」，儒家便是以這樣的立場來理解「善」這個概念。

基於以上說明，我們可以確定：第一，「善」不存在於「我」與動物之間。這樣說很容易引起飼養寵物者的不滿，但事實上我們對動物不是「善」，而是「照顧」。第二，「善」不存在於「我」與「我所信仰的對象」之間。我與神佛之間所存在的不能稱為「善」，而是「虔誠」。大家應用不同的概念，描述各類對象間的關係。

儒家的「善」，只用在人與人之間。當人「明明德」之後，就要行善，受益的就是百姓。因為《大學》是教人怎麼做官，做官的人行善，當然是百姓受益，這便是親民，親近愛護百姓。在上位者行善，百姓就會效法，也去行善，不就是自新之民、革新之民嗎？

大學的第三個理想「在止於至善」。什麼是止於至善？「至善」一詞又該如何界定？在此可以從兩方面來看。

首先從形式上說，至善是指完美的目標。人活在世界上有一個目標，目前還不是「至善」，要設法「止於至善」。事實是人活在世界上，永遠不可能達到至善，除非已經蓋棺論定。所以，「止於至善」就變成無限的要求。

同時，由此可知儒家並非主張「人性本善」，如果「人性本善」，試問「本善」與「至善」兩者的差別何在？它們之間必然存在差別，否則就不必強調「止於至善」。

那麼，這種差別該如何分辨，難道「善」還有程度嗎？「人性本善」只有三分，「止於至善」是十分，人的一生還有七分要努力，這樣說未免太牽強。因為善是一種「質」，不是一個「量」。「量」能夠做程度的區分，而「質」則只分有無，因此我始終主張儒家講的不是「人性本善」。而朱熹最主要的創見，就在於談「人性本善」，但他講的人性只是「天理」這一半，而把氣質當作人性裡的雜質、附屬物，這種想法帶有個人的偏見。

其次，就內涵而言，「止於至善」就是要完全安頓一切人際關係。「至善」既然是照顧別人、照顧天下人，「善」當然是「我與別人之間適當的關係」。「善」既是我與人之間適當的關係，「止於至善」就是我做到了和所有人之間的適當關係。在《論語》裡，孔子述說他的志向：「老者安之，朋友信之，少者懷之。」老者、少者、還有朋友是三種人，代表最高的理想是希望能夠安頓天下每一個人。他回答子路時，說最高境界是「修己以安百姓」，也就是把「修養自己，最後能夠安頓天下的百姓」當作最高目標。孔子表示這個境界連堯舜都不見得做得到。堯舜是儒家推崇的最偉大的聖人，他們尚且如此，常人就可想而知了。

綜合以上，全句的文義就是：古代的大學是要培養貴族子弟，讓他們知道將來執政有了權力，要如何照顧百姓。第一，要彰顯自己光明的德行，這代表受教育以後，才知道自己的德行是光明的，應該如何去彰顯；第二，要親近愛護百姓，因為官員與百姓的關係，是既要統治管理他們，同時也要親近照顧他們；第三，是要抵達完美的目標。

清楚的目標引發確定的志向

知道目標何在，就會引發確定的志向，稱為「知止」。「止」等同於「止於至善」的「止」。學習的第一步是要先有認知，無知的話，就不會去實踐與行動。人瞭解到目標值得追求，就會立定志向。

有了確定的志向，才能保持平靜的心情。例如我報考大學時，第一志願填了哲學系，當時很多人都說，哲學系將來會有就業問題，這使我的心情受到干擾。後來又想，三百六十行每一行都有路走，不需要每個人都走專門就業的路，便確定了個人的志向。之後心情平靜，安心念書。

心情平靜才能安於所處的環境，在任何地方都能穩定下來。古人說「十年寒窗無人問」，因為他知道後面接著是「一舉成名天下知」。當然，這是比較膚淺的鼓勵。

再怎麼苦都能安於所處的環境，安定了之後，才能夠獲得周全的思慮。「慮」是能夠想清楚很多問題，到底怎麼做是對的？怎麼做是不對的？

最後進行周全的思慮，才可能領悟目標的價值。這就回到了第一點。「知道」目標，我才能夠有志向，到最後才能「領悟」它的價值。前面的「知道」與後面的「領悟」不同，前面的「知」是因為聽老師說才知道；後面的「領悟」是有了自己的心得。所以，「得」是「慮」而後所獲得。孟子曾說：「君子深造之以道，欲其自得之也。」這裡的「深造」，代表進一步去研究；「以道」是以適當的方法。一個君子用正當的方式，好好去深入研究，目的就是為了讓自己有心得。有了心得之後，才會由內在自發去做該做的事，從被動變成主動，這是儒家教育的理想目標。所以「定、靜、安、慮、得」的「得」，代表一個人真正瞭解，並且領悟這個目標的價值，以後便會自願去追求，而不是受他人指使勉強為之。

總而言之，「知止」就是要先瞭解這一生的最高目標是什麼，這個最高目標，可能是外在的東西，但是所有外在的一切，最後都要歸結到「善」。例如有人以追求富貴為最高目標，孔子說：「富與貴，是人之所欲也；不以其道得之，不處也。」富與貴每個人都想要，但是要以正當的途徑得到，否則寧可不要。那麼得到富貴是為了什麼？還是為了百姓，走到最高目標就可以安頓天下每一個人。知道最終是以「善」為歸依之後，就有所「定」，並接著達到「靜、安、慮、得」。

物有本末，事有終始

「物有本末，事有終始」的「物」字非常重要，因為《大學》的八個條目，第一就是「格物」。究竟「格物」應如何解釋，歷來學者爭議不休。

「物有本末」的「物」字比較複雜，本來指「萬物」，包括人與事在內，在此則指與「我」相對及相關者。就萬物來說，若非與我相關者，則我何從知之？外太空或北極有什麼生物，與我沒什麼關係，為何要知道？知之何益呢？這是因為儒家談「物」，用的是關係理論，這種觀點在現代西方也很受重視。不能只講自我，還要講他者，別人都是和我有關係的。以宗教信仰為例，信仰就是人與超越界之間的關係。我們不能脫離關係來談信仰，例如要描述什麼是佛，如果由不信佛的人來描述，別人必然無法瞭解；如果建立了對佛的信仰，投入其中，便會產生一種親切的關係，描述起來就有主體性，別人自然願意相信。

再例如與人相處，便要瞭解人際關係和基本規範，遇到事情時才知道該如何適當處理，即是所謂的「物」。「物」是與我相關的人與事，是與「我」相對的。例如我看到萬物，指的是我所能看到的部分，一般稱為「外物」，即與我相對的，於我之外的都是物。我看到別人，與別人相處，這也是一個「物」，不只是指物體，也包括人和事在內。《易經·坤卦·象傳》：「地勢坤，君子以厚德載物。」這裡的「物」便不是萬物。這句話的意思是：「大地的形勢順應無比，君子要敦厚自己的品德，用來承載眾人。」和品德有關的是人，所以「厚德載物」的「物」，即是指人而言。「物」的存在有根本部分，也有末節部分，我們所面對的一切人與事，包括自然界在內，必然有本有末，要分清楚。

「事」就是事件，亦即在時間過程中出現及結束者。事和時間不能脫離關係，因為任何事件，都是在時間裡發生和結束，好比緣起緣滅。有人才會有事，事因人而起，離開了人與事，萬物只是依固定規律，保持平衡生態，處於流轉生滅的過程中而已。假設沒有人類，宇宙，地球只是流轉生滅，無所謂好不好、有沒有意義。因為「意義」二字，代表理解的可能性，人類有理性，宇宙因而才有「意義的問題」。

在侏羅紀時，地球上有恐龍，如果問恐龍，這個地球有什麼意義？恐龍不會回答，因為牠不用想這個問題，不知道自己是怎麼變成恐龍的，不知道生存的目的何在，也不知道自己的去向。

人類出現之後，因為人有理性，就要思考這一切是為了什麼，所以才有意義的問題。對於任何事情，我們都要問：該怎麼做才正確？而任何事情都有開始和結束，有些人以為本末終始的意思差不多，其實大不相同。

談到事情要先講「終」，終代表目的。做任何事都有目的，目的確定之後就知道該如何開始，如果沒有明確的目的，便不知道該怎麼著手。談物體或是外物的存在，則先講「本」，再講「末」，何為根本，何為末節。知道這一切的先後順序，就接近大學的理想了。

「則近道矣」的「道」，呼應了第一句「大學之道」的「道」。由「知所先後，則近道矣」可知，大學教育還是以知為主。

《大學》的目標

依據朱熹的說法，《大學》有三綱領、八條目。朱熹（西元一一三〇年～一二〇〇年）是南宋人，他的年代相當於西方中世紀後期。既然三綱領是「明明德、親民、止於至善」，那麼這三者之間的關係如何呢？

朱熹說「明明德、新民，皆當止於至善之地而不遷」。如此說來，三綱領並非是平行的，而是變為兩股，都要回到至善之地。意即一方面是「明明德」，屬於個人的修養；一方面是「親民」（朱熹改為「新民」），使老百姓革新。這兩者都要「止於至善」。

明朝王陽明（西元一四七二年～一五二八年）的說法則不同。他說：「至善者，心之本體也。復其本體，是之謂止於至善。故止於至善，以親民而明其德，是之謂大人之學。」

朱熹和王陽明都把「止於至善」當作一個形式上的最高目的，內容就是「明明德」和「親民」。明明德和親民都能達到至善，就是達到完美的地步。只不過，朱熹的說法是兩個目標達到完美；王陽明的說法則是一個目標，因為「至善」就是心的本體，只要把內心的本體掌握住，任何事情都能解決。王陽明這種說法的問題在於，「何必念大學，既然每一個人都有良知，都有至善的心，只要把良知把握住，讀大學便沒有意義了」；以朱熹的立場來說，「大家都去追求格物，永遠格不完，大學畢不了業」。所以這兩種說法都不合適。

《大學》第一段十分精采，讓學生瞭解大學，明確指出未來人生的三大目標，

「明明德」是個人修養，「親民」則是將來要齊家治國，「止於至善」則是平天下，使天下人都達到理想的境界。

第二章

〈2〉

古之欲明明德於天下者，先治其國。欲治其國者，先齊其家。欲齊其家者，先脩其身。欲脩其身者，先正其心。欲正其心者，先誠其意。欲誠其意者，先致其知。致知在格物。

古代的人，想要在天下彰顯他光明的德行，就須先治理自己的國家。想要治理自己的國家，就須先規範自己的家庭。想要規範自己的家庭，就須先修養自己的言行。想要修養自己的言行，就須先端正自己的心思。想要端正自己的心思，就須先真誠面對自己的意念。想要真誠面對自己的意念，就須先推究自己所知的善。推究自己所知的善，就是要辨別外物與我的關係。

在寫作形式方面，最後一句的寫法與前面幾句不同，前面幾句都是「欲……者，先……」，例如說「欲齊其家者，先脩其身」，「其」是指「你」，意即前面所說的都是個人的行為。而最後一句是：「致知在格物。」所謂格物，是大家都要格同樣的物。換句話說，每一個人進大學之後，第一步是共同的認知，稱為「格物」。「格物」不是格其物，並非你格你的物，他格他的物；我們生活在同一個社會中，應格共同的物，不能分你我他。但是「致知」是各自就自己的知，來加以掌握。

全段文義的關鍵在於「修身」二字，修養言行是要使言行走向善，向前推究，則「正心」與「誠意」都一定是以「善」做為目標，才可以使「修身」達到「善」。既然「誠意正心」以「善」做為目標，前面「格物致知」所「知」的便一定是「善」了。知道了「善」但還沒有實踐，所以需要經過「誠意、正心、修身」的過程加以實踐。如果「修身」所講的是「善」，而「格物致知」不是「善」，上下文意便無法連貫。推究自己所知的「善」，就是要辨別外物與我的關係。講「致知」，是要去推究我所知道的善；講「格物」，則是要辨別我與外物的關係。

大學的理想是造就傑出的統治階層，所以用「古之欲明明德於天下者」做為示範。「古」常常是指古代的盛世，堯、舜、禹、湯、文、武、周公，他們面對天下百姓，要做到「博施於民而能濟眾」，這是天子的理想（古時候天子有天下，諸侯有國，大夫有家）。只有天子才有資格說：我要明明德於天下，我要對天下人都實現我所知的善。

「先治其國」的「治」在古時候用做動詞，讀音與「持」同。「欲治其國者，先齊其家」這一句的意思是：想要在天下彰顯他光明的德行，就須先治理自己的國家；想要治理自己的國家，就須先規範自己的家庭。

我們今天講「國」是一個國家，天下是整個世界，一般人至多只能接觸到治國的層面，談不到去「平」天下。但古代的觀念與今日不同，當時的人以為，全世界只有一個中國，天子有天下，諸侯有國，大夫有家。而在訓練政治領袖時，必須以最高的目標，做為大家學習的對象。所以即使是諸侯之子、大夫之子，也要知道天子的最高理想，要「取法乎上」。每個人都知道最高的理想，才會按部就班盡自己的責任。大家各盡本分，分工合作，「平天下」的目標才能達成。

修養言行，端正心思

「欲齊其家者，先修其身」的「修身」即修養言行，每個人都要從修身做起。「身」是指言行，從具體的灑掃、應對、進退，到動靜、周旋，所言所行都要合乎禮儀、禮節與禮貌。孔子教學常常喜歡言行並舉，例如：「言忠信，行篤敬」、「言中倫，行中慮」、「聽其言而觀其行」。《易經・繫辭傳上》亦提到：「言行，君子之樞機。」「樞機」就是樞紐的關鍵，意即要看人的言行表現。所謂：「言行，君子之所以動天地也，可不慎乎？」想要感動天地，端賴言行。

言行是我們修身最主要的內容，言行表現於外，基礎則在於內心的修練。要從修身、修養言行做起，但也不能只有言行。因為言行表現在外，可以作戲、作秀，所以得再往前回溯到正心、誠意、致知、格物，如此修身才有依據。自天子以至於老百姓，每一個人都要以修身為本。將修身理解為修養言行，就知道修養言行是可以讓人行善避惡的。

如何才能修養言行？必須先正心。何謂「心」？簡言之，就是意識能力。宋明的學者喜歡把「心」講得非常完美，如王陽明便說「至善是心的本體」，意即人心有一種本體稱為「至善」。但是《論語》中的理解則不同，孔子曾自述從十五歲立志求學，到七十歲而從心所欲不逾矩。這句話透露出的資訊是：像孔子這樣努力精進的人，活到七十歲才有把握自己能「從心所欲不逾矩」。六十九歲以前則是從心所欲，可能會逾矩。至於一般人從心所欲幾乎是必然逾矩，可見「心」的本質絕非完美。

可以讓我們瞭解「心」的孔子語錄還有很多，例如他說只有顏淵可以做到「其心三月不違仁」，「仁」是一個完美的標準，三個月代表一個季節，是很長的時間。顏淵是他最優秀的學生，他的心能夠長時間不背離仁；而其餘的學生「日月至焉而已」，有的一兩個月，有的一兩天就放棄依循「仁」的準則了。可見人的心和「仁」經常分開。

《孟子》一書引用孔子所說的「出入無時，莫知其鄉」這句話，接下來說「其心之謂與」，意思是：「出去和回來，沒有一定的時間，沒有人知道它的方向，講的應該就是『心』吧。」這話說得沒錯，人心不正是如此嗎？三心二意、心不在焉、心猿意馬。用現代的話來說，心就是意識能力，意識能力就是人能夠覺悟到外在的東西與內在的意念。心原本就是處於浮動的狀態，常言道「起心動念」，說明心中隨時會有新的想法出現。

所以孟子說：「學問之道無他，求其放心而已矣。」要求學、要向別人請教，沒有別的方法途徑，只要把失去的心找回來就可以了。可見，孟子認為要學要問，都是為了行善，否則失去的心，又何必找回來呢？從「正心」可知，心一定是有問題才需要正，這完全符合孔孟的思想。所以不要把心想得太完美，人的心只是一種意識能力，它需要正，正心之後才得以修身。

真誠面對自己的意念

「欲正其心者，先誠其意」的意思是：想要端正自己的心思，就須先真誠面對自己的意念。起心動念，是把心與念合在了一起，事實上這兩者應分開來談，心是心思，念是意念。

內心有想法，就設法表現在言行上，心思就是想法，是由內到外的聯結點，代表一個完整的構想：去旅行，去用餐，都是內心產生想法之後，才付諸的行動。意念純屬內心之事，常常只是在某種處境中偶發的、直接的念頭，有時一閃而逝，有時徘徊不去。一隻蝴蝶飛過去，念頭就產生了：蝴蝶真美，蝴蝶飛得好自在……可不一定會有下一步的想法。念頭常被外面的事情所影響，旋起旋滅。

「誠意」是真誠面對自己的意念，「誠」字被視為「真誠」之意，在《論語》中並未出現過。孔子提到有關真誠處世或待人時，用到兩個字：一為「直」，一為「忠」。

孔子談「直」有真誠而正直的意思，「人之生也直，罔之生也幸而免」，意思是說：一個人活在世界上，應該真誠而正直，沒有真誠正直而能活著，那是僥倖得免。孔子又說：「父為子隱，子為父隱，直在其中矣。」這段話出自於一個故事。楚國一位大夫對孔子說，我們楚國有一個人非常正直，父親偷羊，做兒子的親自去檢舉。孔子則說，我們魯國不一樣，父親會替兒子隱瞞，兒子會替父親隱瞞，這其中就有直，直代表真誠的心。父親偷了羊，兒子不希望被別人知道，他並非要故意違法，而是真誠的表現，這就是儒家所說的「直」。孔子常常用「直」代表真誠，他說「好直不好學，其蔽也絞」，意即喜歡真誠而不去學習人情世故，如此一來難免淪為尖酸刻薄。

其次，再談到「忠」，「忠」有真誠盡心之意，例如，「忠焉，能勿誨乎？」你做錯了事，我如果真誠對你，能不勸告你嗎？孔子說好朋友有三種，第一種「友直」，「直」就是「忠」，「忠」就是盡己之心。真誠面對朋友，朋友有錯誤直接告訴他，這就是「直」的表現。

《孟子》裡則直接談到「誠」，「誠者，天之道也；思誠者，人之道也。」這句話與《中庸》所說的「誠者，天之道也；誠之者，人之道也」很相似。《大學》談誠意，《孟子》則說誠身，誠身包括誠意、正心、修身三者。他說「誠身有道」，又說「反身而誠，樂莫大焉」。

朱熹也談「誠」，他說：「誠，實也；意者，心之所發也。」「誠」是實，意思是人的心一運作就產生意念，誠意就是把這個意念加以核對，而核對的標準為格物致知中所知的「善」。《孟子》中提到「不明乎善，不誠其身矣」，一個人如果不明白什麼是善，就不可能誠其身。《中庸》也有「明善才能誠身」的話語，一定是先明善，然後才能夠誠身。朱熹的主張為當人起了意念，就要先問自己：我真的這樣想了嗎？

但這個檢視內心想法的動作，並不保證必然為善，除非致知所推究的是「善」的知識，之後才能「誠意」。

然而朱熹所說的「致知」乃是「推極吾之知識，欲其所知無不盡也」。這個境界高不可攀，世界上有誰可以做到知道所有的一切呢？這種「知」乃物理之知，物理就是萬物的道理。這一方面的知識，非關善惡。如果非關善惡，又如何談誠意呢？朱熹終究無法自圓其說。

王陽明的說法是：「心之本體本無不正，自其意念發動，而後有所不正」，也就是說「意之所發，有善有惡」。這正好是王陽明在《天泉證道》公案中提出的：「無善無惡心之體，有善有惡意之動，知善知惡是良知，為善去惡是格物。」所以，誠意是以良知所知之善惡，來檢驗「意之所在之物」的善惡。王陽明認為人有良知，良知乃至善，知道所有的善惡，所以良知便可以檢驗意是否為誠。這個說法的缺失在於，如此難免導致過度主觀判斷，而大學所謂的教育，也顯得不太需要了。

如前所言，根據朱熹的方式「致知」，永遠畢不了業；根據王陽明的方式「致知」，則無須念大學。既然人人有良知、明善惡，老師只要教導人恢復良知就可以了，不必學習各種外在的規範，又何必念大學呢？

致知與格物

《大學》前三段出現了許多與「知」有關的詞，如「知止、知所先後、致其知、致知、知至、知本、知之至」，可見《大學》確實是教人明白道理的典籍，瞭解之後才會加以實踐並修養自己。

朱熹認為《禮記》中《大學》的原文在傳之五章有所缺漏，少了提及「格物致知」這段話，於是他大膽地加上一章。他表示這是根據北宋程頤的說法，程頤比朱熹早了九十七年。朱熹是程頤的第四代弟子，他很崇拜程頤。朱熹還認為孟子的思想，一千多年來無人懂，一直到「二程」（程顥、程頤兄弟），才為世人所理解。

朱熹所添加的內容如下：「所謂致知在格物者，言欲致吾之知，在即物而窮其理也。蓋人心之靈莫不有知，而天下之物莫不有理，惟於理有未窮，故其知有不盡也。是以《大學》始教，必使學者即凡天下之物，莫不因其已知之理而益窮之，以求至乎其極。至於用力之久而一旦豁然貫通焉，則眾物之表裡精粗無不到，而吾心之全體大用無不明矣。此謂物格，此謂知之至也。」

天下之物，並非僅指特定的某些事物，乃是世間萬物。如果朱熹所言為真，則古代讀大學的人，有誰能合乎「格物致知」的標準？誰能抵達「眾物之表裡精粗無不到」的程度？

王陽明在十八歲時，也曾聽朱熹的教誨而認真格物，每日格竹子，卻想不出道理來，最後竟生病了。格物致知，只是第一步與第二步，達不到這一步，又如何晉升至誠意、正心？他後來指出：「致知云者，非若後儒所謂充廣其知識之謂也，致吾心之良知焉耳。」他在此批評朱熹擴充物理之知的主張，並提出了自己的創見，在「致知」中間加了一個字，改為「致良知」，並指出「吾心之良知，無有不自知者。」王陽明認為良知若無法分辨善惡，就如同月亮被雲遮住一般，撥開雲霧便能看到月亮，不論雲霧如何，月亮始終如一。就此而論，「致知」所知者為善惡之知、德行之知，不是物理的知。因為如此，才能接上「誠意、正心」。

此觀點顯然勝過朱熹之說。但問題在於，如果人人皆有良知，不同良知之間的差異，要如何化解？當我們責怪他人行為有所偏差時，對方若回答：「我本著自己的良知而為。」我們該怎樣答覆？如果依照自己的良知行動，卻違背了社會規範；每個人都本著自己的良知，卻做法不一，這些衝突又該如何消弭？

朱熹只強調博學，王陽明只強調知善惡，他們關於「致知」的說法走向了不同的極端。東漢的鄭玄（西元一二七年～二〇〇年）是最早注解古本《大學》的學者，他認為「知」是「知善惡吉凶之所終始也」。鄭玄對《大學》一書的基本立場是「以其記博學可以為政也。」因此，他的觀點是「由博學而致知」，所知者為「善惡」。其前半段正是朱熹的思想，後半段則是王陽明的思想。鄭玄這位東漢學者的觀點竟綜合了一千多年後朱王二人的看法，不免顯得時空錯置。簡而言之，古人在大學所要學習的便是格物致知，也就是瞭解規範行為的善惡有何具體內容。經過大學教育，就可以進行誠意的修行。

大學的「致知」，正是要推究自己所知的善，亦即每當意念發動時，考察它是否符合已知的善的規範。例如看到地上的錢包，人就會出現一個意念：我可以撿嗎？這時，就要把原來知道的善惡規範拿出來對照，以它為標準來「誠意」，看是否合乎它的要求。規範是學來的，不是只憑良心行事。如此才可以避免純屬主觀的自由心證，也才可以在人的社會中取得言行上的共識，才得以在社會共同生活。否則每個人各自「誠」自己的「意」，善惡標準又不同，社會不就全亂了嗎？

原文最後一句「致知在格物」，而非格其物。因為物是共同的、大家的，是社會生活的規範，有一定的歷史背景與傳統，不能說我格我的物，你格你的物。

至於「格物」的解釋，朱熹說：「格，至也；物，猶事也。」「格」是到達、來臨；「物」是事情。「窮至事物之理，欲其極處無不到也。」

王陽明說：「物者，事也。凡意之所發必有其事，意所在之事，謂之物。」也就是說，意念所到之處，就變成我的物件。凡意念沒有達到的地方，對我來說等於不存在。例如看到茶杯，心想：這是我的杯子嗎？我的意念就到了茶杯，茶杯就是物。「格者，正也，正其不正以歸於正之謂也。」格物是指遇到任何人、任何事、任何狀況時，都要把不正的變成正。那具體要怎麼去做呢？他的觀點依然是「吾心之良知，無有不自知者」。這是很樂觀的想法，人的良知無所不知，只要回歸本心，便能回到正。

依王陽明的看法，「物、知、意、心、身」其實只是一物，「格、致、誠、正、修」其實只是一事，所有的一切，都在於心正與否。因為心本來是正的，當有了偏差時，回到本心就可以了。如此說來，讀書、學習、修養便完全沒有存在的意義了。

王陽明的理解簡單空洞，而朱熹的說法又顯得支離破碎，因為人如果到處去追求「物理」的「知」，是永遠也學不完的。

鄭玄對「致知」闡述得很正確，但他對「格物」的看法則有些問題。他說：「格，來也。物，猶事也。其知於善深，則來善物，其知於惡深，則來惡物。言事緣人所好來也。」意即人所知道的善多，善事就來了；知道的惡多，惡事就來了。此說法最大的疏漏，在於把「致知在格物」變為「格物在致知」了。錢穆就說過：「此則說成格物在致知矣。」如果格就是來，格物就是物來，知道的善深，善物就來了，這豈不是和《大學》的說法相反了嗎？可知「格物」之解，漢儒已失其義。既然這幾位學者的說法都有問題，不如追溯孔、孟的資料以求得正解。

在《論語》和《孟子》裡，「格」字都只出現過一次，因為缺少對照材料，較難掌握確切的字義，需仔細斟酌。《論語．為政》提到：「道之以德，齊之以禮，有恥且格。」「格」當何解呢？

若套用朱熹所解的意思是「來」或「至」，格就是「來歸」之意，意即：用德行來引導百姓，用禮儀來規範百姓，百姓經過教化之後，有羞恥心，並且會來歸。問題在於：孔子如果要說來歸，他會直接用「來」字，如《論語・季氏》中：「故遠人不服，則修文德以來之。」遠方的人如果不順服，就修文德讓他來歸。

如果套用王陽明所解則是「正」，即歸於正。那這句話的意思就變為百姓有羞恥心，並且自己走向正道。但是，孔子如果要表達歸於正的想法，會直接用「正」，例如《論語・顏淵》：「子帥以正，孰敢不正？」在《論語》裡，「正」字經常出現。可見「格」不完全等於「來」，也不完全等於「正」，顯然是另有他意。

「格」字可以解為「分辨善惡」，那麼，「有恥且格」就是說百姓有羞恥心，並且還可以分辨善惡。從有羞恥心，到來歸、或歸於正，都需要有中間環節，否則人民經由上位者的教化，有羞恥心後，立刻就來歸或歸於正，未免太快了。合理的理解為「有羞恥心之後，人民能夠分辨善惡；分辨善惡之後，才去行善避惡」。所以「格」或許可解釋為分辨善惡，此種解法在《孟子》裡能夠找尋佐證，如「惟大人為能格君心之非。」孟子這句話是有根據的，可以推源於《尚書．冏命》，其原話是：「繩愆糾謬，格其非心。」「愆」代表過錯，「謬」代表謬誤，「糾」是糾正之意；「繩愆糾謬」就是把過錯和謬誤加以糾正。「格其非心」，孔安國的注說「格」是「檢」，「格其非心」就是檢其非妄之心。孔穎達的疏（疏就是對於注再加以注解）說：「『格』謂檢括，其有非理枉妄之心，檢括使妄心不作。」「檢」就是分辨，把善惡分辨清楚，「格」正是分辨善惡之意。

朱熹注解孟子的「惟大人為能格君心之非」，說「格其君心之不正以歸於正」。「君心」是國君的心思，「大人」是大德之臣，這句話是說一個很有德行的大臣，只有他能夠格君心之非。大臣如何去改正國君心中的念頭呢？一個人內心的念頭，別人怎麼去更改呢？他只是看到國君有一些偏差的想法和作為，於是幫國君分辨清楚善惡，讓國君自己去改。再則孟子如果要表達「正」的意思，會直接說「惟大人能正君心之非」。古時候寫文章，固然有很多字可以表達同樣的意思，但是多半還是會用一個最直接、最為人所知的字做為代表。「格」本來就是一格一格，隔開來、分辨清楚的意思，所以應把「格」理解為「分辨善惡」。

何謂「物」呢？古人以物泛指萬物，包括人，以及人所做的事。如果扣緊「格」是分辨善惡的「分辨」，「物」應該是指與人有關的人和事。從鄭玄到朱熹與王陽明，都認為「物，猶事也」，意思是：物就是人間的事情。一個學習者進入大學，首先要學的就是人間的道理，所以八條目的後半段「修身、齊家、治國、平天下」，很明顯講的是人與人之間如何相處和諧的道理。那麼，做為第一條目的格物，所格之物當然是指與人的生活有關的具體人際規範，與合宜的處事方法。

結論是「致知在格物」，意思是推究自己所知的善，就是要辨別外物與我的關係。這樣的格物與致知，大概一年就可以學會了。古代的大學每三年考核一次，這樣的課程內容與要求，還算合理。學會了人際規範之後，將來才具有做官任公職的能力。

第三章

〈3〉

物格而后知至，知至而后意誠，意誠而后心正，心正而后身脩，身脩而后家齊，家齊而后國治，國治而后天下平。自天子以至於庶人，壹是皆以脩身為本。其本亂而末治者，否矣。其所厚者薄，而其所薄者厚，未之有也。此謂知本，此謂知之至也。

我與外物的關係辨別之後，所知的善就明確了；所知的善明確之後，意念就可以真誠了；意念真誠之後，心思就可以端正了；心思端正之後，言行就可以修養了；言行修養之後，家庭就可以規範了；家庭規範之後，國家就可以治理了；國家治理之後，天下就可以太平了。從天子直到平民百姓，同樣都是以修養言行做為人生的根本。一個人根本混亂而末節走上軌道，那是不可能的。他對重要的部分不在乎，卻對次要的部分很在乎，那是從來沒有過的事。這樣稱為知道了根本，這樣稱為所知抵達了頂點。

這一段的關鍵句是中間的「壹是皆以脩身為本」。

朱熹之後的許多學者認為這一段講的即是「格物」，因為抵達頂點，就是「致知」了。朱熹之所以加上一段文字，是因為他認為第四段直接談「誠意」，而略過了「格物致知」。殊不知「知本、知之至也」正是格物致知。

所謂「致知格物」，就是所知的是善，所格的是人與人之間的各種關係、應有的規範。這並非增字解經，而是如果不做這樣理解，便很難說清楚。理解的關鍵在於修身，談修身、修養言行一定是行善避惡。修身之前是正心、誠意，二者一定與善有關，「正」代表不偏差，「誠」代表真誠。如果「誠意正心」都掌握住，修身才有所根據。「誠意正心」皆須以善為準，之前的「格物致知」所知當然是善惡的規範、善惡的區分。如果「格物致知」所知的內容不是善，怎麼可能誠意正心？「誠意正心」

沒有把善掌握住，又怎麼修身呢？更遑論齊家、治國、平天下。所以一切都是由善推廣出去的。

因此，八條目要以修身為中心，再往前、往後看。若只從第一句看「格物致知」四個字，如何確定怎樣才是合理的解釋呢？所以朱熹有朱熹的說法，王陽明有王陽明的一套，學習者最宜直接參考「論、孟」，因為這才是儒家思想的基礎。而《大學》顯然是儒家思想的發展，它講的是人我的關係，從近到遠、從小到大、到全天下，也符合孔子「老者安之、朋友信之、少者懷之」的志向，這就是儒家世界大同的理想，與最後的「平天下」是一致的。

這樣理解，整體思路就比較清晰，將「格物致知」掌握之後，才能落實大學教育。初學入德之門的學習者，一開始要先明善，明白何為善惡，之後才能夠真誠。真誠不是自己真誠，或是認為自己真誠，而是以善惡做為規範，來對照它是否符合善惡的規範。這一段可說是整部《大學》思想中最關鍵之處。

把本段與上一段合而觀之，可知明明德於天下，即是天下平。能夠彰顯光明的德行，把行善表現出來，最終平天下的不就只有天子嗎？每一個時代，都只有天子一人可以平天下，而有資格接受《大學》教育的是貴族子弟，包括王子、公卿、大夫、元士之適（嫡）子。嫡子即長子。只有天子有王子，例如清朝的每一位阿哥，都要接受《大學》教育，但其餘的貴族則只有長子才有資格。他們將來都是統治階層的重要人物，應該明白政治上的最高理想。

個人的目標依照邏輯關係排列

本段中使用的七個「而后」，不是指時間上的先後關係，而是指個人要依照順序列為目標者。如果不分辨清楚「時間上的先後」和「邏輯上的先後」，常會產生理解上的困難。

《論語》中提到，有一回孔子到衛國去，冉有為他駕車。到了都城的時候，孔子說：「庶矣哉！」（人口真多呀！）冉有很聰明，立刻問老師：人口多的話，下一步要怎麼做呢？孔子說「富之」，讓他們發財。冉有再問，發財之後呢？孔子說「教之」，要好好教育他們。

在這段對話中，孔子提到了三個步驟，依序為：人口眾多、大家發財、好好教育。如果將之視為時間的順序，就有很大的問題——如果有人一輩子努力賺錢，卻始終覺得沒有達到目標，那就一輩子不用受教育嗎？

所以，不能把「而后」視為時間上的先後，而是要視為邏輯上的先後。邏輯，是指合理的思考方式。孔子對學生說：人口多是件好事，還要讓他們發財，最後教育他們。意思是說人口多，就是為了讓大家受到好的教育，錢多也是為了要受更好的教育，這就是儒家的思想。人口多和發財的目的是為了受教育，這是邏輯上的先後，沒有時間先後的問題。

又如，「修身、齊家、治國、平天下」這個序列，如果人沒做好修身，就不能齊家了嗎？那大概沒有人可以結婚了；齊家之後才能來治國，那就永遠不要治國了。所以，這不是時間上的先後，不可能要求人在做到「格物致知」之後，才能再進階至下一個步驟，那不是真正的人生。

真正的人生，一定像一個同心圓，不斷循環往上走，最高的目標是止於至善。修身要修一輩子，在修身期間，就能齊家。天子修身就會帶來齊家、治國、平天下的效果；諸侯修身就會齊家、治國；大夫或一般人修身要和齊家配合，不可能修身之後，才開始齊家。

這些順序不是時間上的先後，而是要列為目標，幫助我們「理解」為什麼要修身。一般人不可能脫離家庭而修身，同樣，天子諸侯也不可能脫離治國來齊家。所以在邏輯上有先後，後面的反而是目的，幫助我們理解為什麼要這樣做。為什麼要格物致知呢？是為了後面的誠意正心……一直到最後是為了平天下。這樣一來，每個人都可以平天下了，所以天下的概念必須有所調整。

在「八條目」中，格物與致知是由向外學習收攝到自我的內在體悟。「格物」之中的「物」，當然是外在的，包括各種行為規範、人際關係，都是先看外面，再回到內在。嬰兒的發展便是如此，先知道外面、別人，然後才發現自己。他一定先知道很多「非我」，從「非我」的對照掌握到自己和別人的差異，從外面收斂到內在，再從內在發展到外面自我真誠的行為。「致知」是從對外各種狀況的理解中得到了「知」，接著的「誠意、正心」主要是內在存養與省察的功夫，代表本身的意與心都是內在的。

修身是具體的言行修養，也是每一個人必須面對的責任，言行一定是表現在外。所以說，以修身為「本」，從而推出齊家、治國、平天下，這三者是「末」。本末並無重要與否的區別，而是彼此一體不能切割。因此修身以後並非直線式的發展，以天子為例，修身、齊家、治國、平天下四者是同時進行的。但是，又不可忽略其中本末輕重的關係。

在本段中，「所厚者」強調的是基礎功夫，如果忽略基礎功夫「格、致、誠、正」，不可能會重視「修、齊、治、平」的後續發展。沒有修身為基礎，後面都是無源之水。無源之水難以避免乾涸的命運。

第四章

〈4.1〉

所謂誠其意者，毋自欺也。如惡（ㄨˋ）惡（ㄜˋ）臭（ㄒㄧㄡˋ），如好（ㄏㄠˋ）好（ㄏㄠˇ）色，此之謂自謙（ㄑㄧㄝˋ），故君子必慎其獨也。小人閒居為不善，無所不至，見君子而後厭然，揜（ㄧㄢˇ）其不善而著（ㄓㄨˋ）其善。人之視己，如見其肺肝然，則何益矣？此謂誠於中，形於外，故君子必慎其獨也。曾子曰：「十目所視，十手所指，其嚴乎！」富潤屋，德潤身，心寬體胖（ㄆㄢˊ），故君子必誠其意。

所謂真誠面對自己的意念，就是指不要欺騙自己。就像討厭難聞的味道，就像喜歡美麗的色彩，這樣才可以說是讓自己滿意了，因此君子一定要在自己獨處時特別謹慎。小人平日就做不善的事，沒有什麼壞事不做的；看到君子之後，才一副閃閃躲躲的樣子，遮掩他所做的壞事，並且張揚他所做的善事。別人看自己，就像看透自己的肺肝一樣清楚，這樣做又有什麼用處呢？這叫做：心中的真正情況會顯示於外在的言行上，因此君子一定要在獨處的時候特別謹慎。曾子說：「十隻眼在看著，十隻手在指著，真是嚴厲啊！」財富可以裝潢屋子，德行可以滋潤身體。心胸開闊而體態舒適，因此君子一定要真誠面對自己的意念。

不欺騙自己，讓自己滿意

這段話是《大學》非常核心的一段內容。

誠意是一個很抽象的概念，我們通常認為，有沒有誠意，只有自己知道，但儒家主張人的生命是身心相通的。孟子說：「存乎人者，莫良於眸子。胸中正，則眸子瞭焉；胸中不正，則眸子眊焉。」要看一個人，最好看他的眼珠。內心端正，就眼珠明亮、黑白分明；內心不端正，眼珠就昏黃。孟子的立場很清楚，人是身心合一的。所以他又說，人如果做到仁義禮智，心裡很快樂，便會不知不覺「足之蹈之，手之舞之」；一個人若能持久行善，則「盎然現於背」，從背後都可以看到他發光了。這就是所謂「誠於中，形於外」，也就是相由心生。

真誠面對自己的意念，意即不要欺騙自己，一個人有沒有自欺，天知、地知、自己知。人的言行表現發軔之初，在於心中的意念。意念初起時只有自己知道，這就是「獨」的狀況。所謂自欺必須有個前提，就是知道什麼是善惡。一定要先知道善惡，才能夠不自欺，若不知道善惡，就無所謂自欺。自欺是把惡當作善，把善當作惡，自己欺騙自己；如果不知道善惡，就無關乎自欺與否。

既然知道善惡，又為什麼還會自欺呢？那是因為「計較」。真誠的人不計較利害，例如眼前的狀況，若真誠對待會吃虧，不真誠反而會有利益，這時不要計較吃虧與否，而要問以自己的身分與角色應該做什麼？所以，從消極角度來看，是不要計較利害；從積極角度來看，是本著自己的職務角色和身分做該做的事，不在乎付出多少代價，這便是真誠。如果計較利害，隨順本能與欲望的衝動，只看結果的好壞，忽略動機的善惡，這就是自欺了。「毋自欺」就會真誠面對自己的意念，看它是否符合善的要求。所以前段的「致知」，應解釋為知道何謂「善」，如此，「毋自欺」才有著落。

「惡惡臭」，「臭」念ㄒㄧㄡˋ，代表味道；「好好色」，「色」不見得代表美色，只表示色彩。一個真誠的人，見到惡事如惡惡臭，見到善事如好好色。也就是說，看到好的行為，就像看到好的顏色，本能地很喜歡；看到壞的行為，就像聞到不好的味道，本能地很討厭。孟子說「可欲之謂善」，意思是：我的心覺得可欲，這就是善，當是此處的重要根據。孟子主張身與心合一，身小而心大，小為次要，大是重要，即身體是次要的，心才是重要的，要用心來領導身，這才是正確的作為。

例如公車上一位年輕人把座位讓給老太太，我們看了都感到歡喜，這個行為就是善的。「心之可欲」稱為善，我們的心喜歡什麼，不待別人教導，自然就喜歡。孟子說舜住在深山裡面時，與樹木、石頭為鄰，和野豬、野鹿玩耍，他與深山裡面的普通人幾乎沒有差別。但是他聽到一句善的話，看到一件善的行為，內心的力量「若決江河，沛然莫之能禦」。住在深山裡，沒受過太多的教育，舜見到善的行為、聽到善的話，如何知道那是善呢？他只是真誠面對自己，當聽到善言，看到善行，內心自然感到歡喜，這便是「可欲之謂善」。

對於善惡的分辨，孔子說「有生而知之，有學而知之，有困而學之」，還有「困而不學」的。生而知之，是指德行之知，例如從小就知道孝順，這是本能，不用學，也就是良知良能。儒家肯定這樣的知，生下來就知道向善，與別人好好相處。至於如何行善則需要學習，其中涉及規範的問題，以免自以為對他人好，結果反而害了對方。

所以「如惡惡臭，如好好色」，強調的也是真誠面對，不要欺騙自己。面對惡事時，要如惡惡臭，面對好事時，要如好好色，這種黑白二分的態度，是不容混淆的。這種自然的生理反應，用在誠意上就不是自然的，而是需要修練的。誠意是一種需要修練的功夫，不可能自然而然具有足夠的誠意。不然人人如此反應，何須提醒「毋自欺」呢？

「自謙」就是讓自己滿意，內心無所遺憾。一個人對自己滿意，就會真誠面對善惡，讓意念走向善的一面，而問心無愧。孟子認為，人生有三大快樂是勝過當帝王的，其中第二個是「仰不愧於天，俯不怍於人」，俯仰無愧便是內心的自謙。「毋自欺」是以善來核實自己的意念，求其完全配合，這樣做真的會讓自己滿意嗎？答案若是肯定的，則前提必須是「人性向善」。由於人性向善，我們才有可能因「毋自欺」而「自謙」。

人性向善是所有理論建構的基礎，人之所以要修身、齊家、治國、平天下，並非緣於外在的利害關係，因為利害的要求是相對的，萬一達不到外在的有利條件，難道就無須修身嗎？人性不是本善，所以非修身不可，如果本善，又何必修身呢？人性向善才能因為「毋自欺」而「自謙」，因為人性向善，所以我沒有欺騙自己的時候，心裡便覺得很滿意。

宰我是孔子的學生中非常聰明的一位，他向孔子提出質疑，說守喪三年的時間太長了，一年就夠了。孔子不和他討論外在的倫理規範是否具有普遍性與必然性，只問他：「如果不肯守那麼久，喪禮過後不久，你就吃得好、穿得好，能否心安理得？」提示他回歸到自己的內心，自問是否安心？這是自由心證。宰我回答「安」，孔子只好對他說「汝安則為之」，你覺得安心，就去做吧，不用再討論，因為這是涉及是否自欺的問題。孔子已經點出心安與否的重點，宰我顯然為了辯論逞能，才回答「安」。

孔子之後說，「子生三年，然後免於父母之懷，……予也有三年之愛於其父母乎？」意思是說：小孩生下來三年，才能離開父母的懷抱，所以父母將來不幸過世，孩子要守喪三年。古時候男女分工，孩子生下來都是由母親撫養，但是孔子能瞭解到，孩童在生理上是依賴父母親照顧，才能夠順利成長，有這麼細膩的觀察，這一點令人非常佩服，能發出這樣的感嘆，也非常動人。在這段話中，孔子提到的最重要問題就是心安與否——要真誠面對自己的內心，不要自欺。

君子的修行功夫，第一是要慎獨，第二要毋自欺，然後才要自謙，總共三個階段。慎獨就是一個人獨處，或是只有自己知道的狀況，此時內心的意念要最謹慎，所以排在三階段的最前面。

「故君子必慎其獨也」，朱熹將其中的「獨」字解釋為「人所不知，而己所獨知之地也」。不只是地方，很多時候並非一個人獨處，但還是有慎獨的狀態。獨處時沒有與旁人接觸，意念的發動只有自己知道，換言之，在動機出現時就應謹慎。

接著是「毋自欺」，不要欺騙自己，要老老實實把自己的意念和所知道的善做對照，檢視是否符合「誠」。符合就是毋自欺，就會自謙，內心就會對自己滿意。

這三者都是非常內在的事，因為誠意本來就是內心調整的功夫，稍不留意便會出現心不正的問題，所以誠意之後，便要談正心。

君子與小人的落差

君子與小人的對照，在此是指道德上的落差，君子是立志成為君子者，處在一個過程中。

在《論語．季氏第十六》中，孔子提到：「君子有三戒：少之時，血氣未定，戒之在色；及其壯也，血氣方剛，戒之在鬥；及其老也，血氣既衰，戒之在得。」由君子會有三階段的問題可以得知，君子不是完成式，而是進行式。十五、六歲的年輕人確實血氣未定，若立志成為君子，就要有所戒惕。壯年、老年也一樣，若順著血氣與欲望而行動，必然招致禍患。所以要把「君子」二字當作進行式，立志成為君子。

進入大學接受教育，當然是希望成為君子。「君子」本來的意思是君之子，君代表貴族，他的子弟就是君子，後來「君子」才演變為人格上有特殊成就的人。既然要擔任政治領袖，人格應該更為高尚，別人才願意追隨他走上正路。

「小人」則有兩種解釋。第一，就字面而言，就是小孩子，但是很多人在長大之後，心態還是跟小孩子一樣。小孩子只替自己考慮，這就是「小人」。小孩子不是壞人，小人也不是壞人，當他懂得為別人考慮時，就有可能成為君子。另一個解釋就是平凡的人、一般人、老百姓，很難有高遠的志向。

古代社會比較單純，孟子說：「勞心者治人，勞力者治於人。」勞心者是管理階層；勞力者是被管理的一般百姓。君子是有志向的人，就算現在達不到，還是會秉持目標，設法努力完成。君子活在這個世上，每天都有目標，提醒自己：要變得更好、多行善、更好學等等。小人則沒有目標志向，孔子說：「群居終日，言不及義，好行小慧」，意思是：一群人整天聚在一起聊天，說些沒有內容的話，喜歡賣弄一點小聰明，如此就是小人。即使沒有目標，小人的日子也照樣過得很開心，這正是現在社會常見的現象。

孔子還說「小人閒居為不善，無所不至」，小人平日閒居時，只要給他機會，沒有什麼壞事不做的。這就事態嚴重了。小人只看眼前的、外在的利益，甚至放縱言行，到無所不至的地步。「無所不至」四個字非常嚴重，也就是不給他機會則已，然而只要一有機會，他都會去做壞事或不該做的事。這句話告誡我們，只要沒有人管理或約束，小人就會為不善，對於人性千萬不能夠大意。

人性本善與人性向善

有時不免覺得儒家對人性似乎太悲觀，實際上這是客觀的事實。在柏拉圖的《理想國》第二卷中，講了一個簡單的故事：

有一個名叫利迪亞的國家，國王本是牧羊人。他年輕時在郊外牧羊，遇到地震。當時地面裂開，他往裂縫之下一看，有一口豪華的棺材。他想，棺材裡一定是大人物，裡面可能有許多金銀財寶，於是探身下去把棺材撬開。結果看到一具骷髏，除了手上有個戒指外，並無其他值錢的東西。他便把戒指取下來，戴在自己手上，繼續牧羊。

有一天，他們的國王召開牧羊人大會，所有牧羊人都來了。開會時他覺得很無聊，便開始把玩戒指。

結果他發現，當戒面轉向自己時，別人就看不到他；把戒面轉向外面時，又恢復正常了。也就是說，這戒指可以讓人隱形。試問，他知道這個祕密後，還會安心牧羊嗎？之後，他就設計謀殺了國王，奪取王位。

同樣的問題依然存在於今日。美國曾有一項調查研究，主題是：如果可以隱形，你最想做什麼事？結果受訪的民眾中，高達百分之八十的人，都說要搶銀行。大家都覺得，只要能從銀行搶些錢，然後逍遙法外，這一生便沒有煩惱了。這樣簡單的想法，就是人性。

人性十分脆弱，讀儒家的思想，千萬不要幻想「人性本善」。這四個字是宋朝學者的創見，不是真正孔孟的思想，也不符合人性事實的狀況。

事實上儒家講「人性向善」，「向」代表真誠帶來的力量。只要真誠，就有力量讓自己行善避惡；如果不真誠，那股力量就不會出現。如同人都有良知，但良知不是善的，良知是對「善」的要求。何時會出現這種要求呢？唯有真誠時。真誠使良知一出現就有力量，讓人去做該做的事，即行善；不真誠，良知就毫無作用。這便是所謂的人性向善。

此外，「人性本善」意味著人人皆有一個善的本質。如果本質消失，又該怎麼辦呢？孟子說：「人之所以異於禽獸者，幾希，庶民去之，君子存之。」人與禽獸的差別只有一點點，君子保存，老百姓棄之。試問把這一點點差別去掉之後，不是和禽獸一樣了嗎？又如何再恢復成一個人呢？「本善論」的困難即在於，把本質去除之後，就不會再有了。

「向善論」則不同。孟子說：有一座山，上面的樹木花草都枯萎了，成了一座禿山。但是只要有了雨水，早上有了朝露，新的芽就會發出來。只要給它機會，不要「旦旦而伐之」，定會再度枝繁葉茂。這不是靜態本質的有無，而是動態的力量。一個萬惡之人，只要有朝一日能夠真誠面對人事物，隨時有機會改過遷善。

人是所有動物之中，唯一可以對真誠做出選擇的。既然可以選擇不真誠，就代表真誠需要以更強的力量加以穩固。例如教育讓我們知道，真誠也許會吃虧，但能符合內心的要求。只要秉持坦蕩蕩、問心無愧的態度，你所得到的快樂，將勝過採取不真誠態度而得到的利益。

小人對照君子，自覺慚愧

「見君子而後厭然，揜其不善而著其善」，「厭然」是覺得慚愧，而閃閃躲躲的意思。

小人看到君子之後，因為有了對照，自覺慚愧便閃閃躲躲，遮掩自己所做的壞事，並且拚命張揚所做的善事，這就是小人的作風。當小人尚未見到君子時，大家都是小人，何必遮掩呢？至於為什麼看到君子會覺得慚愧？因為同樣是人，人與人有某種關聯之後，才發現為什麼別人可以做這麼多良善的行為，自己卻做不到？就會互相比較，並且急著掩飾自己的不足，這是一種很直接的反應。但是外在的改變是不夠的，內心的改變才是關鍵，儒家強調的當然是內心的改變。

朱熹與王陽明對這句話所做的判斷相當有趣。

朱熹說：「小人非不知善之當為，與惡之當去也，但不能實用其力以至此耳。」他說小人不是不知道人應行善避惡，他只是沒有下功夫。知道該做卻不下功夫，這是因為知道的不夠深切，或是外在的利害關係太大，使他無法分辨。很多人之所以為惡，一來是因為不懂得分辨善惡的差別，既不知善的好，也不知惡的壞；再則雖然明瞭，但本身的欲望與衝動容易受別人的影響與干擾。他們會以為，既然社會風氣皆如此，為何自己要例外呢？

王陽明則說：「是亦可以見其（小人）良知之有不容於自昧者也。」「昧」就是遮蔽，意即小人也有良知，良知也知道何謂善惡。但是小人不曾致良知，也就是未曾把良知完全用出來。

朱、王二人的說法都有些道理，但真正的原因是「人之視己，如見其肺肝然，則何益矣？」小人因見到君子的舉止而感到慚愧，於是立刻為自己隱惡揚善，以為能掩人耳目。事實上在明眼人看來，這都像看透肺肝一樣清楚。小人覺得被君子看透了，彷彿自己的肺和肝也被看得一清二楚，被發現那是假的、做作的。其實君子不見得看透，而是在對照之後，小人的內心自覺慚愧。小人勉強把惡遮掩起來，表現出善的一面，別人難道會受騙嗎？即使能欺騙天下人於一時，也不可能永遠蒙蔽下去。

但是孟子也曾反向思考，提到春秋五霸是假借行仁義來拉攏人心，「久假而不歸，焉知其非有也」。長期假借仁義來做事，做久了之後，怎知不是內心本來就有仁義呢？本來有其他的動機，想利用這個手段讓別人以為自己是善人。不過實行了一輩子之後，原本壞的動機居然真的不見了，變成了善人。所以儒家主張內外要能夠一致，內心想做好事就真的付諸行動，表現出來，由內到外，這是了不起的人；有的人卻是由外而內，在行動上做好事，被別人認為自己是好人，久了之後，真的覺得自己變成好人了。

「誠於中，形於外」，意思是：心中的真實情況，會顯示於外在的言行上。所謂「相由心生」也是類似的意思。獨處時的想法別人無從得知，因此君子在獨處的時候特別謹慎，想到應該對別人友善，見面時就自然表現出來，這便是「誠於中，形於外」。小人以為自己獨處時所起的意念沒有人知道，於是陷入自欺的心態，其實在言行中會自然表現出來。

小人常自欺地認為，別人也和自己一樣，以為人人都只看利害而不計善惡。但是他的內心卻無法自謙，總覺得對自己有所不滿。小人的特色就在此。為什麼他對自己覺得不滿呢？因為他也是人，同樣的人性向善，但他可以為了利益而暫時忘卻人性的自然要求。一旦發現君子會按照良心要求自己做該做的事，他就會覺得自己內心確實有一點不滿。很多人得到富貴，有各種成就，但內心對自己卻並不滿意，便是這個緣故。

「十目所視，十手所指」這句正對照了前面的「見君子而後厭然，揜其不善而著其善」。曾子說：十隻眼在看著，十隻手在指著，真是嚴厲啊！當一個人在房裡獨處時，要想到旁邊好像有五個人，而且是五個君子在嚴格監督著我，不可不慎。小人見到君子，就會覺得內心不謙，自覺偏差的心思像肺肝等內臟一般，被君子一眼就識破了。小人看到君子會覺得好像看到真正的人，便覺得應真誠面對自己的意念，此時他的羞恥心（羞惡心）因而彰顯，覺得自己很慚愧。所以強調一人獨處，要存著有如與君子共處的心情，誠意的祕訣就在此。這個方法很管用，例如佛教徒，一個人獨處時，如果想著釋迦牟尼佛就在旁邊，還會做壞事嗎？沒有宗教信仰的人，想到祖先在旁邊，一定也有警惕的作用。

德行充實便能展現光輝

財富可以裝潢屋子，德行可以滋潤身體，讓身體自然而然散發一種光華，如孟子說的「盎於背」，一個人修養德行，到達某一層境界時，便有光輝展現出來了。也正如孟子說的「可欲之謂善，有諸己之謂信，充實之謂美，充實而有光輝之謂大，大而化之之謂聖，聖而不可知之之謂神。」一個能行善的人，才能被稱為真正的人。看到別人的行為，很嚮往喜歡，那就是善的行為；做到善的行為，才是一個真正的人。如果任何時候、任何地方、任何情況都做到善的行為，這是「充實之謂美」。人格之美，充實到極致時會發出光輝，稱為「大」。光輝是靜態的，「化」代表動態的力量，大而化之便稱為「聖」。

有很多人覺得放縱自己比較快樂，事實上那種快樂是一種本能的快樂，是短暫、重複而乏味的。儒家最大的目標是讓大家知道行善是快樂的，這種快樂不是來自別人的感謝或獎狀、獎金，而是由內而發的、真正的快樂，因為真誠符合向善的人性要求，這種快樂要真正去做，才容易理解。

「心寬體胖」的意思是：心胸開闊而體態舒適。胖（ㄆㄢˊ）代表舒適。身體在任何地方都很舒適、很自在，所以君子一定要真誠面對自己的意念。孔子是春秋末期的人，當時天下很亂，但對孔子來說，亂是外在的，他的內心在任何情況下都感到自在。孔子說：「君子坦蕩蕩，小人常戚戚。」坦蕩蕩就是體胖。「子之燕居，申申如也，夭夭如也」的「申申如也」是態度安穩，「夭夭如也」是神情舒緩，這正說明孔子「心寬體胖」，在任何地方都感到很舒適。

〈4.2〉

《詩》云：「瞻彼淇澳（ㄩˋ），菉（ㄌㄨˋ）竹猗（ㄧ）猗。有斐君子，如切如磋，如琢如磨。瑟兮僩（ㄒㄧㄢˋ）兮！赫兮喧（ㄒㄩㄢˇ）兮，有斐君子，終不可諠（ㄒㄩㄢ）兮。」如切如磋者，道學也。如琢如磨者，自脩也。瑟兮僩兮者，恂（ㄒㄩㄣˊ）慄也。赫兮喧兮者，威儀也。有斐君子，終不可諠兮者，道盛德至善，民

之不能忘也。《詩》云：「於（ㄨ）戲（ㄏㄨ）！前王不忘。」君子賢其賢而親其親，小人樂其樂而利其利，此以沒（ㄇㄛˋ）世不忘也。

《詩經．衛風．淇澳》說：「遠望那淇水彎曲處，綠竹長得十分茂盛。這位文雅的君子，好像牛骨象牙經過了切磋，好像美玉寶石經過了琢磨。莊嚴呀，威武呀！顯赫呀，坦蕩呀！這位文雅的君子，畢竟不可忘啊！」好像牛骨象牙經過了切磋，這表示他講習學問。好像美玉寶石經過了琢磨，這表示他自行修練的精神。莊嚴呀，威武呀！這描寫他戒惕謹慎。顯赫呀，坦蕩呀！這描寫他儀容可觀。這位文雅的君子，畢竟不可忘啊！說的是他盛美的品德與至高的善行，是百姓無法忘記的。《詩經．周頌．烈文》說：「嗚呼！對於先王要念念不忘。」君子尊敬他所應該尊敬的人，並且親愛他所應該親愛的人；小人享受他所能擁有的快樂，並且獲得他所想要的利益；所以到了後代，還是念念不忘先王。

《詩經》分為風、雅、頌。風是指各地蒐集的民謠，整部《詩經》蒐羅各國的風，衛風即衛國的民謠。

《詩經．衛風．淇澳》首先從大自然界的美好現象開始描述，由此比擬一位文雅的君子。詩中所歌頌的這位有美德的君子是衛武公。

衛武公是東周初期的諸侯。衛國是周初康叔的後裔，康叔是周公的弟弟，與他的感情最好。周公的兒子封在魯國，康叔封在衛國，《論語》有謂：「魯衛之政，兄弟也。」

周平王的父親周幽王因為寵愛褒姒，導致西周滅亡。東周的第一個國君周平王面對強大的外患犬戎，衛武公襄助平王平亂安邦，因此受封為「公」。

「切磋琢磨」用以比喻互相鼓勵、彼此勸勉。這四個字的原意都是實際的整治功夫。「切」是治骨，「磋」是治象牙，把骨或牙加工成為精緻的裝飾品；「琢」是治玉，「磨」是治石，一是寶玉，一是美石，要把玉和石頭做成漂亮的工藝品，第一個步驟要切磋，繼而要細心琢磨，也就是精益求精。「瑟」是莊矜，「僩」是威嚴，「赫」是盛大，「喧」是顯著，「諠」則是忘記。

盛德至善與不忘前王

讚美衛武公盛德至善，「盛德」一詞出自《易經．繫辭》：「盛德大業，至矣哉」，用來描寫聖人「富有之謂大業，日新之謂盛德」。此境界相當高遠，並不容易達成，說衛武公盛德至善，有過誇之嫌。

根據《史記．衛康叔世家》所載，衛武公不是嫡長子，沒有當國君的資格，而是殺了兄長，才當上國君。衛武公殺了兄長得到王位之後，雖然勤政愛民，但觀其一生，怎能稱為至善呢？至多只能讚美他改過遷善。《大學》的篇首開宗明義：「大學之道，在明明德，在親民，在止於至善。」一書一開頭就談止於至善，後面居然用盛德至善來形容衛武公，實在讓人無法接受。如果用「至善」形容堯舜禹湯是沒有問題的，但是衛武公殺兄得位，就不應該稱為至善。這說明《大學》一書不夠嚴謹，同一個概念出現時有所矛盾。衛武公的善行如果止於照顧衛國百姓，也談不上止於至善，因為並未達到「古之欲明明德於天下者」的標準。衛武公只是衛國的國君，幫助了周平王，怎麼是「明明德於天下」呢？所以只能說這段話是「思無邪」。

「思無邪」是《論語》裡孔子評價《詩經》三百篇的話：「一言以蔽之，曰『思無邪』。」「思無邪」三個字本身也出自《詩經》，但並不解為思想純正無邪，在原文中是用來描寫魯國國君養的一群馬，這群馬不轉彎，直接向前奔去。「思」是語氣詞，沒有意義，就像常說的「啊」、「嗯」等字。「邪」與「傾斜」的「斜」通用。所以「思無邪」所講的是馬向前跑的情形，「無邪」就是直接出去，不要轉彎。孔子以此詞來形容《詩經》表現的全都是真誠的情感。這首詩描寫衛武公盛美的品德與至高的善行，百姓無法忘記。古代社會比較單純，上行下效，政治領袖做得好，老百姓就享福，當然感念不已。詩本身的確是真情流露，但實不宜以達到至善來評論讚美衛武公。

「頌」是祭祀時歌頌祖先美德的誦詞。「於戲！前王不忘」出自於《詩經・周頌・烈文》，講述成王親政告祖，祭於宗廟，由諸侯助祭，成王在祭後訓勉諸侯所說的話。周成王是周武王的兒子，繼位時年紀很輕。當時周朝剛剛收復天下，局部戰爭仍多。周公是他的叔叔，幫助侄兒平定天下，在周公的輔佐下，國家才漸漸上了軌道。等到大功告成，成王也長大成人，周公便還政於成王，所以才留下周公輔政這一段佳話。

周成王很感激周公，因為如果周公心存霸占之意，非但會在朝廷內引起鬥爭，全國上下恐怕也將陷入混亂不安。後來，成王把魯國封給周公的兒子，並破例准許魯國蓋一座太廟，意即魯國雖是諸侯國，但可以直接祭拜周朝的祖先，這是別的諸侯國都沒有的特權。所以春秋各諸侯國談到文化傳統時，以魯國為高，魯國的子嗣也認為自己在周朝各國之中是最特別的，因為他們的祖先周公擁有取得天子之位的時機和條件，卻沒有去做，堪稱為有功有德。全詩最後一句是成王提醒自己與諸侯，不要忘記前王（文王、武王），因為他們都是好國君。

這段詩中的「君子」是指政治領袖，「小人」則指老百姓，與個人的德行沒有關係。古時候把社會分成統治階層與被統治的老百姓，在不同的階層，就有不同的快樂。統治階層要尊敬應該尊敬的人，親愛應該親愛的人；老百姓只是被統治者，不需要管那麼多，只要享受他所擁有的快樂或者得到他想要的利益即可。

本段說明了修練的重要，要如何修練自己，如何表現可觀的儀容，都需要本身不斷的學習和切磋琢磨。《大學》就是要用各種方法，讓大家知道如何自我修練。

接下來的一段引用了許多《尚書》與《詩經》中的文句。《尚書》即《書經》，又稱《書》。這一段在朱熹看來應該放在前面，因為此整段專門講「明明德、親民、止於至善」，這是朱熹的理由，他並不是完全憑空想像。

〈4.3〉

〈康誥〉曰：「克明德。」〈太甲〉曰：「顧諟（ㄕˋ）天之明命。」〈帝典〉曰：「克明峻德。」皆自明也。湯之盤銘曰：「苟日新，日日新，又日新。」〈康誥〉曰：「作新民。」《詩》曰：「周雖舊邦，其命惟新。」是故君子無所不用其極。《詩》云：「邦畿（ㄐㄧ）千里，惟民所止。」《詩》云：「緡（ㄇㄢˊ）蠻黃鳥，止於丘隅（ㄩˊ）。」子曰：「於止知其所止，可以人而不如鳥乎？」《詩》云：「穆穆文王，於（ㄨ）緝（ㄑㄧˋ）熙（ㄒㄧ）敬止。」為人君，止於仁。為人臣，止於敬。為人子，止於孝。為人父，止於慈。與國人交，止於信。子曰：「聽訟，

吾猶人也。必也，使無訟乎！」無情者不得盡其辭，大畏民志，此謂知本。

《尚書．康誥》說：「能夠彰顯德行。」《尚書．太甲》說：「要思慮詳察天所給的明白旨意。」《尚書．堯典》說：「能夠彰顯偉大的德行。」這些都是要自己去彰顯的。商湯在盥洗盤上刻著一句話：「真要在一天自新，那就每天自新，再繼續不斷自新。」《尚書．康誥》說：「要鼓勵大家成為自新之民。」《詩經．大雅．文王》說：「周朝雖是舊的邦國，受天所命而展現新局。」所以君子想盡一切辦法來達到這個目標。《詩經．商頌．玄鳥》說：「國都的千里轄區，是人民止息的所在。」《詩經．小雅．緡蠻》說：「啼聲婉轉的黃鳥，止息在丘陵的一角。」孔子說：「黃鳥在應該止息之處，都知道自己要停下來。難道人可以比不上小鳥嗎？」《詩經．大雅．文王》說：「端莊威嚴的文王啊，一直保持光明，又做到了敬。」做君主的，要以行仁為目標。做臣屬的，要以恭敬為目標。做兒子的，要以孝順為目標。做父親的，要以慈愛為目標。與國人來往，要以守信為目標。孔子說：「審判訴訟案件，我與別人差不多。如果一定要有所不同，我希望使訴訟案件完全消失。」讓那些不肯說明實情的人，沒辦法捏造一大套虛妄的話。要嚴厲警惕百姓，不能有欺瞞的心思，這稱為知道根本。

順應上天的旨意，彰顯德行

〈康誥〉是《尚書》中的一篇，誥是天子給予的誥命。〈康誥〉是康叔被封在衛國之後，周公給他的三篇文章之一，勉勵康叔要好好作為。《尚書．康誥》篇頭說：「成王既伐管叔、蔡叔，以殷遺民封康叔，作〈康誥〉、〈酒誥〉、〈梓材〉。」

成王伐管、蔡二叔（其實是周公所伐）後，把殷朝的百姓封給康叔，衛國有很多商朝的遺民，得用心安撫，因此誥命中提示要能夠彰顯德行。〈酒誥〉就是勸他們不要喝酒誤事。

「梓」是古代的木匠，〈梓材〉這篇文章的大意，是說照顧百姓要像木匠製作傢俱一樣，把樹砍下來刨成木材、製成傢俱，要刨光、洗淨、還要上漆，這樣才能變成美好的成品。

這三篇文章是周公對康叔的勸勉之詞。原文「惟乃丕顯考文王，克明德慎罰」的「丕」，是「大」的意思，「乃」是「你」的意思，「考」是已經過世的父親，周武王、周公、康叔的父親即周文王。所以，整句話的意思是：希望你盛大發揚父親文王的作風，能夠彰顯父親的德行，謹慎使用刑罰。

〈太甲〉是《尚書》的另一篇，「顧諟天之明命」的意思是：要思慮詳察天所給的明白旨意。《尚書．太甲》記載：「太甲既立不明，伊尹放諸桐，三年復歸於亳，思庸，伊尹作〈太甲〉三篇。」先王「顧諟天之明命」的先王是指商湯，「天之明命」意指天有一個明白的指示。

伊尹是商湯的宰相。孟子將聖人分四類：第一類是聖人裡最清高的，就是伯夷；第二類是最隨和的柳下惠；第三類是最負責的伊尹；第四類是最合時宜的孔子。伊尹便是孟子口中最負責任的聖人代表。在商湯過世以後，伊尹立商湯的孫子太甲為君。「既立不明」，是指太甲沒有好好守喪，沒能明白伊尹的訓話。伊尹就把他放逐到桐。桐是商湯的葬地，要求太甲替祖父守墳，讓他反省自己的過失。三年之後才讓他回來。「復歸於亳」，「亳」是商的首都。「思庸」，「庸」是常道，平常的道理。

讓太甲回來之後，好好思考常道。伊尹為此作〈太甲〉三篇。

《大學》全文只有「顧諟天之明命」談到「天」，且是引述古代的資料；《論語》裡孔子則多次提到「天」，「五十而知天命」是一個關鍵，在孔子以前得天命者只有天子；孟子則把「天」當作最重要的信仰對象，例如「天將降大任於是人也」。至於「命」字，「周雖舊邦，其命惟新」以及後面提到的「惟命不于常」都代表天命不是固定不變的，如果天子失德，天命就變了。大禹德行很高，所以成為天子，傳至夏桀，被商湯取代；商朝到了商紂，又被周武王取代。這便說明天命並非固定在某一人或某一家族身上，得看天子是否有德。

這三處引文都提到天命，為思考及回答《大學》三綱領的理論基礎所在，至為重要。天命是古代政治理論的根據，如果沒有天命做為要求，貴族或統治階層為什麼要修養言行？為什麼要辛苦明明德、親民、止於至善？大家盡情享樂，有什麼關係呢？天命從外在給他們要求，天所給人的旨意是行善避惡，彰顯德行。

由此可瞭解《中庸》開宗明義的話語：「天命之謂性。」天所給人行善避惡的命令，就稱為人性。順著人性的要求去走，就是人之道，也就是擇善固執。孔子「五十而知天命」，有天命之後需要畏天命，敬畏天命，然後還要順天命。

《大學》三綱領來自《帝典》

「克明峻德」一詞來自《堯典》，意思是能夠彰顯偉大的德行。縱觀本段前三句引用，第一句是彰顯德行，第三句是彰顯偉大的德行，中間一句則是提醒思慮詳察天所給的明白旨意。意即：上天的明白旨意，是希望你能夠彰顯明德，這些都是要自己去彰顯的。

《大學》所謂的三綱領完全來自於《帝典》，即《尚書．堯典》的部分，後世將古代的黃帝、顓頊、帝嚳、帝堯、帝舜並稱為五帝，關於五帝的篇章在《尚書》裡全放在一處，名為《帝典》，其中《堯典》的部分，一開始就提到：「昔在帝堯，聰明文思，光宅天下。將遜于位，讓于虞舜，作《堯典》。」意思是古代的帝堯具有聰明文思，「文」、「思」二字和現在的用法不同。「文」代表經緯天地，常用作人過世以後的謚號，例如周文王，「文」便代表他一生經緯天地，利國福民，成就非凡，這是最高的稱讚。「思」代表他的明於機謀，即思考設計能力非常強，也同時有道德純備之意。「光宅天下」的「光」是德行之光，「宅」是住，住在天下，意即他的德行充滿整個天下。他要把位置讓給舜的時候，作《堯典》。

《堯典》中有「克明峻德，以親九族。九族既睦，平章百姓。百姓昭明，協和萬邦。黎民於變時雍」一段，《大學》引用「克明峻德」四個字，意思是「要去顯揚高明的道德」，用法和《堯典》原文的解釋不同，原文意思為能夠尊敬明峻德之士，讓他們幫助自己親睦九族。

九族能夠互相親睦，百姓就可以明禮義，萬邦協調和順，眾民從上而化，一片祥和。「平章」是昭明的意思，「萬邦」是各個國家，「黎民」是所有的人，「黎」代表眾，「時」是「是」，「雍」乃「和諧」之意。

何謂「百姓」呢？百姓一詞有兩層意思，一是指百官族姓，也就是大臣們、群臣子弟稱為百姓；二是指一般老百姓。古代人並不都有姓，能當諸侯或任大官職，才被賜姓，這個族也才有姓。所以，百姓就是百官的族姓，指大臣和他的子弟們。黎民才是真正的眾人，指所有的老百姓。

這一段《堯典》分了幾個層次，正足以說明《大學》的三綱領。第一，「克明峻德」，就是「明明德」；第二，「以親九族」，「平章百姓」，並且「協和萬邦」就是「親民」；第三，「黎民於變時雍」則是「止於至善」，所有的老百姓一片和諧。這就是《大學》三綱領的來源，其根據就是《尚書・堯典》這一部分，亦即帝堯開國的理想。

堯是儒家所稱許的第一位聖人，他從自己修德開始，之後擴及九族。九族有各種說法，其中一種說法是「父族四，母族三，妻族二」，父族親屬包括四代之內的族人，母族親屬包括三代之內的族人，妻族親屬包括兩代之內的族人，加起來，一共九族。在古代農業社會九族應該有不少人，像是一個部落了。

九族親睦便是所謂「齊家」。然後再推到百姓（百官眾姓），再到萬邦（四方的邦國），便是所謂「治國」。

這是《大學》的基本構想，讓受教育的人成為政治領袖、統治階層，當然要以堯舜為理想。

自新、新民和新的天命

商湯是商朝開國的祖先，他在盥洗盤上刻著一句話：「苟日新，日日新，又日新。」真要在一天自新，那就每天自新，再繼續不斷自新。洗臉是洗掉臉上的汙垢，如同讓自己自新，所以選在盥洗盤刻下這句話，提醒自己在德行上也當如此。「新」是滌除汙染，使面目一新、除舊布新之意，並非一勞永逸，必須日日為之。成語「日新又新」便源於此。

「作新民」來自《尚書・康誥》，原文是：「亦惟助王宅天命，作新民。」「宅」是居住之意，亦即安頓。就是希望封在衛國的康叔做為諸侯國，能支持協助天子周王安頓天命，使殷朝的遺民接受教化，成為周朝更新的百姓。在周朝統治之後，殷商遺民心裡自然不服，所以要設法讓老百姓瞭解並接納新政府，這不容易做到。

當周武王革命時，伯夷、叔齊就曾公開反對。兩人本來是孤竹國國君的兒子，都是王子，但都不願繼承王位，便移居到西邊。為什麼要移居到西邊呢？是因為「西伯善養老」。西伯即周文王，他的國土在偏遠的西方，是非常照顧老人的君主。老人家來到西伯一帶，都能安居樂業地生活，結果天下的老人家都來了。這個策略很成功，因為老人家來了之後，子女就跟著來了。

後來周文王廣受愛戴，商紂王覺得自己的地位受到了威脅，便把他抓去關在羑里。周文王被關七年，寫就了《易經》的卦辭、爻辭，使之成為今天的《易經》。七年後，他被釋放回家，但身體大不如前，幾年之後便過世了。周文王的兒子，也就是後來的武王，一方面為了替父親報仇，另一方面看到老百姓生活痛苦，決心要順天應人，起來革命。

伯夷、叔齊對此表示反對，拉著武王的馬不讓他走。他們說：「我們都是商朝的子孫，不應該起來革命。」之後周武王革命成功，伯夷、叔齊拒吃周朝的食物，終於活活餓死。孟子說他們是最清高的人。

司馬遷《史記．列傳》第一就是《伯夷列傳》。他在書中問天道何在？這麼好的人，卻死得那麼慘。讓人感嘆歷史上是沒辦法要求正義的。此處引用《尚書．康誥》，就是要鼓勵大家成為自新之民。

《詩經．大雅．文王》中提到：「周雖舊邦，其命惟新」，說周朝雖是舊的邦國，受天所命而展現新局。

為何新成立的朝代卻說是舊邦國呢？因為周朝的祖先是后稷，后稷與大禹是同時代的人，孟子曾將他們兩人相提並稱，說「禹想到天下有人被水淹死，就覺得像是自己讓他淹死的一樣」，因為禹負責治水，聽到有人被淹死，就認為是自己的責任。后稷教人們種田耕地，「聽到天下有人沒有飯吃，餓死了，就覺得像是自己讓他餓死的一樣」。這就是「人饑己饑，人溺己溺」的由來。

周國從后稷開始，經過長期發展，到了文王姬昌才得到天命，建立周朝，所以它雖然是舊的國家，天命卻是新的。

「是故君子無所不用其極」，因為周文王的德行高尚，所以君子想盡一切辦法，來達到這個目標。「無所不用其極」一詞，現在的用法比較負面，常指一個人不擇手段，其實原意為用各種手段達到目標，讓國家可以不斷處於受天所命的情況下，是正面的意思。

各種身分和角色都需要適當的「止」

前文提過《詩經》分為風、雅、頌三部分，其中「頌」是在宗廟祭祀中，為歌功頌德所做的詩。《商頌．玄鳥》開頭，像在講述神話：「天命玄鳥，降而生商。」這是殷商民族誕生的神話故事，黑色的鳥因此成為商朝的圖騰。《玄鳥》篇中寫道：「邦畿千里，惟民所止。」國都的千里轄區，是人民止息的所在。古時候國都天子所居之處，稱為「王畿」，方圓千里是天子所在處，其他諸侯國都在比較偏僻的地方。王畿的建設都特別好，而比較偏僻的地方雖然一樣要納稅、服兵役，但是生活條件相對比較差。所以，老百姓都希望住在天子腳下，在首善之區安居樂業。

「緡蠻黃鳥，止於丘隅」出自《詩經．小雅．緡蠻》，這句話的意思是：啼聲婉轉的黃鳥，止息在丘陵的一角。「緡蠻」是鳥啼的聲音，和今日我們對鳥叫聲的形容大異其趣。古時候的讀音和現在不完全一樣，而且鳥叫的聲音也多到無法想像。例如「關關睢鳩」，關關是睢鳩的叫聲，可以想像成呱呱叫，詩人以他的聽覺加以狀聲，並無對錯可言。《緡蠻》這首詩描寫服役之人勞苦而不得休息，處境連黃鳥都不如，大意就是希望人能夠止於所安。

孔子說：「於止知其所止，可以人而不如鳥乎？」在應該止息之處，知道自己要停下來，難道人還比不上小鳥嗎？在丘陵某個沒有獵人的角落，小鳥們開心聚在一起，啼聲婉轉、盡情歡唱。對鳥來說，能找到一棵安全的樹就很開心了。這首詩描寫有很多人在外面服勞役，有家歸不得，鳥都有歸宿，人還不如鳥呢！《詩經》往往反映出老百姓的心聲。

「於止知其所止」一語中所談的止息，除了表示勞役者需要身心安頓外，還可以對照《大學》首段中的「知止而后有定」，人活在世界上面對不同的人，角色也要隨之改變，不同的角色該做什麼事，便去做到，當兒子就要孝順，當父母就要慈愛，與人交往就要止於守信，這就是「止」。

「穆穆文王，於緝熙敬止」一語出自《詩經．大雅．文王》。「穆穆」，深遠貌；「於」，感嘆詞，嗚呼；「緝」，連續；「熙」，光明；「敬」，恭敬；「止」，原本是語氣詞，沒有意義，後世引用時經常把語氣詞引申出意義，在此「止」有止於敬之意。因為周文王姬昌本是西伯，臣屬於商，在世時不曾為王，所以說「為人臣，止於敬」。這裡以周文王做例子，讚美他各種角色都做得很好。

「為人君，止於仁。為人臣，止於敬。為人子，止於孝。為人父，止於慈。與國人交，止於信。」做君主要以行仁為目標；做臣屬要以恭敬為目標；做兒子要以孝順為目標；做父親要以慈愛為目標；與國人來往，要以守信為目標。君臣父子以及朋友這五種關係，都有一個「止」，如同「知止而后有定」的「止」，「止於至善」的「止」，表示至善並不遙遠。《大學》所談最重要的即是「止於至善」的「止」，意即知道自己的身分與角色，就有一個明確的目標，讓我們努力達成目標，止於該處。但每個人都不只有一種角色，在朝廷當大臣，回家當父親，見了父母當兒子，見到朋友就成了朋友。在多重角色中，如何做適當的拿捏，便是一門大學問了。

教人真誠，化解訴訟

子曰：「聽訟，吾猶人也。必也，使無訟乎！」這段話出自《論語・顏淵》，孔子提到審判訴訟案件，他與別人差不多，如果一定要有所不同，他希望使訴訟案件完全消失。「聽訟」就是審判案件，必然要有普遍的、既定的方式，才是合理的現象。孔子與別人審判案件都差不多，別人做到的，孔子也可以做到；孔子做到的，別人也可以做到。但是他和別人不同之處，在於他希望天下人沒有訴訟。

這是太高的理想了，天下怎麼可能沒有訴訟？《易經》第六卦就是訟卦。六十四卦的第一是乾卦，代表天；第二是坤卦，代表地；第三是屯卦，人類生命開始出現了，開始組成部落社會；第四是蒙卦，人需要啟蒙；第五是需卦，代表開始有各種飲食的需要；第六訟卦就是訴訟，可見訴訟的排名在很前面。六十四卦中，至少有六個卦直接提到訴訟，占了十分之一。還有許多卦雖沒有直接提及，但也有跡可循，表示在人的世界裡不可能沒有訴訟，即使是在一個家庭裡面，都會有各種爭議。

「無情者不得盡其辭」中的「情」為「實情」，實在的情況。在古書中經常讀到「情」字，但古代的書，至少在《孟子》裡很少當作情感來解。「無情者」指不肯說明實情的人，或是不誠實的人；「不得盡其辭」，不能讓他信口開河編出一整套謊言。通常一個人不肯說明實情，就捏造一大套假話來騙人。在訴訟的過程中，很多人都在編故事來自圓其說，讓別人信以為真。所以，孔子希望沒有人是不肯講實情的，也設法做到讓那些不肯說明實情的人，不能編故事騙人。只有通過教育百姓，使他們真誠，才能真正化解這一類問題。

自古以來，人間難免有各種爭訟之事。在教化百姓時，不論親民或新民都以要求真誠為主，若由此而做到無訟，則是人人止於其所，趨近「止於至善」的目標，這一切皆可推源於「明明德」。所以要嚴厲警惕百姓，不能有欺瞞的心思，才能稱為知道根本。

朱熹覺得這幾段很重要，不應該放在後面，所以他的編法是改動原文的秩序，還加上《傳》之五章，然而這樣做更動的幅度太大，如果人人都這樣重編、改動古書，原意難免被扭曲了。清朝有一個學者名叫戴震，他念私塾時大約十歲左右，問老師：朱子是什麼時候的人？老師說是南宋之人。他接著問南宋離孔子有多久？老師說大概是兩千年（事實上是一千六百多年）。他又問：那為什麼只有朱子瞭解孔子呢？這是很好的問題，難道在距離孔子較近的年代，沒有更可靠的資料流傳嗎？

所以，我們讀儒家學說，應盡量以孔孟的思想為根據，因為孔孟是儒家的根源，基本上不會有太大的偏差。《大學》既然是儒家的立場，講的是人與社會群體的關係，以及如何擔任統治階層，當然要以孔孟思想做為標準。即便像人性向善這麼重要的概念，我們也不會刻意強調。

《中庸》是比《大學》更深刻的書，談論許多根本的問題，不過有些地方，也不容易講清楚。例如，《中庸》提到，一個人真誠地把自己的本性全部表現出來，就能夠幫助別人充分實現其本性；接著就可以幫助萬物實踐本性。這個觀念太誇張了。「能盡人之性，則能盡物之性」，但是該怎麼盡呢？對於動植物就會有盡性的困難，我們怎麼能替動植物盡性呢？

但這就是《中庸》的特色，它把整個宇宙視為一個整體，人的角色是在社會安頓好之後確立，自然界就不會有問題了。所以，《中庸》是以宇宙為整體的視野，來思考人的定位。

在《論語．公冶長》中，子貢曾提到「夫子之文章可得而聞也，夫子之言性與天道，不可得而聞也。」這句話證明孔子談到人性與天道的部分，連子貢都說沒有機會瞭解。一般的說法是《孟子》談人性，《中庸》與《易傳》講天道，但是這種分法不見得正確。像《中庸》這本書，天命之謂性，能不談人性嗎？自然是從人性出發，最後談到整個宇宙，相對而言，《大學》就單純多了。

第五章

〈5〉

所謂脩身在正其心者，身有所忿懥（ㄓˋ），則不得其正；有所恐懼，則不得其正；有所好（ㄏㄠˋ）樂（ㄧㄠˋ），則不得其正；有所憂患，則不得其正。心不在焉，視而不見，聽而不聞，食而不知其味。此謂脩身在正其心。

所謂修養言行就是要端正自己的心思，意思是說：自身陷於憤怒，就無法端正；陷於恐懼，就無法端正；陷於喜愛，就無法端正；陷於憂患，就無法端正。心思若是不在當下的處境，就會觀看卻沒有見到東西，聆聽卻沒有懂得意思，飲食卻不清楚它的味道。這就是說：修養言行就是要端正自己的心思。

許多古文中的詞語，因為被後人所慣用，而變成了成語，例如出自本段的「食而不知其味」。就我而言，在飲食方面，我是孟子的信徒。他曾說：「饑者易為食，渴者易為飲。」肚子餓的人，很容易為他準備吃的，因為吃什麼都美味；口渴的人，很容易為他準備喝的，因為喝什麼都解渴。但是飽足之後，再提供山珍海味，便不再能品嘗出滋味，全都浪費了。這說明儒家考慮的是人本身的基本需求，而不注重外在的花樣。

情緒反應會妨礙心思端正

這一段主要說明修養言行就要端正自己的心思，有四種狀況是心不正所帶來的。一是「身有所忿懥」，關於「身」字引起了一些爭議，有學者認為既然談正其心，何以談身？朱熹依程頤之說，認為「身」應該改為「心」，但接下來的「則不得其正」指的是「心不得其正」，如此一來，就成為「心有所忿懥，則心不得其正」，不是重複了嗎？這四種情況，第一忿懥就是憤怒，第二是恐懼，第三是喜愛，第四是憂患，這四者都是心的事情嗎？其實不見得。臉上有恐懼的表情，有憂患好樂的表現，都是身受到心的影響所造成的。所以不翻譯為「身體」，而做「自身」來理解，則可兼顧身心。

情緒對人的影響非常大，現在的人講「EQ」，就是情緒方面的智商。憤怒、恐懼、喜愛、憂患這些情緒反應是表現在外面的，其實都根源於心正與否。身的這些處境，恰是因為心不得其正之故。我們前面談過誠意，意代表意念。意念是莫名其妙、忽然出現的，是片段的、不成系統的，所以意念出現時，就要用我們所知道的善來對照，檢驗它是否符合誠，即誠意。把不好的意念去掉，內心才會坦坦蕩蕩。而心代表一個完整的思考內容，心思出現時會與情緒發生互動，所以我們常常會有許多突發的情緒反應，這就代表心不正，已經受到干擾了。由此可以接上後續所說的「心不在焉」。因為心不在焉，所以導致視、聽與食這三件身所進行之事，也完全失效。

「好樂」是喜愛之意，「好樂」的「樂」字讀音為ㄧㄠˋ，在《論語・雍也》有相同的用法：「智者樂水，仁者樂山」的「樂」，若讀音為ㄌㄜˋ，可理解為智者以水為樂，仁者以山為樂，似乎亦無不妥。但後面接著：「智者動，仁者靜；智者樂，仁者壽。」其中有「智者樂」，同一段話裡，同樣的字應有所差別，所以就要把前面的「樂」讀為一ㄠˋ。這句話的意思就是：智者喜歡水，仁者喜歡山；智者隨物而變化，仁者像山一樣靜；智者快樂，仁者長壽。

「心不在焉」這個常用的成語也出自《大學》，即心沒有在這個地方，就會雖觀看卻沒有見到東西，聆聽卻沒有懂得意思，飲食卻不清楚它的味道。心不在焉的話，做任何事情都沒有反思與掌握，根本不知道自己在做什麼。這便是提醒我們修身在正其心，修養言行，先要把心放正。人的心可能不得其正，也可能心不在焉。

此觀點符合《孟子．告子上》所記載孔子的話：「出入無時，莫知其鄉，惟心之謂與！」這句話並未載於《論語》，是孟子蒐集到的孔子言論。這番話的意思是：「出去與回來沒有一定的時間，沒有人知道它的走向，大概講的就是心吧。」人的心經常受到外界干擾，而不得其正。《論語．雍也》提到：「回也，其心三月不違仁，其餘則日月至焉而已矣。」這番話指出，只有顏淵可以做到其心三月不違仁。孔子說自己「七十而從心所欲，不逾矩」（《論語．為政》），一般人無此修養，隨時都有問題，從以上孔子、孟子提供的資訊可以得知，儒家並不認為心是靜態或本善的。做學問不論是贊成或不贊成他人的說法，都要有根據。朱熹若講得對，「雖千萬人吾往矣」，意思是：若他的說法不正確，即使天下人皆贊成他，我們仍應立起反對。

談到此處，我們接下來略做回顧，將前面的內容做一簡單的整理與連貫。

回顧《大學》的三綱領

打開《大學》，首先看到「大學之道，在明明德，在親民，在止於至善」。明明德，是明自己的德，要修德行善；親民是親近、愛護老百姓。這二者都有很具體的對象，但止於至善，似乎沒有明確的方向。我們應反思：為什麼要明明德？一個人活在世上，吃飽喝足過日子，何以要修德行善？又為何明明德之後，就會親民？最後還止於至善呢？

關於「明明德」，有兩個可能的答案。第一是天命，《尚書・泰誓》有一段文字，《孟子》也引用過，即「天降下民，作之君，作之師，惟曰其助上帝寵之」。意思是說上天生下老百姓，替他們選了國君，選了老師，前者負責政治，後者負責教育，這樣才能夠代替上帝來照顧百姓。所以，這是「天」的命令，命令統治階級要明明德、要行善。

第二是人性。人性有內在的要求，使人自覺非行善不可，這是更深刻的反省。孔孟之後將它列為儒家學說的基本立場，不只是針對統治階層，而是人人皆應如此。所以，講儒家不能說人性本善，而要說人性向善。因為向善的前提是真誠，真誠才有力量，力量便稱為「向」。

那麼，何謂「善」？從明明德到親民的關鍵均在於對「善」的定義。從古到今，善似乎沒有被說清楚過。例如說「孝順」，一般認為聽父母的話就是孝順，但是父母說的一定都正確嗎？孩子果真應該全盤聽從嗎？相信為人父母者也沒把握。宋朝學者說：「天下無不是的父母。」孔子卻說：「侍奉父母時，父母如果犯錯，兒女要委婉地勸阻；若是父母不聽勸阻，兒女還是要孝順，不要抱怨。」這便是儒家的立場，並不認為父母永遠都是對的。

《孝經》裡也談到所謂的好兒子，指的是能建議父母不要做壞事的，可算是好兒子。我們熟悉孟子所說的「不孝有三，無後為大」，而不孝的另兩項是「阿意曲從，陷親不義」以及「家貧親老，不為祿仕。」以前一項來說，指的是孩子委曲自己的意思順從父母親，使父母親陷於不義。真正孝順的兒子，是能夠勸父母不要做壞事的；真正好的忠臣，是能夠勸國君不要做壞事的。儒家的立場如此，絕沒有愚忠愚孝的餘地。

總而言之，明德行善是人性唯一的路，就如孔子所言：「道二，仁與不仁而已。」人生的路只有兩條，行仁與不行仁罷了。換言之，只有行仁才是正確的道路。若問為什麼要行仁？答案是因為人性向善，真誠的力量由內而發，身不由己。當然人也可能考慮利害關係，不願意行善，其結果必然是得不償失，你得到了外在的一切，卻失去了內在的自我。就如耶穌基督所言：你得到了全世界，而失去自己的靈魂，對你有什麼好處呢？外面得到的可以失去，內心失去的無法復原，這就是普遍的真理。純粹就《大學》一書而言，為什麼要明明德，還是比較偏重第一個答案——天命，因為內容是針對未來要當領導人的貴族子弟而說的。

「親民」是領導人對「善」的實踐。善是我與別人之間適當關係的實現，凡我之外，都是別人。堯能夠明他的峻德，然後就能親九族，九族是親戚，即所謂家人，再推到百姓（百官族姓），推到萬邦（各個邦國），最後到黎民（所有的百姓），這些都是「別人」。孔子曾自述志向是：老者安之，朋友信之，少者懷之。這十二個字，是人類偉大的理想。孔子自己沒做到，古今中外也沒有人能做到。孔子為什麼以沒人能做到的理想做為志向呢？因為他深知善是自我與別人之間適當關係的實現，別人包括天下人在內，要實現人性的要求，就必須以此為目標。能做到多少，或許不是自己能決定的，仍須取決於是否有機會。例如位居高官，就能造福更多人；當天子，就能照顧天下人。所以領導者修養自己去行善，老百姓一定能得到領導者的親近和愛護。

更進一步談「止於至善」，基本上這是一個理想。中國人講「至」字，皆代表最高的境界。《孟子》中有一句很值得思考的話：「形色，天性也，惟聖人然後可以踐形。」人的形狀與面容都是天性，只有聖人可以把人的生命內容完全實現。在孟子看來，人性皆向善，每個人都會朝終身向善的目標行進，而未能止於至善；唯有聖人能把人性的潛能全部發揮出來，止於至善。就《大學》的立場而言，止於至善是要讓天下人都安頓。這個目標，連堯舜都很難做到。即便如此，還是要努力地向前邁進。

三綱領之後談到八個條目——「格物、致知、誠意、正心、修身」五個條目都屬於明明德，明明德的具體表現就是行善。八條目之「齊家、治國」是親民，「平天下」則對應止於至善。平天下是理論上的最高境界，也是最後目標。以下談修身、齊家、治國、平天下，內容較少深刻的哲理，也就是說一切的根源在於格物、致知、誠意、正心前四個步驟，後面則是加以推擴。掌握對自我的修練，行善一定會影響別人，然後慢慢向外擴展，過程中首要的功夫便是修身。

第六章

〈6〉

所謂齊其家在脩其身者，人之其所親愛而辟（ㄆㄧˋ）焉，之其所賤惡（ㄨˋ）而辟焉，之其所畏敬而辟焉，之其所哀矜而辟焉，之其所敖（ㄠˋ）惰而辟焉。故好（ㄏㄠˋ）而知其惡（ㄜˋ），惡（ㄨˋ）而知其美者，天下鮮（ㄒㄧㄢˇ）矣。故諺（ㄧㄢˋ）有之曰：「人莫知其子之惡，莫知其苗之碩。」此謂身不脩，不可以齊其家。

所謂規範自己的家庭，就是要修養自己的言行，意思是說：人們對於自己親近愛慕的人，表現就會有所偏頗；人們對於自己鄙視討厭的人，表現就會有所偏頗；人們對於自己畏懼尊敬的人，表現就會有所偏頗；人們對於自己同情憐憫的人，表現就會有所偏頗；人們對於自己輕忽怠慢的人，表現就會有所偏頗。因此，喜歡一個人同時也知道他的缺點，厭惡一個人同時也知道他的優點，天下能做到的人是很少的。所以民間諺語說：「人們不知道自己子女的缺點，也不知道自己莊稼的豐碩。」這就是說：言行沒有修養好，是沒辦法規範自己家庭的。

修身的關鍵在於無私的心態

我們現在談到如何修身。修身的目標，就是成為君子，君子的特色是無私。人都難免有私心，私心是一種正常的表現，因為人都是利己的，這是人的本能。人難免會盤算自己的利益，卻絕不能夠損人而利己。如果為了自己，而傷害別人利益，別人也可能以同樣的方式傷害我們的利益，如此一來，所有的人都沒有了保障。

事實上利己與利他，不見得會互相排斥。有這樣一個例子：一個美國教授跟學生說，人都是利己的，沒有人是利他的。有一天在街上，學生看到教授掏出五元美金給了一個大聲哀鳴的乞丐。學生感到驚訝，因為這和老師的一貫主張相違背。於是他立刻上前追問老師，為何要這麼做。

老師回答：「這樣做，還是為了利己。我的心情本來不錯，但聽到他哀嗚得如此淒慘，心情就變差了。我是為了讓自己快樂，所以給他五塊錢，讓他停止哀嗚，以免影響我的心情。」所以利己和利他並不一定矛盾。

古代的文字比較少，因此有些字是通用的。本段的「辟」通「僻」，意為偏頗，不合乎正當的言行方式。此處列出五種使人陷於偏頗的情況：第一是親近愛慕的人，第二是討厭鄙視的人，第三是畏懼尊敬的人，第四是同情憐憫的人，第五是輕忽怠慢的人。人幾乎都會有所偏頗，可見要做到公正無私是多麼困難。我們對於一個人有所「親愛、賤惡、畏敬、哀矜、敖惰」時，就會表現出「包容、排斥、逢迎、善意、敵意」等言行。這是個人成見受主觀情緒所左右的，並無道義可言。孔子說：「唯仁者能好人，能惡人。」（《論語・里仁》）意即只有行仁的人能夠喜歡好人，厭惡壞人，不論所面對的對象是朋友或敵人。一般人只要是朋友就喜歡，是敵人就討厭，但敵人也可能是行善的人，只是立場不同而已。這種情況在戰爭時最明顯，打仗的雙方，可能都有非常勇敢、非常善良的人，但究竟是誰對誰錯，很難分辨。

但我們在與別人來往時，是有選擇餘地的。想達到仁者的境界，關鍵在修身，而修身的關鍵在於無私的心態，保持無私的心態才可以做到「君子不以言舉人，不以人廢言」（《論語．衛靈公》），君子不會因為別人說的話很好聽就推薦他，也不會因為說話的是惡人，就認為這些話沒有價值。

像季氏的家宰陽貨（陽虎）是個惡人，孟子就引用過他所說的「為富不仁矣，為仁不富矣」，要追求財富，就不會做好事；要做好事，就不會追求財富。《論語．子路》中提到「君子易事而難說」，君子很容易相處，但是很難討好；反之「小人難事而易說」，小人很難相處，但很容易討好，只要稍微投其所好，小人便很高興。但要長期相處的話，小人會對別人求全責備；而君子會因材而任之，對其他方面的缺點，就不在意。「君子和而不同」（《論語．子路》），「和」代表與別人都可以和諧，雖然意見不同，依然可以和諧相處。相反的，小人則是「同而不和」。「君子周而不比」（《論語．為政》），「周」代表普遍愛護每一個人，「比」代表只喜歡少數幾個同黨。小人則是「比而不周」。總而言之，君子的表現就是無私。

在孔門弟子中，顏淵的志向是「願無伐善，無施勞」（《論語．公冶長》），值得注意的是一般的翻譯，對第二句的意思有些誤解。一般的解釋是：不要誇耀自己的優點，不要張揚自己的功勞。但是顏淵只活了四十歲，沒有做過官，在社會上幾乎沒有功勞可言，當然談不上張揚功勞了。「無施勞」的「施」字，應與「勿施於人」的「施」同義，而「勞」是指勞苦的事情。這句話可以理解為：不要誇耀自己的優點，不要將勞苦的事情推給別人。目的就是要化解以自我為中心的自私心態，做到無私。

子路在顏淵之前發表志向，他的目標是把自己的車、馬、衣服、棉袍拿出來，和朋友一起用，即使用壞了，也沒有遺憾。這樣的胸襟很了不起，但他只對朋友好，明顯有範圍限制，不能照顧到朋友之外的人。顏淵的境界比較高，照顧了所有的人，像是以宗教情懷為出發點，其精神與佛教所謂的「無緣大慈，同體大悲」類似。

耶穌曾以撒瑪利亞人為喻，說過一個故事。一個人被強盜搶了錢，還被打傷了，他的同鄉與族人看到都不管他。這時，一個撒瑪利亞人經過，撒瑪利亞人與他本來有仇視的立場，但卻幫助了他，把他救了回去。耶穌說「愛你的近人」，「近人」就是旁邊的人。在身邊出現正好需要幫忙的，就是近人。這無法做選擇，不能選擇只愛親戚朋友，這種愛是有限制的。基督徒談博愛，主張「任何在我身邊，需要幫忙的人，都該去幫忙。」這才是真正的宗教精神，和佛教說的「無緣大慈」是一樣的意思。無私的心態正是君子的人格典範。

不可在個人愛憎中失去客觀標準

這段話的結語「好而知其惡，惡而知其美」，講得真好。喜歡一個人，同時也知道他的缺點；厭惡一個人，同時也知道他的優點，天下能做到的實在很少。通常我們會在自己的愛惡中失去客觀標準，如此天下哪有是非？若順著人之常情不受教育、不加修養，最終天下一定陷於混亂的境地。

《大學》的道理該怎麼實踐呢？喜歡一個人時，要知道他有什麼缺點，不要替他辯護。同時，也要瞭解自己有哪些優點和缺點，當別人說我的優點時，想到自己的缺點，便會謙虛；別人說我有缺點時，想到自己有優點，也不至於太難過。這樣的思慮也讓我們更懂得欣賞他人、包容他人。古代的諺語提到，人們不知道自己子女的缺點，也不知道自己莊稼的豐碩。現在常說的「文章是自己的好」、「敝帚自珍」，也是一樣的意思。人們往往不認為自己子女有缺點，孩子出了狀況，便認為一定是壞朋友把他帶壞的。農夫總覺得別人的莊稼長得更好，不知道自己莊稼的豐碩。這種心態其實很普遍，一味羨慕別人，卻沒有想到自己有另一方面的收成。要知道有耕耘才會有收穫，這是很簡單的道理。

修身齊家是一生的挑戰

對大多數人來說，從修身到齊家這一階段的工作，是一輩子的挑戰。古人談到家的時候，除了側重大夫之家或是男性家長的責任之外，常有集體觀念，把家看成一個整體。《易經．坤卦．文言傳》提到：「積善之家必有餘慶，積不善之家必有餘殃。」代表報應是以家庭為單位。如此觀點衍生出一個問題，家是一個集合名詞，一個家族裡必然有好人，也有壞人，如何去判斷積善與積不善呢？家族成員行為的善惡是否能互相抵消呢？或者只有家長一人努力修身，就名為積善呢？這種觀點常忽略了個人的努力，也常讓現代人在發生問題時，將原因歸咎於祖先或家族，而模糊了責任的歸屬。

所以佛教在東漢進入中國後廣受歡迎，因為佛教認為報應是由個人負責。個人造業由個人受果，有了責任歸屬，一般人覺得很實在。如果照中國傳統的說法，以家庭為單位，反而沒有約束力。例如舜的家中，有個壞到難以想像的弟弟象，那報應到後代是何等景況？再如大禹治理洪水，照顧天下百姓，傳到最後有夏桀這樣的暴君；商湯傳至後代有商紂，這些家族的帳，該怎麼算？所以中國古代的某些觀念經不起檢驗，因為沒有經過嚴格的思辨，而且涉及生前死後的問題，哲學亦無法多說。而儒家講報應，主張當下真誠，求其心安，做善事時當下就快樂，這就是福報。

儒家主張社會應宣揚善的行為，以鼓勵更多人行善。子貢曾經替魯國贖回很多人，但不要賞金，因為他本身是很有錢的人。但是孔子對他的做法不以為然，因為子貢做好事而不依法領取賞金，會讓那些領取賞金的人顯得是貪財了。所以，該領的錢還是要領，該給的勳章還是要給，高調行善亦無妨，盡量讓大家都知道行善值得稱讚，並且鼓勵大家都來行善。英國哲學家休姆（David Hume）曾說：「一個人行善的目的，雖不是為了讓別人肯定他、稱讚他，但是如果有人稱讚他，有何不可呢？」

修身很重要，是自天子以至於庶人都要努力做的根本工作。至於由修身到齊家是否可能收效，仍有商榷餘地。歷史上的聖賢也難免有不肖子孫，這也多有例證。從修身推到齊家，孟子有一句話說得十分精準：「身不行道，不行於妻子；使人不以道，不能行於妻子。」意即自己不實踐正道，妻子兒女也不會實踐正道；不依正道去使喚別人，就連妻子兒女也使喚不動。家人就在你身邊，你的行為都看在他們眼裡，當你說的是一套，做的卻是另一套時，就連妻子兒女也都無法認同你。這就是儒家的想法。

第七章

〈7.1〉

所謂治國必先齊其家者，其家不可教而能教人者，無之。故君子不出家而成教於國。孝者，所以事君也。弟者，所以事長也。慈者，所以使眾也。〈康誥〉曰：「如保赤子。」心誠求之，雖不中，不遠矣。未有學養子而後嫁者也。一家仁，一國興仁。一家讓，一國興讓。一人貪戾，一國作亂。其機如此。此謂一言僨（ㄈㄣˋ）事，一人定國。堯舜率（ㄕㄨㄞˋ）天下以仁，而民從之；桀紂率天下以暴，而民從之。其所令反其所好，而民不從。

所謂治理自己的國家必須先規範自己的家庭，意思是說：自己的家人沒有好好教育，卻能夠教育別人，那是不可能的事。所以君子不必離開家庭就可以在國家成就教化。孝順父母的心意，即是侍奉君主的道理；尊敬兄長的心意，即是侍候長者的道理；照顧子女的心意，即是役使眾人的道理。《尚書・康誥》說：「好像保護嬰兒那樣對待百姓。」內心真誠想去瞭解百姓的願望，即使沒有完全切合，也距離不遠了。沒有女子是學會養育子女之後才出嫁的。負責治國的人，能使一家人行仁，全國就會興起行仁之風；能使一家人禮讓，全國就會興起禮讓之風；他自己一人貪婪乖張，全國就會趨於混亂。其中的關聯契機即是如此。這就是說：一句話就把事情搞壞，一個人就讓國家安定。堯舜以行仁來領導天下人，百姓就追隨他們行仁；夏桀商紂以暴戾作風來領導天下人，百姓就追隨他們變得暴戾。治國者所下的命令如果違背自己所愛好的行為，百姓是不會追隨命令去做的。

治理國家一定要先規範好家庭

「齊家」是說要先教好自己的家人。所謂治理自己的國家，必須先規範自己的家庭，意思是說：自己的家人沒有好好教育，卻能夠教育別人，那是不可能的事。「其家不可教」，須理解為「自己的家人沒有好好教育」，不是說「沒有教育好」，因為後者是一個完成式。若要等到完全齊了家之後再來治國，那將永遠無法治國。「好好教育」是個過程，是每個人一生的事，無法由家長一人獨擔重任，必須由家中成員各自負起責任來。有誰能先教育好自己家人，然後才去教育或領導別人？所以我們一直強調，這不是時間先後的問題。

對大夫或家長而言，修身與齊家不可二分，不修身者不可能齊家，但是修身者未必可以齊家。例如父親修身修得很好，孩子就一定好嗎？不一定。不齊家者不可能治國，但是齊家者未必可以治國。做為國家的領袖，與自己的家人處得好，不見得能治國。因為治國比齊家複雜得多，至於平天下則更是如此。所以閱讀古文，談到有關人生修養的問題，要從動態發展的角度去理解。

「君子不出家而成教於國」，君子不必離開家庭，就可以在國家成就教化。這句話源於《論語》。有人問孔子，「您為什麼不參與政治？」孔子說：「《尚書》上說：『重要的是孝順父母，友愛兄弟，再推廣到政治上去。』這就是參與政治了，不然，如何才算是參與政治呢？」參與政治對儒家而言，不是每一個人都要做官，每一家都做到孝與悌，再推廣出去，這就是政治。《易經》有家人卦，這一卦的象非常好。風火家人，內卦為火，代表一家人有熱忱；外卦為風，把火向外推廣出去，讓人感覺到一個家的力量。古代原本就是一個部落社會，部落社會是以家族為主，家族的小單位便是家庭。從家庭到家族，再到部落，一直推出去即是整個天下。

孝順父母的心意，即是侍奉君主的道理，把君主視為父母一般；尊敬兄長的心意，即是侍候長者的道理；照顧子女的心意，即是役使眾人的道理。從「孝、悌、慈」推到「事君、事長與使民」，「孝」能夠使人做好侍奉國君的工作，「悌」能夠使人尊敬長者，「慈」讓當官的能夠慈愛，進而把百姓當子女一樣。古人肯定天子作民父母，這樣的觀念出現在《尚書．洪範》篇，其中提到「天子是老百姓的父母親」。《孟子》也認為，人的心有四端，能夠把四端擴充出去，便足以保四海；如果不能擴充，就不足以事父母。這樣的言論當然需要有很多演繹的過程，如果努力把四端（惻隱、羞惡、辭讓、是非之心）推出來變成仁義禮智，就可以保四海嗎？四海如果有三千萬人，單憑一人、一家這麼做，三千萬人就會全部跟著做嗎？古時候是很小的部落社會，現代化的國家動輒幾千萬人以上，一家的力量其實極為渺小。所以我們今天只要努力在自己的身分範圍內去做就好，不可能完全比照古人的狀況。

真誠地領導百姓行善

《尚書．康誥》中提到：「若有疾，惟民其畢棄咎；若保赤子，惟民其康乂。」「乂」讀音為ㄧˋ，是「安治」之意。「畢棄咎」的「畢」是全都，「棄」是去除，「咎」是過錯，意為有如面對疾病，期望百姓全都能去除過錯，有如保護嬰兒，期望百姓可以得到安治。原文的「若保赤子」，是希望老百姓去惡從善，得到平安快樂。《大學》引文為「如保赤子」，則指對待百姓要如同保護嬰兒，使其願望得到滿足。當然，願望在此是指行善而言。

內心真誠，想去瞭解百姓的願望，即使沒有完全切合，也距離不遠了。「心誠求之」，意思是：身為政治領袖，應該瞭解百姓的願望。《尚書．泰誓》提到：「天視自我民視，天聽自我民聽。」百姓的意願反映了天的旨意，在原則上是行善避惡的。所以百姓希望天子行善，天子也以德行來回應百姓的願望，並且領導百姓一起行善。

這樣的路徑走。

領袖人物有上行下效的影響力，他發動，百姓就跟著走。人生其實就是選擇的過程，而選取的目標往往取決於社會的風向，如果風向是仁愛之風、正義之風，大家便會往這樣的路徑走。

「未有學養子而後嫁者也」，這句話的意思是：沒有女子是學會養育子女之後才出嫁的。女人生了孩子之後，自然就會當母親了，只要有愛心，一學就會，並不是等學會了所有當母親的技巧之後，才可以生孩子。只要願意「做中學」，很快就可以累積經驗。這種觀點是把握住根本原則，並不表示人不需要學習，否則何必念「大學」？

「一家仁」，「一人」是指治國的人，「一家」是指治國的家。負責治國的人，能使一家人行仁，全國便會興起行仁之風；能使一家人禮讓，全國便會興起禮讓之風。這是因為治理國家的人是關鍵，他身在一個特殊的位置，眾目睽睽之下，大家都受他的影響。《孟子・滕文公上》：「上有好者，下必有甚焉者矣。」這是風俗的感染力，「風行草偃」之謂也。領導人若貪婪乖張，全國便會趨於混亂。「其機如此」，其中的關聯契機即是如此。「機」是指見微知著所得的理解。《易經・繫辭傳》：「幾者，動之微，吉之先見者也。」意思是：幾微，是變動的微妙徵兆，是吉祥的預先顯示。

在古代社會，領導者對天下百姓的影響特別明顯，所謂「風俗之厚薄，繫於一二人心之所向」的「一二人」指的正是在上位者。堯舜以行仁領導天下人，百姓就追隨他們行仁；夏桀商紂以暴戾作風領導天下人，百姓就追隨他們變得暴戾。儒家主張人性向善，因此堯舜以仁帶領天下人，天下人都行仁，因為行仁與我們內心的要求是一致的。但桀紂用邪惡暴虐來領導天下人，天下人就跟著暴虐嗎？不見得如此。這是儒家一貫的立場，並非全然悲觀。《孟子．盡心上》提到：「待文王而後興者，凡民也；若夫豪傑之士，雖無文王猶興。」等待周文王出來才振作的是平常老百姓；真正的豪傑之士，雖沒有周文王，仍會自己振作。即便天下大亂時，人心內在仍有一種力量，只要真誠照樣可以行善，這才是儒家的主張。

「一言僨事」的「僨」是覆敗。《易經．繫辭上》提到：「亂之所生也，則言語以為階。君不密則失臣，臣不密則失身，幾事不密則害成。是以君子慎密而不出也。」禍亂的產生，是以言語為其階梯。君主不能保密，就會失去臣子；臣子不能保密，就會喪失性命；幾微之事不能保密，就會導致失敗，所以君子謹慎保密，而不隨便說話。

儒家對於說話很重視，孔子的學生分為四科，第一科德行，第二科言語，第三科政事，第四科文學。德行第一，代表行為；言語第二，代表言論。言與行同樣重要，不能忽略言語，因為言為心聲。人不可能不說話，說話時如何才能恰到好處？《論語》裡有一段極為經典的說法，子曰：「言未及之而言，謂之躁；言及之而不言，謂之隱；未見顏色而言，謂之瞽。」還沒有到該說話時就說，太急躁了；該說話時不說，太隱瞞了；不看對方臉色就莽撞發言，如同眼睛瞎了。這說明發言要看時機，和不同的人說話要看具體情況，至於說的話是否適當，還要看臉色。儒家學說特別注意這方面的修練。

堯與舜是古代聖王的代表，《孟子．滕文公上》提到：「孟子道性善，言必稱堯舜。」堯舜為儒家所推崇的聖王，自孔子以來已經做此論斷。堯的國號為唐，舜的國號為虞，所以有唐堯、虞舜之稱。桀紂，即夏桀、商紂，皆為亡國之君。這些天子統帥百姓，或以仁，或以暴，「而民從之」。

這種看法能否成立？一方面，百姓確實會上行下效。孔子說：「其身正，不令而行；其身不正，雖令不從。」（《論語．子路》）這段話的意思是：統治者本身行為端正，即使不下令，百姓也會跟著走上正道；但是統治者本身不端正，即使他下令要百姓走上正道，百姓也不會服從。可見百姓是學習上位者的。

另一方面，百姓又未必如此。孔子亦提到：「舉直錯諸枉，則民服；舉枉錯諸直，則民不服。」（《論語．為政》）「錯」是放置，「枉」是指偏邪的人。把好人提拔起來，放在壞人的上位，老百姓很服氣；把壞人提拔起來，放在好人的上位，老百姓就不服氣。百姓會對「直」者服，而對「枉」者不服，可見人性向善，不能全由上位者操縱。

「其所令反其所好，而民不從」的意思是：治國者所下的命令，如果違背自己所愛好的行為，百姓是不會聽話的。例如領導者貪財，卻命令老百姓不要貪財，老百姓不會聽從這樣的命令，反而會跟著領導者的行為去做。這與上面孔子所說的「其身不正，雖令不從」意義相合。一般老百姓雖然沒有受過太多教育，但他們還是會依據本能和直覺判斷。當他們看到壞人上來領導，便會覺得不服氣。相反的，好人當領導，老百姓看了就很服氣。這完全符合人性向善的觀點。

〈7.2〉

是故君子有諸己，而後求諸人；無諸己，而後非諸人。所藏乎身不恕，而能喻諸人者，未之有也。故治國在齊其家。《詩》云：「桃之夭（ㄧㄠ）夭，其葉蓁（ㄓㄣ）蓁。之子于歸，宜其家人。」宜其家人，而后可以教國人。《詩》云：「宜兄宜弟。」宜兄宜弟，而後可以教國人。《詩》云：「其儀不忒（ㄊㄜˋ），正是四國。」其為父子兄弟足法，而后民法之也。此謂治國在齊其家。

因此，君子自己做到某種善事，然後才去要求別人；自己不做某種惡事，然後才去責怪別人。自己所做的無法推己及人，卻能夠讓別人瞭解該做什麼，那是不曾有過的事。所以，治理國家即是要規範自己的家庭。《詩經．周南．桃夭》說：「桃樹長得正美，枝葉十分茂盛，這個女子出嫁，家人相處和睦。」家人相處和睦，然後可以教化國人。《詩經・小雅・蓼（ㄌㄨˋ）蕭》說：「做個好哥哥，做個好弟弟。」做個好哥哥，做個好弟弟，然後可以教化國人。《詩經・曹風・鳲（ㄕ）鳩（ㄐㄧㄡ）》說：「他的威儀沒有差錯，可以匡正四方之國。」他做為父親、兒子、哥哥、弟弟的表現都值得效法，然後百姓才會效法他。這就是說：治理國家即是要規範自己的家庭。

這一段話，引用了許多《詩經》的內容，選得非常恰當。《詩經》的內容，尤其是《國風》的部分，很能代表老百姓的立場。《風》就是各地的民謠，代表一般人的認知。

向善需要身體力行，從自身做起

君子自己做到某種善事，然後才去要求別人；自己不做某種惡事，然後才去責怪別人。如果是自己沒能做好的事，不能拿來要求別人做；自己沒有排除某種惡的事情，就不能怪別人做這種惡事。這是基本的道理，從對自己的要求開始，做為領袖應當如此，做為百姓亦復如是。

「有諸己」，「諸」就是「之於」二字的合音。此處的意思是，自己做到某種善事。在此特別引用孟子的一段話，這是儒家思想之中，最經典的句子之一。

《孟子·盡心下》：「可欲之謂善，有諸己之謂信，充實之謂美，充實而有光輝之謂大，大而化之之謂聖，聖而不可知之之謂神。」

孟子這段話的第一句「可欲之謂善」，是說人們看到一個行為，內心直覺是好的，那就是善，不需要接受教育之後才會明白。例如看到年輕人幫助老人過馬路，大家很喜歡這種行為，那就是善的行為。第二句「有諸己之謂信」，我自己做到的叫做「有諸己」，我做到了我所喜歡的善的行為，我就是「信」。「信」代表真，我是真正的人。因為人性向善，行善者就是真正的人。換言之，人性向善，不行善就不是真正的人，只是高級生物。高級生物很聰明，會計較利害，但只是比其他物種的程度高一點而已。

第三句「充實之謂美」，談的是人格之美，是說一個人能在任何時候、任何地方、任何情況、與任何人來往都做到善，便稱為美。第四句「充實而有光輝之謂大」，充實到一個階段，就有光輝。充實而有光輝的人到任何地方，因為不斷行善，沒有任何缺陷、任何遺漏，所以和別人來往時，都是善的表現，就會驅除黑暗、邪惡。

但是光輝是靜態的，第五句「大而化之之謂聖」，其中「化」代表了動態的力量，這是聖人。儒家談聖人，一定有具體的效果出現，並非只是曖曖內含光。自己有光輝，能照到多少人？我們並不知道。照了之後，有沒有力量感動別人？也不一定。「化」是動態，一定有效果。

然後再到最後一步，也就是第六句的「聖而不可知之之謂神」。

一般談修養都只講到聖人。聖人代表完美的人，而孟子則提高層次到「聖而不可知之之謂神」。何以「神」是最高境界？就在最後一句「不可知之」。不可知之，即沒辦法言說，如同佛教的最高境界是「不可思議」一般，無法用名詞、概念、言語來表達。老子說「道可道，非常道」，意思是：可以用言語來說的，就不是永恆的道，只是相對的道。真正的道是超越言語之外的整體，包括一切在內。

在宗教領域中，最高的神明境界也是類似的。佛教說「不可思議」，基督教亦然，都認為最後所面對的是無法理解的神、無法言說的神，進入一種神聖的黑暗之中。人生一定要保留這樣的境界，否則修養到最後，就無路可走了。我的老師方東美先生在課堂上常講一句話：「To be human is to be divine.」他從來不把這句話翻譯成中文。如果直譯出來就是「做為人，就是要做為神」，意思當然不是要人真的變成神，而是做一個人，就要做得像神一樣。

儒家傳統教導我們努力成為聖人，但是成為聖人之後呢？孟子認為，還有一種境界，是連聖人都無法想像，「聖而不可知之」代表人永遠不要設限。西方的哲學家常說，人介於禽獸和天使之間，代表人墮落時與禽獸一樣，高尚時則和天使一樣。這和儒家思想的特色相似，重點在於永遠不要給人設限，對人的生命，要保持無限的開放。只要願意修練自己，一路上去，就可以達到言語無法形容的境界。

自己身上所做的，無法推己及人，卻能夠讓別人瞭解該做什麼，那是不曾有過的事。所以治理國家，即是要規範自己的家庭。

關於「恕」字，孔子是這樣解釋的。子貢請教孔子：「有一言而可以終身行之者乎？」孔子回答說：「其恕乎！己所不欲，勿施於人。」（《論語・衛靈公》）「己所不欲，勿施於人」這八個字在《論語》中出現過兩次，另外一次在《論語・顏淵篇》。孔子的學生冉雍（仲弓）請教老師什麼是仁，孔子說：「出門如見大賓，使民如承大祭，己所不欲，勿施於人，在邦無怨，在家無怨。」這八個字被提到兩次，可見孔子很重視這個觀點。

我們常把「己所不欲，勿施於人」解釋為「將心比心」，意即同理心，這個說法很生動。例如身為老師的，在課堂上授課時要設想：如果我是坐在底下的學生，會希望老師怎麼講，可以更容易理解？我們在求學階段多多少少經歷過「老師只顧自己講，不管學生是否聽得懂」的情況，實在是痛苦不堪。所以自己當老師之後常常反思，我這樣講，學生們能理解嗎？「所藏乎身不恕」的「恕」是設身處地為別人考慮，將心比心，推己及人。「而能喻諸人者」的「喻」是讓人明白道理。孔子說：「君子喻於義，小人喻於利。」（《論語・里仁》）此說亦有身教重於言教之意。由齊家推到治國，亦復如此。

《詩經》中的修己治人

「桃之夭夭，其葉蓁蓁。之子于歸，宜其家人」出自《詩經．周南．桃夭》，藉由桃樹的美好來祝福女子出嫁可以宜室宜家。「夭夭」，形容木之美好貌，樹木長得漂亮；「蓁蓁」，茂盛貌，樹葉長得茂盛。「之子」，這個女子。古代的「子」可以指男子，也可以指女子；「于」是語助詞；「歸」，指女子嫁人。「于歸」有正在進行婚嫁之意。「宜其家人」是祝福她以後的發展，這一句才是重點，由家人可以推到國人。全句的意思是：桃樹長得正美，枝葉十分茂盛，這個女子出嫁，家人相處和睦。家人相處和睦，然後可以教化國人。現在一般結婚經常用「宜室宜家」作賀詞。

「宜兄宜弟」出自《詩經．小雅．蓼蕭》，是天子宴請諸侯而稱美之詩。「蓼」，長大貌；「蕭」，蒿（ㄏㄠ）。描寫諸侯有如長得高大的蒿，是因為受到天子寵信而繁榮滋長，因此諸侯也應如兄弟般和睦相處。成功的天子必須倚靠各個諸侯的支持，所以天子對諸侯的鼓勵，要像兄弟一樣，天子做個好哥哥，諸侯做個好弟弟，才得以教化國人。

「其儀不忒，正是四國」出自《詩經．曹風．鳲鳩》，意思是：他的威儀沒有差錯，可以匡正四方之國。鳲鳩是布穀鳥，母鳥教小鳥飛翔時，通常是自己示範飛，小鳥跟著拍拍翅膀慢慢飛。這首詩以此來稱頌君子以身作則，教化百姓。「儀」，威儀容態；「忒」，偏差變動；「正」，匡正；「是」，導正。亦有修己治人之意。孔子在《論語．憲問》中提及「修己以敬」、「修己以安人」、「修己以安百姓」，亦可依序理解為「修身」、「齊家」、「治國」，以及「平天下」。但是「修己以安百姓」這最後一步太難了，所以孔子又加上一句：「修己以安百姓，堯舜其猶病諸！」說明這是連堯舜都覺得難以做到的事。

第八章

接下來這一段，有一個非常重要的觀念，被稱為「絜矩之道」，也是儒家所謂「己所不欲，勿施於人」最具體的實踐方法。

〈8.1〉

所謂平天下在治其國者，上老老而民興孝；上長長而民興弟；上恤孤而民不倍。是以君子有絜（ㄒㄧㄝˊ）矩之道也。所惡（ㄨˋ）於上，毋以使下；所惡於下，毋以事上；所惡於前，毋以先後；所惡於後，毋以從前；所惡於右，毋以交於

左；所惡於左，毋以交於右；此之謂絜矩之道。《詩》云：「樂止君子，民之父母。」民之所好好之，民之所惡（ㄨˋ）惡之，此之謂民之父母。《詩》云：「節比南山，維石巖巖，赫赫師尹，民具爾瞻。」有國者不可以不慎。辟則為天下僇（ㄌㄨˋ）矣。

所謂平定天下就是要治理自己的國家，意思是說：上位者敬愛老人，百姓就會興起孝順之風；上位者尊重長輩，百姓就會興起敬長之風；上位者救助孤兒，百姓就不會有背棄之心。因此，君子把握了衡度言行規矩的方法。厭惡上位者所做的，就不要以此使喚屬下；厭惡屬下所做的，就不要以此侍奉上位者；厭惡在前者所做的，就不要以此交待在後者；厭惡在後者所做的，就不要以此跟從在前者；厭惡右邊的人所做的，就不要以此對待左邊的人；厭惡左邊的人所做的，就不要以此對待右邊的人。這稱為衡度言行規矩的方法。《詩經．小雅．南山有臺》說：「快樂的君子，就是百姓的父母。」百姓喜歡的，你也要喜歡；百姓厭惡的，你也要厭惡。這樣就稱為百姓的父母。《詩經．小雅．節南山》說：「那座南山高峻聳立，層層石塊堆積而成；太師尹氏聲威顯赫，百姓都在看著你啊。」擁有國家的人，不可不謹慎，言行偏頗就會被天下人所棄絕。

各處其位，遵循絜矩之道

「上老老而民興孝」，「老老」，前一個「老」是動詞，意思是以敬愛的態度對待，後一個「老」是名詞，指老年人。《孟子・梁惠王上》中的「老吾老以及人之老，幼吾幼以及人之幼」，也是類似的意思，古文中常見兩個字重複，如君君、臣臣、父父、子子，而「老老」就是要敬愛所有老人。百姓見到上位者的示範，自然樂於實踐孝道。

「上長長而民興弟；上恤孤而民不倍」，上位者尊重長輩，百姓就會興起敬長之風；上位者救助孤兒，百姓就不會有背棄之心。這一句講的是孝悌，以及讓老百姓不會背棄。本段接續第六講的「孝悌慈」，「慈」是把老百姓當子女一樣，慈愛照顧他們。「孤」主要指沒有父母親，沒有人照顧的人。「民不倍」的「倍」是違背、背棄的意思。在上位者如果能夠同情照顧他們，老百姓就覺得在上位者厚道，便不會有背棄或是造反的心，這便是上下能夠互相體諒。

「絜」為度量，「矩」為畫方形的用具。以己之心度人之心，如果能以同理心思考，人與人之間的相處自然沒有問題。此處談到的人際關係，有上與下、前與後、左與右。上與下是上位者與下位者；前與後，是職務交接的順序；左與右，是處在平等的位置。這種絜矩之道，也是儒家的恕道「己所不欲，勿施於人」的具體做法，在現今職場依然適用，所以特別重要。

絜矩之道就是對自己的言行要加以衡量，確定如何才是適當的。首先，厭惡上位者所做的，就不要以此使喚屬下。這個道理很明顯，但很多人都做不到。通常會拍上司馬屁的人，就會去壓榨屬下，因為人不可能既奉承上司，又討好屬下，那他的心態肯定無法平衡。這種情況可以用西方的「截取能量」理論加以解釋。截取能量是指人與人之間的能量相互消長，每一個人在能量被剝奪之後，就要設法從別的地方收回來。以老師罵了學生，學生沮喪，能量被老師吸收為例，接著校長把老師叫來罵一頓，老師因為能量足，可以稍微抵抗；學生在被罵了之後，回家欺負妹妹，能量又增加了；妹妹就踢小貓，弄得天下大亂。這是西方的一種解釋，僅供參考。所以「所惡於上，毋以使下」，「所惡於下，毋以事上」，討厭屬下陽奉陰違，就不要以這種態度對付長官。上下是一種治理的關係。

其次，「所惡於前，毋以先後；所惡於後，毋以從前」，「前後」代表職務交接，不見得是長官與屬下的關係。例如交接工作，我的前任同事把工作交給我時，帳目不清，然後我把工作交接給下一任時，若也是帳目不清，等於沒有學會從根本解決問題。「所惡於後，毋以從前」，批評責備前人都很容易，當自己下臺之後，後人又會怎麼數落我的不是呢？基本上不喜歡前人對我們做的，就不要對接任者做；不喜歡後面接任者對我們做的，就該記得不要對前任做同樣的事情，這便是同理心。

最後，「所惡於右，毋以交於左；所惡於左，毋以交於右。」「左右」代表平行，我們在社會之中，不可能總是一個人獨自行事，必然經常與人合作。在與人合作時，我們最討厭共事者半途而廢，所以我們不應犯下同樣的錯誤。如果每個人都這樣想，就能各盡本分。

儒家講人際關係三要點

當我們把古代觀念運用在生活上時，往往需要一些比較基本的想法。例如說，要想學習儒家，建立良好的人際關係，要考慮三點：第一，內心感受要真誠。真誠很容易流於主觀，自己認為很真誠，但別人的看法卻不見得相同，所以要有具體作為；其次是不計較，與人往來時不要計較利害關係；然後，要盡好自己該盡的責任，面對不同的人，就有不同的角色和身分，也就有不同的責任要求，所以真誠不是空洞的話語，而要有具體的作為。

《易經．乾卦．文言傳》提到真誠時，有「閑邪存其誠」和「修辭立其誠」兩句話。「閑邪存其誠」是說要防範邪惡，以保持內心的真誠。意即真誠與邪惡勢不兩立，一定要對邪惡加以防範，絕不能妥協，這也說明了人性向善。「修辭立其誠」則是說當我們真誠的時候，要記得修飾言詞。因為言為心聲，如果不說出來，誰知道我們的真誠呢？說話的時候，還要選擇適當的語詞來表達得恰到好處，這是很困難的挑戰。言語是需要訓練的，沒有使用恰當的言語，說話不見得會有好的效果。

孔子門下言語科的第一名是宰我，宰我在《論語》中共出現五次，除了一次是提及他的排名，另外被提及的四次，都是被孔子責罵。因為言語科好的人，通常口才特別好，腦筋反應快。孔子覺得這類學生老想強辯，導致是非黑白混淆，所以孔子批評宰我總是格外嚴厲。而宰我畢業之後，也總算改掉了年輕時的毛病。

所以真誠不是容易的事情，一方面行為上要防範邪惡，一方面說話要適當，修飾言詞。言行兩方面必須配合，讓真誠變成一種修養功夫。

內心感受到真誠，也就是與人來往時，第一步先不要計較利害關係，盡量盡到自己與他人的相對責任，且特別留意避開邪惡，說話時修飾言詞。

第二，既然和別人來往，對方的期許要溝通。我們不可能討好每一個人，很多時候要拒絕，但是拒絕時就要把道理說清楚。

第三，社會規範要遵守。儒家絕對沒有忽略社會規範，因為社會規範早就存在，國有國法，家有家規，在這個社會生存，當然要照規矩來。

在古代有很多規矩與細節，稱為規範。然而若規範規定得太細，不符合內心的真誠情感，這時該怎麼辦呢？外在的規範當然是可以更動的，我們可能每隔一段時間，連禮樂制度都會調整，別人對我的期許也可以調整，但是唯一不能改變的是我真誠的覺悟，我內心的真誠情感不能調整。人生就是一種選擇，只能為當下自己的真誠來負責。

總之，社會規範是為了所有的人，不見得適合你與我之間特殊的狀況，你對我的期許，可以因為溝通而調整，但是我的真誠不能打折扣，這便是儒家的立場。

治國者需謹慎為民

「樂止君子，民之父母」出自《詩經．小雅．南山有臺》，是祝福之詩，在宴飲時祝福賓客之樂歌。「南山有臺」的「臺」是莎草，長於南山之上。莎草的生長必須耗費長久的時間，顯示這座山存在已久，相當美好。「樂止君子」的「止」是語助詞，《詩經》有很多語助詞，通常沒有特別的意思。「君子」在此指賓客，就是說我祝福這些賓客，這些有德行的賓客，實為百姓之父母。

「民之父母」的具體表現，乃指好惡是依照人民的想法而調整。《尚書．洪範》

說：「天子作民父母，以為天下王。」統治階級皆須效法天子以照顧百姓。《尚書．泰誓》也說：「天視自我民視，天聽自我民聽。」百姓喜歡的你也要喜歡，百姓厭惡的你也要厭惡，這樣就稱為百姓的父母。這個前提是百姓是人，而人性向善。百姓喜歡的，在上位者也喜歡，那一定是善的；百姓討厭的，在上位者也討厭，代表那一定是惡的。如果百姓不是人性向善，這句話很難成立。

「節比南山，維石巖巖，赫赫師尹，民具爾瞻」出自《詩經．小雅．節南山》。周王（桓王，周王有四說：宣王、幽王、平王、桓王）重用師尹，此詩為諷刺師尹而作，指出在上位者受百姓瞻仰，言行不可不慎。「節」，高峻貌；「維」，語助詞；「巖巖」，積石貌；「赫赫」，顯盛貌；「師尹」，太師尹氏。太師為三公（另有太傅，太保）之一，位高權重。「具」，皆；「爾」，你；「瞻」，觀、看。這一句的意思是說：那座南山高峻聳立，層層石塊堆積而成，太師尹氏聲威顯赫，百姓都在看著你啊。

「辟」，即僻，言行偏頗之意。「僇」，即戮，誅殺，意即將為天下人所棄絕。代表在高位上，言行表現是有目共睹的。所以擁有國家的人，不可不謹慎，言行偏頗，就會被天下人所棄絕。這一部分講的都是治國，其中提到的絜矩之道，與職場有關。所以，我們可以把古代的「國」視為現代的各行各業。齊家之後，就要去外面工作，工作的環境就等於國這個位階。如此模擬之後，便能懂得如何與人相處了。

〈8.2〉

《詩》云：「殷之未喪師，克配上帝；儀監于殷，峻命不易。」道得眾則得國，失眾則失國。是故，君子先慎乎德。有德此有人，有人此有土，有土此有財，有財此有用。德者本也；財者末也。外本內末，爭民施奪。是故財聚則民散，財散則民聚。是故言悖而出者，亦悖而入；貨悖而入者，亦悖而出。〈康誥〉曰：「惟命不于常。」道善則得之，不善則失之矣。《楚書》曰：「楚國無以為寶，惟善以為寶。」舅犯曰：「亡人無以為寶，仁親以為寶。」

《詩經．大雅．文王》說：「殷商尚未喪失民眾時，能夠配合上帝的要求。應該借鑒殷商的興亡，知道保持天命不容易。」這是在說，得到民眾支持就擁有國家，失去民眾支持就失去國家。因此，君子首先要謹慎以對的是德行。有德行就有人民支持，有人民支持就有土地，有土地就有錢財，有錢財就有資源可用。德行是根本，錢財是末節。忽略根本而重視末節，相爭的百姓就各施手段爭奪。因此，錢財聚集起來，百姓就會離去；錢財分散出去，百姓就會聚集。因此，言論以違背道義的方式說出去，也會以違背道義的方式傳進來；貨物以違背道義的方式得到，也會以違背道義的方式失去。《尚書．康誥》說：「天命是不固定的。」這是說：行善就得到，不行善就失去。《楚書》說：「楚國沒有什麼是珍寶，只有行善才是珍寶。」舅犯說：「流亡的人沒有什麼是珍寶，行仁與愛人才是珍寶。」

為政者應行善來獲得支持

「殷之未喪師，克配上帝；儀監于殷，峻命不易」出自於《詩經．大雅．文王》。商朝至盤庚時改國號為殷，習稱殷商。「師」在《易經》裡是一個卦，師一方面代表群眾，一方面也代表軍隊。在此，「師」就是指眾人，群眾。「上帝」是古人所相信的至上神，是人間萬物萬事的主宰，可以決定國家興亡。「儀」，即宜，應該。「監」，鑒也，意為借鑒。「峻命」就是大命，指天命而言。「峻」也寫做「駿」。古人相信，有天命才能夠建立國家。商朝統治延續六百多年，是國祚很長的帝國，在尚未失去民心時，能夠配合上帝的要求。後人應該借鑒殷商的興亡，知道保持天命不容易。如今還有「殷鑒不遠」一詞，典出於此。

「得眾則得國，失眾則失國」，這是古人共同的信念。《孟子．盡心下》說：「得乎丘民而為天子。」若要得眾，必須有德。西方也有一句俗語：「人民的聲音，就是上帝的聲音。」在法國大革命之前，歐洲流行這樣的思想。《尚書．泰誓》也說：「天視自我民視，天聽自我民聽。」民視是一個集合名詞，得到大多數人支援，就是正確的視聽。例如武王伐紂是遵從人民視聽發起的革命，才有成功的可能，所以孟子說「仁者無敵」。

但是事實上很多行仁的人，都被消滅了，又是為什麼呢？因為這些仁者做得還不夠。那麼，仁的標準又是什麼？儒家沒有答案。例如說「兩大之間難為小」的滕國，夾在楚與齊之間，滕文公問孟子該怎麼辦，孟子要他行仁政。孟子講了很多例子，但是沒有人接受。因為接受之後，國君就要減少浪費，減少軍費的支出，去照顧百姓。其他國家都增加軍費支出，仁者卻要減少軍費支出，百姓也不會打仗，敵人來襲時如何對抗？儒家的困難便在於沒有君王敢犯險實驗，尤其當時是戰國時代，推行仁政更是無法為國君接受。

最後統一中國的秦始皇是法家信徒，但施行法治的秦朝十五年就結束了，後來的兩千多年，中國一直是「陽儒陰法」。譚嗣同曾說：「兩千年之政皆秦政；兩千年之學皆荀學。」兩千年來都是秦始皇的法家政治，都是荀子的學問。荀子講性惡，孟子講性善。孟子所謂的性善，其「性」是指心的四端：惻隱、羞惡、辭讓、是非，把四端表現出來就是行善，所以稱為性善。荀子說性惡，性是指本能，如果沒有受過教育，靠本能的欲望去發展，一定會與人衝突不斷，這個結果是惡的，所以稱為性惡。

孟荀二人都是儒家，講的名詞表面上完全相反，針鋒相對，其實未必衝突，因為他們對「性」的定義並不相同。孟子說的是心善，荀子說的是行為結果是惡的，兩者並無矛盾。但荀子的確寫過一篇〈性惡〉，全文中四度提到孟子的名字，然後加以批評。他故意把孟子說的「性善」講成「性本善」，並駁斥性本善的錯誤，孟子學說中「人性向善」的部分卻全然不提，就抓住一句「孟子曰性善」，然後說「非也。」荀子認為自己得到孔子的真傳，後來以儒家正統自居，教出兩個有名的學生，一是李斯，另一是韓非。二人全是法家代表人物，所以荀子是儒家正統嗎？當然值得商榷。

我們讀《大學》、《中庸》會發現，儒家學說對人性有基本的預設，認為人性不是完美的，所以人是需要教育的。貴族子弟、政治領袖都要接受這樣的教育，要明明德、行善，讓老百姓跟著他們也能夠變善。所以領導者有德，才能得到民眾的追隨與擁護。

重視德行，不可違背道義

「有德此有人」，「此」是語助詞，就是「則」的意思。「有人」，即得到民眾的支持。有德則會得到別人支持，得到民眾支持就擁有國家；失去民眾支持，就失去國家。因此君子首先要謹慎以對的是德行。有德行就有人民支持，有人民支持就有土地，有土地就有錢財，有錢財就有資源可用。這裡提到五個東西：第一有德，第二有人，第三有土，第四有財，第五有用。抓出這幾句話的結論，就是把中間環節去掉，便發現有德是有用的。有德為什麼有用呢？因為有德之後，會得到人民支援。人性向善，人民當然支持有德者，因為有德者行善，所以「用」的範圍便很廣泛。

「外本內末」的意思是忽視德行而重視錢財。「外」代表忽視，「內」代表重視。德行是根本，錢財是末節，忽略根本而重視末節，上位者只重視錢，百姓為了相爭，就各施手段爭奪。因此，錢財聚集起來，百姓就會離去；錢財分散出去，百姓就會聚集。

「言悖而出者，亦悖而入」，言論以違背道義的方式說出去，也會以違背道義的方式傳進來。我們若罵人難聽的話，別人也會用難聽的話回罵。貨物以違背道義的方式得到，也會以違背道義的方式失去。用非法手段賺的錢，也會以不正當的方式耗費掉。《易經．繫辭傳上》：「出其言不善，則千里之外違之。」說出來的話是不對的，即使遠在一千里之外的人也會反對。相對的，「出其言善，則千里之外應之」，說的話是對的，即使是處於千里之外，也會前來相呼應。因為人同此心，心同此理。《孟子．公孫丑上》：「惡聲至，必反之。」皆表達類似看法。

《尚書．康誥》中的「不于常」是無常之意。是說天命不是固定的，行善就得到，不行善就失去。

以行善和愛人為珍寶

《楚書》即楚國的史冊，可能是楚昭王時的史書。「善」亦指賢人。《楚書》說，楚國沒有什麼是珍寶，只有行善才是珍寶。這句話多麼令人感動。

舅犯曰：「亡人無以為寶，仁親以為寶。」「舅犯」指的是晉文公的母舅狐偃。狐偃，字子犯，曾隨公子重耳流亡在外。重耳後來回國繼懷公之位為文公，成就霸業。「亡人」意為流亡在外的人，此處是指公子重耳。因為父親晉獻公寵愛驪姬，想立驪姬所生的孩子奚齊為太子，重耳為了保命，不得已而出奔。重耳流亡在外十九年，舅犯對他忠心不二，追隨他一起顛沛流離。舅犯希望他能夠多行善，廣結善緣。

後來重耳回到晉國之後，成為春秋五霸之一的晉文公。重耳因為年輕的時候經歷不少患難考驗，後來當國君就能勵精圖治，表現得更為傑出。

善講寓言的莊子，說過一段關於晉獻公和驪姬的故事。驪姬的父親是守邊疆的軍官，所以她從小在邊疆長大，對邊疆生活習以為常，沒有享受過都市的繁華生活。晉獻公巡視邊疆時，看到驪姬傾國傾城之貌，驚為天人，將她娶回宮中。驪姬第一次離開父母親，哭得眼淚沾濕了衣襟，到了宮中之後對奢華的物質生活大大驚嘆，甚至後悔當初自己為什麼要哭。

莊子講述這個故事，絕不只是為了說一段歷史。他做了一個非常生動的比喻，說一個人快死的時候，拚命掙扎，哭得眼淚沾濕了衣襟，死了以後發現原來死後很快樂，便喟嘆道：早知道就早點來了。

舅犯說的這段話，當然無關乎驪姬，而是強調流亡在外的人要行仁，才能夠得到別人的支持。舅犯認為，流亡的人沒有什麼珍寶，只有行仁與愛人才是珍寶。

〈8.3〉

〈秦誓〉曰：「若有一个臣，斷斷兮無他技，其心休休焉，其如有容焉。人之有技，若己有之；人之彥聖，其心好之，不啻（ㄔˋ）若自其口出。實能容之，以能保我子孫，黎民尚亦有利哉！人之有技，媢（ㄇㄠˋ）疾以惡（ㄨˋ）之；人之彥聖，而違之俾（ㄅㄧˋ）不通。實不能容，以不能保我子孫，黎民亦曰殆哉！」唯仁人放流之，迸（ㄅㄥˋ）諸四夷，不與同中國。此謂唯仁人為能愛人，能惡人。見賢而不能舉，舉而不能先，命也。見不善而不能退，退而不能遠，過也。好人之所惡，惡人之所好，是謂拂（ㄈㄨˊ）人之性，菑（ㄗㄞ）必逮夫身。

《尚書·秦誓》說：「假使有個大臣，心思真誠而專注，沒有什麼過人的本事，心態和善而有容人的雅量。他看到別人有什麼本事，就好像是自己有那種本事一樣。他看到別人的言論顯示了才華與智慧，就從內心去喜歡，簡直就像是從自己口中說出來的一樣。就靠這種能夠包容的德行，就可以保護我的子孫，百姓也同樣得到了好處！而另外有個大臣，看到別人有什麼本事，就心生嫉妒而討厭他。聽到別人的言論顯示了才華與智慧，就加以阻撓，使它無法傳到上位者耳中。就是這種無法容人的心態，既不能保護我的子孫，百姓也會說危害國家啊！」只有靠行仁者來流放這樣的人，把他們驅逐到四方的蠻夷地區，不讓他們居住在中國。這就是說，只有行仁者能做到喜歡好人，能做到討厭壞人。看到賢者而不能推舉他，或是推舉他而沒有讓他位居自己之前，那就是怠慢。看到不善者而不能黜退他，黜退他而不能讓他疏遠，那就是過失。喜歡別人所厭惡的，厭惡別人所喜歡的，就稱之為違反人的本性，災難一定會降臨到他的身上。

一般來說，秦國的資料是較少被引用的，這裡難得出現一次〈秦誓〉。「誓」是國君發表誓詞，代表國君公告的某種訓示。

身居要職時，應包容人才、集思廣益

《尚書．秦誓》所談的是秦穆公。秦穆公為春秋五霸之一，他不理會蹇叔的建議，出兵攻打鄭國，結果晉國援鄭，敗秦軍於殽（ㄧㄠˊ）。秦穆公為此後悔，做以告眾的誓詞。文中所說的「容賢利國者」，就是蹇叔，他是一個好的大臣，可惜自己沒有聽他的建議，所以打了敗仗。

「一个臣」又寫做「一介臣」，「个」即「個」；「斷斷」，真誠專注貌；「休休」，樂善寬容貌；「彥」，才華過人；「聖」，智慧通達；「不啻」，不止、不僅；「實」，止、只；「黎民」是百姓。《尚書．秦誓》說：假使有個大臣心思真誠而專注，他沒有什麼過人的本事。能擔任大臣卻沒有專門的本事，在今日很難想像。但古時候是世襲制度，生在官宦之家，長大後就從父親手上接任同一個位置，不見得要有本事才能當官。

在讀《論語》、《孟子》時，你會發現，孔子和孟子二人快樂的機會不多，他們只有看到學生表現好時才會感到快樂。《論語》中，孔子「莞爾而笑」是因為子游為武城宰，讓老百姓學習唱《詩經》，弦歌不輟。孔子對此事感到愉悅，還和子游開玩笑說：「割雞焉用牛刀！」我教你《詩經》是要治國的，你治一個縣，讓大家唱《詩經》，似乎小題大做了。學生信以為真，就抗議說：「君子學道則愛人，小人學道則易使也。」老師教過我們，百姓學習道，就容易聽令使喚，這樣不是可以把一個縣治理得很好嗎？孔子就回答說：「偃之言是也。」說明子游說的話是對的，前面是和他開玩笑的。

《孟子》裡也有一段資料可以參考。孟子的學生樂正子，在魯國準備當大官，孟子「喜而不寐」，高興得睡不著覺。別的學生就問孟子，樂正子聰明嗎？他不能算聰明；他有學問嗎？不能算有學問；他剛強過人嗎？也不能算剛強。他的優點是「好善」，喜歡聽取善言。所以孟子說「好善優於天下」，可見當大官的，不見得自己要有特別的本事。只要能有雅量包容別人好的意見，那麼即使是遠在千里之外的好意見，都會彙集過來，集思廣益，就能成為好的父母官。

「彥」就是傑出的才華，「聖」代表智慧。聽到別人的言論顯示了才華與智慧，就從內心去喜歡，簡直就像是從自己口中說出來的一般。只要有能夠包容的德行，就可以保護自己的子孫，百姓也同樣得到了好處。

「媢疾」是猜忌嫉妒的意思。「俾」，使。「殆」，危險。另外有個大臣，看到別人有本事，就心生嫉妒而討厭他，恨不得這個人不存在，因為他的本事，顯示出自己的無能。聽到別人的言論顯示了才華與智慧，就會加以阻撓，使它無法傳到上位者耳中，不讓上面的人聽到之後去重用他、提拔他。這樣的私心既不能保護自己的子孫，百姓也會認為這是在危害國家。

仁者可以分辨善惡，推舉賢能

「唯仁人放流之，迸諸四夷，不與同中國。」「放流」就是流放。「迸」，摒斥。「四夷」一般用於稱呼東夷、西戎、南蠻、北狄四個偏遠的文化落後地區。「中國」指的是華夏文化地區。「中」字原指旗幟，象徵部落首領所居之地。古代部落社會在酋長的所在之地要豎一面旗子，上面畫圖騰，例如龍、熊、鷹，用圖騰代表部落象徵。在特別的節日要將旗幟升起，這時老百姓便得從四方聚集而來，最慢到達的會被殺掉。每一族都是以自己為宇宙的核心，每一族也都與天神有特殊的關係，從而肯定自己的生命，顯現自我的價值。

這句是說只有靠行仁者來流放這樣的人，不讓他們居住在中國。為什麼只能靠行仁者呢？孔子說：「唯仁者能好人，能惡人。」（《論語．里仁》）因為行仁者不怕得罪人，他能夠喜歡好人，也能夠討厭壞人。通常喜歡好人比較容易，討厭壞人卻又怕得罪人，於是便產生鄉愿的心態。仁者則無私心，因而表現超然，不像一般人無法分辨善惡，只知愛其親友而惡其敵人。

「見賢而不能舉，舉而不能先，命也。」「命」，在這裡是怠慢之意。鄭玄在注解時覺得「命」字不好解釋，認為應是「慢」的意思，後世也覺得很有道理，便沿用下來。孔子所說的重點是無私，看到賢者而沒有推舉他，或雖然推舉他，但沒有讓他位居自己之前，那就是怠慢。社會有許多在上位者或管理者，看到人才時不見得願意推舉，除非他願意歸順為同一派，這就是拉幫結派的開始。所以看到一個人很優秀，就要推薦他，甚至讓他高於自己的位置，這很難做到。人活在世界上，一方面要瞭解自己，一方面要去瞭解別人，孔子說：「不患人之不己知，患不知人也。」我不擔心別人不瞭解我，只擔心我不瞭解別人。別人不瞭解我，我正好修練自己；我不瞭解別人，錯過提拔人才的機會，便成了國家的損失。看到不善者而不能黜退他，黜退他而不能讓他疏遠，那就是過失。

一般人有其好惡，如喜歡富貴而討厭貧賤，喜歡有德者而討厭為惡者。若是違反這種人之常情，自然不會有好下場。喜歡別人所厭惡的，厭惡別人所喜歡的，就稱為違反人的本性。孔子說過「富與貴是人之所欲也」、「貧與賤是人之所惡也」，大家都一樣喜歡富貴、討厭貧賤，如果硬是要與人不同，災難一定會降臨到身上。

〈8.4〉

是故，君子有大道，必忠信以得之，驕泰以失之。生財有大道，生之者眾，食之者寡，為之者疾，用之者舒，則財恆足矣。仁者以財發身，不仁者以身發財。未有上好仁，而下不好義者也；未有好義，其事不終者也；未有府庫財，非其財者也。孟獻子曰：「畜馬乘，不察於雞豚。伐冰之家，不畜牛羊。百乘之家，不畜聚斂之臣。與其有聚斂之臣，寧有盜臣。」此謂國不以利為利，以義為利也。長國家而務財用者，必自小人矣。彼為善之。小人之使為國家，菑害並至，雖有善者，亦無如之何矣。此謂國不以利為利，以義為利也。

因此，成為君子有根本的原則，一定是由忠誠信實而成就君子之德，由驕傲放縱而失去君子之德。累積錢財有根本的原則，生產的人多而吃飯的人少，工作得勤快而花費得緩慢，那麼錢財總是夠用的。行仁的人用錢財來發揚自身的價值，不行仁的人用自身的力量來賺取錢財。上位者喜歡行仁而屬下不喜歡行義，那是不曾有過的事；喜歡行義而不把事情辦妥善，也是不曾有過的事；倉庫裡的錢財不是正當的錢財，同樣是不曾有過的事。孟獻子說：「初任大夫的人不會計較有多少雞與小豬。卿大夫不會畜養牛羊來賺錢。有采地的公卿不會蓄養搜括百姓財產的家臣。與其有搜括百姓財產的家臣，寧可有竊取公卿財物的家臣。」這就稱為：國家不以利潤為利益，而是以行義為利益。治理國家而致力於聚斂財貨的，一定是從小人開始。小人擅長做這種事。讓小人治理國家的事務，災難禍害將會一起來到，這時即使有好人也無可奈何了。這就是說：國家不以利潤為利益，而是以行義為利益。

君子忠信行仁

君子有大道、生財有大道，「大道」本指寬敞的路，如「康莊大道」，在此是指根本的法則。於是，君子與生財皆可說是「有大道」。「君子」是立志之後的一個過程，並非固定的狀態，每一個人都在努力成為君子。

孔子說：「十室之邑，必有忠信如丘者焉，不如丘之好學也。」（《論語・公冶長》）孔子認為，有十家人住的小地方，一定有人跟他一樣忠信，這說明忠信並不難。「盡己之謂忠」，做事認真負責就是忠；言而有信，說話算話即是信。不受教育的人也能做到忠信，但是孔子說「沒有人像我那麼好學」，所以孔子認為自己與別人的不同之處是「好學」。因為學無止境，不斷學習可以一直增加新的觀念，也才能從更多的角度，來觀察現在的處境，人生會變得比較豐富有趣，所以好學是保持生命活力的方法。

至於「驕泰」二字連用，則指驕傲放縱。孔子說：「君子泰而不驕，小人驕而不泰。」（《論語・子路》）二字分用，則有好壞之別。「泰」本來有好的意思，「君子泰而不驕」，這個「泰」代表舒坦，神情非常自在，但不是驕傲。驕傲是指一個人自我意識太強，以自我為中心。但如果把「驕泰」二字結合為一個詞，「泰」的意思就變得不好了。《老子・第二十九章》提到：「聖人去甚、去奢、去泰。」第一排除極端，第二排除奢侈，第三排除過度。過度稱為「泰」，所以「驕泰以失之」，既驕傲又過分，這樣的人就不能成為君子。

仁者生財有道

「生財有大道」，對老百姓而言，民以食為天，考慮的是生財。孔子在衛國都城見到人口眾多之後，說還要「富之」與「教之」。富之，就是肯定生財有它的必要。累積錢財有根本原則，生產的人多而吃飯的人少，一定發財；工作時勤快地工作，花費金錢的速度較為緩慢，那麼錢財總是夠用的。

「仁者以財發身，不仁者以身發財。」行仁的人用錢財來發揚自身的價值。有些人到處捐款，號稱善人，這是可以肯定的，因為他用錢來發揚自身的價值。不行仁的人，用自身的力量來賺取錢財，社會上這種人顯然比較多。《孟子．滕文公上》中曾引述陽貨（陽虎）之言：「為富不仁矣，為仁不富矣。」若要行仁，則須廣施錢財，以求利人；若要求富，則必與人爭利，又怎能行仁？陽貨雖然是個具有爭議、常被批判的人，但有時說的話也有道理，我們不能以人廢言。他講自己應該是為富不仁，他知道如果追求財富，就不可能做好事；做好事，就不可能追求財富，他的選擇很明確。儒家所期許的是「為仁不富」，追求仁而不要去發財。

「未有上好仁，而下不好義者也」，上位者喜歡行仁，而屬下不喜歡行義，那是不曾有過的事。這句話可以對照孔子說的：「君使臣以禮，臣事君以忠。」（《論語．八佾》）「上好仁」，則更甚於依禮行事；「下好義」，「忠」更不待多言，必可成其事。上下合作無間，府庫自然充實。「仁」與「義」又如何分別呢？「仁」是從內到外，向善而行善；「義」便是正正當當的行為。「義」字的本義是宜，可分三個階段：第一，義即是適宜；第二，適宜就是適當；第三，適當就是正當。上位者喜歡行仁，照顧好百姓，底下的人就樂於做該做的事。

上位者喜歡行義，而不把事情辦妥善，也是不曾有過的事。既然喜歡行義，就會做該做的事，做任何事情都會辦得妥當。倉庫裡的錢財，不是正當的錢財，同樣是不曾有過的事。既然是講仁、講義，所賺的錢一定是正當的。因為儒家很強調對金錢的態度，對金錢的態度如果稍有偏差，就會帶來很大的困擾。常言道「人為財死，鳥為食亡」，錢財是很大的考驗。

高位者以國家為重，不與民眾爭利

孟獻子是魯國大夫仲孫蔑，「獻」為諡號。他的後代孟懿子、孟武伯是我們較為熟悉的，這兩位都是孔子的學生。在《論語》中，曾分別記載了「孟懿子問孝」、「孟武伯問孝」的故事。值得一提的是孟獻子過世時，有很多人來弔喪，送了很多賻儀（奠儀），喪禮結束之後家人把所有賻儀全數退回。這樣體恤他人的做法，莫說在古代，即使在生活水準較高的今天也難得一見。

「畜馬乘」指具備「四馬一車」（乘），為士初任大夫的規格。孟獻子說初任大夫的人，不會計較有多少雞與小豬。古時候的士升到大夫時，可以分配到四馬一車，這時就不要計較雞與小豬。因為雞豬牛羊是一般老百姓的生財之道，已經當大夫了，就不要和老百姓爭利。

「伐冰之家」指卿大夫以上。古時候規定政治人物過世以後有一定的停靈期限，天子過世七個月之後才能夠埋葬，因為要讓各國諸侯，都來參加葬禮。古代交通不太方便，往往費事費時，預留的時間得夠長。諸侯過世五個月才埋葬，要讓同盟國的人都來。大夫是三個月，士是一個月。在一個月以上的，就需要用冰才能保存屍體。所以，卿大夫以上的喪祭才可用冰。「伐冰之家，不畜牛羊」，就是指卿大夫不會靠畜養牛羊來賺錢。卿大夫是高階的位置，應該讓老百姓去賺錢，不要和老百姓爭利。

「百乘之家」，就是有采地的公卿，家裡面有一百輛馬車的人家。這樣的人有采邑，可任用家臣，但不會准許家臣為自己聚斂財貨。「與其有聚斂之臣，寧有盜臣」意即公卿應該寧可自己損失財物，也不可讓百姓蒙受損失。這是損己利人，兩害相權取其輕，優先考慮百姓的利益。

「長國家而務財用，必自小人矣」。「長」為治理，「務」為致力。致力於聚斂財富的，一定是從小人開始，小人擅長於此。

孔子曾告誡學生，從事政治只有一個原則：替老百姓服務，而冉有在擔任季氏的家臣時，卻替他聚斂財富，身為老師的孔子實在是氣憤難過。他嚴厲批評冉有：「非吾徒也，小子鳴鼓而攻之，可也。」意思就是：冉有不算是我的同道，各位同學可以敲著鼓去批判他。

小人治理國家，災難禍害將會一起來到，這時即使有好人，也無可奈何了。因為好人有時候也沒辦法對付小人。

最後的結論，是國家不應以利潤為利益，而是應以行義為利益，要照顧百姓，這是標準的儒家立場。正如《孟子．梁惠王上》所提到的故事：「孟子見梁惠王，王曰：『叟，不遠千里而來，亦將有以利吾國乎？』」對於這個問題，孟子回答得很好，他說：「王何必曰利？亦有仁義而已矣。」這句話的意思是：大王何必和我談利呢？只要有仁義就夠了。國家上下都以仁義來做，自然就沒問題了。

《大學》是古代教育貴族子弟的教材，因為這些貴族子弟將來都要繼承祖先的爵位成為統治階層，他們應學習格物、致知、誠意、正心、修身，而後推廣至齊家、治國、平天下。其中修身是關鍵，前面四個步驟，都落在個人身上，如果沒有做好前面幾個步驟，怎能成為優秀的官員？

處於現代的我們，在閱讀《大學》這部經典時，不應把它想像成是為了治理百姓而儲備智慧，這樣太狹隘了。應該扭轉觀念，為《大學》賦予現代意義。「家」，不再是大夫之家，而是每一個人的家庭；「國」可以理解為自己的職業，整個行業；「天下」則是整個社會。行業對個人來說，就像國一樣，如果自己不能修身齊家，在這個行業的發展也會有所限制；行業發展得好，可以進一步使整個社會得到安頓。從這個角度來讀《大學》，修身、齊家、治國、平天下便能落實在生命當中了。

中庸

喜怒哀樂之未發，謂之中；

發而皆中節，謂之和。

致中和，天地位焉，萬物育焉。

《中庸》這本書

《中庸》原來也是《禮記》中的一篇，後來與《大學》一起被編入四書。《小戴禮記》有四十九篇，《中庸》是其中第三十一篇。《禮記》的篇幅龐大，《大學》與《中庸》之所以特別受到學者重視，是因為「禮」的操作與應用有其限制，經過時代與社會更迭，很容易產生疏離，但思想是不會受時空限制的，所以能流傳後世。

《中庸》的歷史源流

司馬遷在《史記》的《孔子世家》一文結尾處，提到孔子的孫子孔伋（字子思）寫了《中庸》。子思是孟子老師的老師，有重要的地位。但就現存的版本來看，《中庸》的作者應該不是子思，因為它的體裁是論說文，而《論語》是記言體，或稱為對話體，其形式為老師說一句，學生說一句，就連《孟子》也是此種形式。直到戰國晚期，才出現設定主題去討論的論說體，《荀子》就是很標準的論說文。《中庸》的部分內容為長篇大論，從思想內容來推論的話，它也並非早於《孟子》的著作。所以我們至今仍無法把握司馬遷所說的《中庸》就是現在的版本，只能暫時以它做為經典之一來討論。

最早發覺《中庸》思想深刻性的時代是唐朝。唐朝的哲學家李翱在他的《復性書》中提到了《中庸》的思想，但一直到北宋，哲學家們才開始重視《中庸》的價值，例如朱熹所推崇的程顥、程頤。他們發現《中庸》談論人的處世之道以及人與宇宙的關係，例如「天道」、「性命」等思想內容，都十分深刻。之後到了南宋，朱熹把《中庸》編入四書之一，為它做章句。

《中庸》的內涵有一個連貫的思想，強調智仁勇，並肯定擇善固執就是人之道。因此，《中庸》想讓人瞭解人生的正路是什麼，應該怎麼走。人類走對了，對於自然界也能產生共同發展的效益。人類如果只靠自然生命的發展是會有困難的，所以君子會覺得遺憾，心中懷著憂患意識。儒家的觀點，就是要以教育來解決這個問題。

《中庸》闡述走正道的快樂

「天命之謂性，率性之謂道，脩道之謂教」，我們可以從中間的「道」，來逆推什麼叫「性」，而教化活動是早已存在的事實，所以《中庸》先強調「道」是什麼，把握住「道」之後，再把前後整個觀念串連起來。因此強調「道也者不可須臾離也，可離非道也」。

如果把人生比喻為走路，怎樣才算是走對了路？《中庸》就以舜、顏淵這些人為榜樣。接著，人們不免問起，像他們這樣做會有什麼快樂？如果結局是痛苦的話，為什麼要與他們相同呢？因此，闡述這種快樂，就是《中庸》整個學說根本的部分，也就是上天賦予人這樣的人性，行善避惡就會有一種快樂。

快樂有兩種，一種是符合本性發展的快樂，一種是不符合本性發展的快樂。例如，追求富貴榮華的生活，是就外在利益來追求，與人性無關。它是在人類社會衍伸出來的一種快樂，是競爭之後少數人才能得到的成果。追求到榮華富貴的人，在享樂之時，也因此感受到別人的羨慕之意。另外一種快樂是不需要競爭，只要每個人對自己負責，就能符合的「人性」的快樂。儒家所談的就是這種快樂，但不會排斥外在成就的快樂，只是告訴人本末輕重。

所以，《大學》要人格物、致知、誠意、正心、修身，後面再向外發展，齊家、治國、平天下。《中庸》所談的範圍比《大學》更廣，談的是天地萬物，要突破人的世界，擴充到整個萬物。

《中庸》的目的在於瞭解人生，領悟使命

朱熹為《大學》、《中庸》做章句，所以這兩本書主要是採用朱熹個人的注解；《論語》、《孟子》有各家注解，所以稱為「集注」，這是古代寫作方面體例的差異。從此之後，《中庸》成為教科書與經典。我們暫且不論作者是何方人物，但可以知道它的目的是設法讓人瞭解人生應該如何。例如，孔子說他「五十而知天命」，那麼天

命是什麼？我有沒有天命？古代講天命是很嚴肅的，只有天子一個人可以得天命。但是朝代滅亡的時候，天命也會跟著變動，例如帝王失德，所以天命從夏朝轉到商朝，再轉到周朝。但自從孔子說「五十而知天命」之後，天命變成每個人都能領悟的使命感，不再是古代政權的象徵依據。

孔子知天命、畏天命、順天命、樂天命，我們一般人呢？活在世界上，我們要完成什麼樣的使命呢？人的天命，可以從形式與內涵兩方面來看。就形式來說，因為人性向善，所以每個人的天命是要歷經擇善固執，最後止於至善，形式上每個人都相同。但在內容與內涵方面，則要釐清上天究竟要我做什麼事？這就涉及人在社會上的具體角色。因為「人性向善」、「擇善固執」、「止於至善」這三個詞都有「善」，而儒家思想的特色就是清楚定義什麼是善。先肯定「善是我與別人之間適當關係的實現」，接著才能說明孔子「老者安之，朋友信之，少者懷之」的志向。他的志向清楚指出，對善的瞭解是放在人間。因此，談到天命，要先知道自己所扮演的角色。例如，我是縣長，我的天命就是把全縣的人都照顧好；我當班長，就要把全班的人照顧好。所以，每個人都應該扮演好自己在社會上的角色，並把自己與其他人的互動關係做到盡善盡美，才叫止於至善。

我們談人的天命時，提及人性向善、擇善固執，以及止於至善，乍看似乎很抽象，但實際上是非常具體的。例如，國學大師錢穆先生到軍中演講時，面對幾百個士兵，勉勵他們：「當一個小兵，站崗時要全心全力，做得比任何一位上將都好，這樣就是小兵的聖人，聖人的小兵。」他說得真好，任何人都要就自己的角色盡到責任，因此每個人都有希望。這樣，任何人都能知道自己的天命何在。所以儒家思想既包含了一個遠大的目標，希望追求整個人類社會的和諧，也提供了個人的具體發展方向，確實非常了不起。

我們之所以提到天命，是因為《中庸》的第一句「天命之謂性」讓人相當震撼。如果瞭解「天命」的背景，就不會覺得陌生了。現在就讓我們從這個切入點，進入《中庸》的文本。

第一章

〈1〉

天命之謂性，率性之謂道，脩道之謂教。道也者，不可須臾（ㄩˊ）離也；可離，非道也。是故，君子戒慎乎其所不睹，恐懼乎其所不聞。莫見（ㄒㄧㄢˋ）乎隱，莫顯乎微，故君子慎其獨也。喜怒哀樂之未發，謂之中；發而皆中節，謂之和。中也者，天下之大本也；和也者，天下之達道也。致中和，天地位焉，萬物育焉。

天所賦予的就稱為本性，順著本性走的就稱為正路，修養自己走在正路上的就稱為教化。正路是連離開片刻都不允許的，可以離開而繼續走的就不是正路了。因此，君子對於他所沒見過的事也懷著戒惕謹慎的心情，對於他所沒聽過的事也會感到擔心害怕。然後，隱蔽的事變得最清楚，細微的事變得最明白。因此君子在獨處時特別謹慎。喜怒哀樂尚未表現出來時，稱之為中；表現出來都能合乎節度，稱之為和。中的狀態是天下眾人的共同基礎，和的狀態是天下眾人通行的正路。天下眾人完全做到中與和，天地就各安其位，萬物就生育發展了。

第一段一般人朗朗上口，內容扼要，也很深奧。我們可以從字面上簡單解釋，也能夠做深刻的發揮。

順應本性，修養自己

「天命之謂性」中「天命」在此是指「天的命令」，引申為天所賦予安排的。古人相信「天」是萬物的本源，因此萬物的本性皆是出於天的安排。若是參考後續的「率性之謂道」與「脩道之謂教」，可知在此主要是就「人」而言，因為除了人以外，萬物無所謂率不率性與修不修道的問題。「天命之謂性」，只是單純指出人的本性是來自天的賦予，並未說明本性的性質是善或惡。對於「天命」一詞，孔子的用法稍有不同，孔子「五十而知天命」（《論語．為政》），並且認為君子應該「畏天命」（《論語．季氏》），他所說的「天命」就有具體的內容，使孔子可以知之與畏之，進而順之與樂之。

「天命之謂性」的「性」是說萬物與生俱來的本性。例如，花有花的本性，狗有狗的本性，萬物都有其特殊的狀態、本能與性質，稱之為本性。本性是從天而來的，這也是基本的規則。古人相信天是萬物的來源，《詩經》有「天作高山」、「天生烝民」的語句。高山代表大自然，烝民代表百姓，所以大自然與人類的來源是天，而上天安排與賦予的就稱為本性。

我們無法全盤理解「天」概念的內容，就像道家的「道」，只能從它的作用來瞭解。意即天對我而言有什麼作用？這個作用與我產生什麼關係？人不能忽略關係，如果天與我們毫無關係的話，談與不談就沒有差別。所以，「天命之謂性」只是泛泛地說：天所賦予的一切，就稱為本性，這也可以用來指稱人類之外的萬物。

在說明《大學》的內容時，我們提過「天命之謂性」的「性」是要我們行善避惡，這個「性」是向善的，如此「率性之謂道」才能夠說順著性走的就是道，而這個道就是擇善固執。《中庸》在說人之道時，就說「擇善而固執之」，簡稱「擇善固執」。如果人性本善，就不需要擇，人性向善才需要去擇善固執。

「率性之謂道」的「道」是擇善固執，有了這個答案之後，「教」的最後目標是止於至善，那麼「天命之謂性」的「性」就是向善。從向善、擇善固執到止於至善是一貫的理解。

「率性之謂道」的「率」，循也，順也。人只要順著本性去做人處事，就是道了。「率性」有「真誠」之意。人可以率性，也可以不率性；可以真誠，也可以不真誠。只有真誠依從本性的要求，如此走出來的才是道。孔子說：「人之生也直，罔之生也幸而免。」（《論語．雍也》）意即：人活在世間應該「真誠而正直」，若是不真誠正直卻可以活下去，那是靠僥倖得免於難。至於「道」，原是「路」，但在此是指「正路」，而不是一般的路。「道」是人生應行之道，代表人應該遵循的規範或理想生活方式。

將《中庸》第二十章「誠之者，人之道」與「誠之者，擇善而固執之者也」這兩句話對照後，可知「人之道」即是擇善固執。再由「率性之謂道」，可知「率性」即是擇善固執。那麼，對「人之性」的合理解釋不正是「人性向善」嗎？

從「向善」到「擇善」之間，所需要的是「知善」。所以人要學習，而學習的目的是要知道行為善惡的內容。《大學》中的「格物致知」，所知的就是分辨善惡。《中庸》一書（尤其第二十章）特別解釋「五達道」與「三達德」，皆為教人「知善」。

談到「率性之謂道」，就須注意它必定指的是人類。萬物之中，只有人類才能夠被談論是否做到真誠，也只有人類才能探討率性或不率性的問題，其他萬物根本沒有不率性的可能。萬物順著它的本性走也是道，花有花道，茶有茶道，連下雨、颳風都有道，這叫做自然的道。

但是人的道則不同，人可以順著自然反映生活，餓了要吃，渴了要喝，累了要睡。不過，人在父母沒吃之前，再餓也會忍著不吃，這叫做孝順；工作沒做完時，會熬夜設法完成，這些只有人類做得到。只有人會有率性不率性的問題。因為人類是所有動物裡面，唯一會問「應不應該」的，動物沒有應不應該的問題。所以，「率性之謂道」只是對人而言。

《中庸》第二十章有「修身以道，修道以仁」一語，所謂「修道」，是指修養自己的言行以走上人生正路，而不是要求人去修習外在的「道」。因為道是不能離開人的生命的，離開人性，無道可言。順著人性走上此道，即是一切教化的目的所在。教化是幫助人完成本性的要求，而不是在人性之外另有一套知識系統或禮樂制度加於其上。如此一來，每個人只要真誠就會發現，這個道可以由內而發。

更進一步，「脩道之謂教」說的同樣也是人的行為。「教」就是教化。因此，「天命之謂性，率性之謂道，脩道之謂教」這三句話的譯文是：天所賦予的稱為本性，順著本性去走的稱為正路，修養自己走在正路上的稱為教化。我用「正路」來解釋「道」這個字，接下來要繼續申論「道」。

君子須戒惕謹慎，不可偏離正道

「道也者，不可須臾離也」這句話中的「須臾」指短暫的片刻。「不可須臾離」

的「不可」，是勸誡人「不應該」如何；「可離」的「可」，是指「可能」而言。古文不說「不應該」而用「不可」，不可有兩種解釋：一是不應該；一是不可以，或者說不可能。人不應該離道而行，但這裡的「不應該」就蘊含了「可能」離道而行的意思。例如，說你不應該欺騙別人，代表你可能欺騙別人；如果解釋為你不可能騙人，說你不應該騙人就沒有意義。「可離，非道也」，正路是不應該片刻離開的，可以離開而繼續走的，就不是正路了。這與孔子所說的「人之生也直，罔之生也幸而免」類似。不真誠而活的人很多，但孔子說那是「僥倖得免」，這類人什麼時候出現災難，沒有人知道。事實上，離道而行的人不在少數。

所以，接著要談「君子」的修養，亦即只有君子才能達到這種要求。君子對於所沒見過的事物，會格外戒愓謹慎；對於他所沒聽過的事，也擔心害怕，這就是「戒慎恐懼」。為何對沒見過的事戒愓謹慎，對沒聽過的事擔心害怕呢？因為如果現在不戒愓謹慎，離道而行，將來可能會出現目前所見不到、所聽不到的各種惡行。因此，君子是見微知著。

大家都知道年輕人的生命充滿希望，但是年紀愈小，希望愈大；年紀愈大，希望愈小。這是為什麼？因為人會變化，如果忽略現在看不到的、聽不到的，那恐怕就是將來要做的。我們對做壞事的人反感，但他在剛出生時，也是無邪的寶貝，誰知道長大後他會變得邪惡呢？屈原《離騷》道：「何昔日之芳草兮，今直為此蕭艾也。」從前年輕時有如芳草，現在淪為像蕭艾這樣的雜草，完全出乎意料。人若忽略不睹不聞之事，未能時時戒慎恐懼，誰知道將來會走向何方？

人的思想會演變成行為，《大學》已經講過誠意、正心、修身。如果意不誠，心不正，言行的修養就會有問題。所以「慎獨」這兩個字，在《大學》出現兩次，特別說明「一個人獨處的時候，要非常謹慎」，《中庸》在一開始就強調了這個觀念。

君子慎獨，警惕隱微

「隱、微」是指隱蔽與細微之事，可能逐漸發展為清楚與明白之事。一個人的言行表現，無不是由最初的隱微意念而演變及展現出來的。現在不警惕，未來有可能發展成明顯的行為。佛教很喜歡談「起心動念」，為什麼要留意起心動念？有些事情可能只是在開端出現了小小的偏差，但因為一時不察，演變到後來便發展為可怕的局面，這叫做失之毫釐，謬以千里。西方學者主張人性是一張白紙，染於蒼則蒼，染於黃則黃。如果把社會當作大醬缸，一個人是白還是黑，完全是因為所處的環境而決定，這樣一來還有必要責怪人嗎？個人生命還有什麼價值可言呢？所以，西方的心理學沒有辦法為人的社會教化找到內在的根據，只說明了在社會的架構下可以操縱的人類行為模式。

「君子慎其獨」，在此可參考《大學》所謂的「慎獨」，要做到毋自欺以誠其意，以及曾子所說的「十目所視，十手所指，其嚴乎！」朱熹認為：「獨者，人所不知而己所獨知之地也。」如將這句話稍加修改，便能更符合原文所指：「人所不知而己所獨知者。」前面所謂的「不睹不聞」與「隱微」，皆包括在內。

修養內心，喜怒哀樂有節度

喜怒哀樂是人類最常見的四種情緒，這些情緒尚未表現出來時，人類的內心狀態是平衡而穩定的。孟子認為人在剛剛睡醒時有所謂的「平旦之氣」(《孟子・告子上》),等到與外物接觸時就出現各種情緒反應了。「平旦之氣」或「夜氣」,就接近「中」的狀態。人在睡覺時所累積的心理狀態,是與別人全部隔絕,回到自己內心裡面,成為一個完整的人。剛醒來時,內心會非常敏銳,比較容易有善念。這說明人之所以有情緒反應,是因為與其他人接觸而造成的。但是,真正的修養,指的是在日常活動中也能保持的一種狀態。

喜怒哀樂「發而皆中節」,這是儒家的功夫理論。人不能不與別人交往,在交往過程中,喜怒哀樂屬於自然的情緒反應。因此,關鍵在於是否「中節」。這裡涉及兩點考慮:一是內心有所感觸就真誠表現出來;一是表現出來的方式與程度要配合禮樂制度與習俗。一個人不能說因為自己很真誠,所以在生氣時就可以見人就罵,應該要分辨可以對誰生氣。西方哲學家亞里斯多德說過:「生氣誰都會,但是什麼時候對誰生氣,生氣到什麼程度,這是很難做到的。」這就牽涉到複雜的修養問題。

例如,《論語・先進》中記載顏淵死時,孔子「哭之慟」。弟子認為孔子哭得太過傷心了。孔子說:「有慟乎?非夫人之為慟而誰為?」意即:我有過度傷心嗎?我不為這樣的人過度傷心，又要為誰過度傷心呢？可見孔子依然認為自己是「發而皆中節」，而這個「節」首先是考慮自己的真誠情感，然後才是別人的判斷。但是，當學生們想要用超過規格的禮儀來厚葬顏淵時，把顏淵當兒子看待的孔子，卻能客觀認定，因為顏淵沒有做過官，只能採取士的禮儀來安葬他。從這一點，我們可以發現，孔子具有發自內心的真誠情感，但也堅持要配合社會的制度與習俗。

「喜怒哀樂之未發，謂之中；發而皆中節，謂之和。」這兩句話是關鍵。「中」代表平衡、中間，是喜怒哀樂尚未表現出來的狀態。「和」是表現出來都能合乎節度，要恰到好處。「中也者，天下之大本也」，中的狀態，是天下眾人的共同基礎。這裡要注意天下和天地的差別。天地指自然界，亦即萬物活動的場所；天下則是指人間，兩者一定要分開。只有人類才有喜怒哀樂和發而中節與否的問題，其他動物都是本能發展，人需要受教育而後有節制、節度。

「和也者，天下之達道也」，和的狀態是天下眾人通行的正路。大家都保持適當的節度，遵照禮儀行動，這叫做天下的正路。天下眾人完全做到中與和，天地就各安其位，萬物自然就生育發展了。這是古人的觀念，認為人類是萬物之靈，五行之秀氣，天地之菁華，所以人的社會安定，天下就沒事了。例如科威特與伊拉克發生戰爭時，擊沉了幾艘油輪，造成海面上漂流著一層油，這樣的汙染，需要三十年才會被自然而然代謝掉。換言之，人類戰爭所帶來的災難，所造成的損害對象是自然界；人的社會如果和諧，自然界也不會有什麼災難。所以，《中庸》的思想關鍵在於人類如何與自然界保持協調，如果人的社會都是中與和，天地萬物便能各就其位，各自發展，這是它基本的信念。

「天下之大本」，針對稍後所說的「天地位焉，萬物育焉」，可知在此「天下」是指「人間」而言。人間眾人皆能做到「中」與「和」，則是「致中和」，然後天地萬物自然上軌道。這是儒家的人文主義觀點，肯定人的生命價值，認為人不能被當作手段來利用。但是要讓天下眾人皆做到「中」與「和」，有可能嗎？即使事實上未曾實現，但理論上儒家依然肯定有這種可能性。在古代社會，這種可能性主要是靠統治階級（天子、國君）與領袖人物（君子、老師）的努力。《中庸》一書即為此而作。這本書的目的是為整個人類規劃一個遠景，人的社會得以安頓之後，整個自然界就會變得一片祥和，這是儒家思想中很高的理想。

朱熹的文本增補

在此，補充一段朱熹的注解。他說：「蓋天地萬物本吾一體。吾之心正，則天地之心亦正矣；吾之氣順，則天地之氣亦順矣；故其效驗至於如此。此學問之極功，聖人之能事，初非有待於外，而修道之教亦在其中矣。」這段話所反映的是宋朝學者的心得，未必是《中庸》的原義。我們在學習的時候不要盲目崇拜古人，古人未必比我們聰明。他們寫的是文言文，我們因為看不懂才會覺得玄之又玄。天下的道理，懂的可以說出來；不懂的，就要問自己是不是年齡不夠？修養不夠？智慧不夠？年齡、修養、智慧都夠了，就沒有什麼書是讀不懂的。如果還是不懂，就有可能是書寫出了問題。

六百多年以來，讀書人所讀的《中庸》主要是朱熹的章句本，因此我們摘錄朱熹章句本的補寫部分，以供參考。在《中庸》全書開頭，朱熹加了一段話，其文為：「子程子曰：不偏之謂中，不易之謂庸。中者，天下之正道；庸者，天下之定理。此篇乃孔門傳授心法，子思恐其久而差也，故筆之於書，以授孟子。其書始言一理，中散為萬事，末復合為一理。放之則彌六合，卷之則退藏於密。其味無窮，皆實學也。善讀者，玩索而有得焉，則終身用之，有不能盡者矣。」

然後，在第一章結束之處，朱熹又加上一段結語：「右第一章，子思述所傳之意以立言。首明道之本原出於天而不可易；其實體備於己而不可離。次言存養省察之要。終言聖神功化之極。蓋欲學者於此，反求諸身而自得之，以去夫外誘之私而充其本然之善。楊氏所謂一篇之體要是也。其下十章，蓋子思引夫子之言，以終此章之義。」

這裡所謂的「本然之善」，仍然是宋朝學者的想法，在《中庸》中並未見此意。宋朝學者講本善論，所以喜歡強調本然之善。他們的觀點只是提供參考而已，我們還不如就《中庸》的原文進一步研究。對於第一章開宗明義「天命之謂性，率性之謂道，脩道之謂教」這一段文字，我們先就字面來瞭解，然後再慢慢去開發它的內涵。

第二章

〈2〉

仲尼曰：「君子中庸，小人反中庸。君子之中庸也，君子而時中；小人之反中庸也，小人而無忌憚（ㄉㄢˋ）也。」

仲尼說：「君子做到的是中庸，小人做到的是反中庸。君子所做的中庸，是說君子在任何時機都合乎中的標準；小人所做的反中庸，是說小人沒有任何顧忌害怕的事。」

中庸的內涵

「仲尼」指孔子，名丘，字仲尼，他的年代在西元前五五一年至西元前四七九年。許多學者認為，若《中庸》為子思所作，則子思為孔子之孫，不應直稱其祖為「仲尼」，故而對「《中庸》的作者是子思」之說存疑。我們今日讀《中庸》，不必拘泥其作者為誰，而須認真思考其義理。孟子多次提到「仲尼」，他是孔子之孫子思門人的學生，代代相傳，就把仲尼當作一個稱號。

依《中庸》第三章所說，「中庸」是一種德行，百姓長期以來都很難做到。但是，與其說它是「一種」德行，不如說它還包括兩方面：衡量德行（什麼時機該有什麼言行）的智慧，以及實踐德行的勇氣。智慧、德行與勇氣，即是第二十章所謂的「智仁勇」三達德。朱熹的注解是：「中庸者，不偏不倚，無過不及，而平常之理，乃天命所當然，精微之極致也。」在同一句注解中，既說中庸是「平常之理」，又說那是「精微之極致」，實在讓人費解。

「時」字表示對時機的判斷，「中」則是「中庸」的簡稱。由此可以突顯《中庸》

的智慧特色。孔子認為自己與古代賢人的不同之處，在於「無可無不可」（《論語．微子》），意思是：沒有要怎麼做，也沒有不要怎麼做，一切依「義」而定。義者，宜也，要考慮時機與情況，也就是不被空洞的條文約束，也不會認定非怎麼做不可。孟子則描述孔子「可以仕則仕，可以止則止，可以久則久，可以速則速」，並推崇他是「聖之時者也」（《孟子．公孫丑上》）。因此，「時中」是說：在適當的時機做正確的事。我們將依原文資料，依序說明「中庸」的內涵。「時中」一詞所標明的是「時」，所需的是智慧。

「小人之反中庸也」，原文為「小人之中庸也」，但依上文「小人反中庸」，故在此仍以「反中庸」為宜。程頤、朱熹在此皆依循王肅本。小人反其道而行，所謂「無忌憚」是說不管任何時機，一有機會就行惡。這也可以與《大學》所說的「小人閒居為不善，無所不至」對照。與君子的「時中」恰恰相反。

為什麼不能輕易相信人性本善？如果真的人性本善，那麼小人不是人嗎？儒家嚴厲批判小人，正因為儒家主張人性向善是以真誠為前提。小人就是不真誠，凡事都要計較，只看利害關係，自然無所不至、無所顧忌，只會尋求僥倖。人之所以需要受教育，主要的原因也在這裡。

第三章

〈3〉

子曰：「中庸其至矣乎！民鮮能久矣。」

孔子說：「中庸實在是最高的德行，百姓長期以來很少能夠做到的。」

孔子在《論語．雍也》中提到：「中庸之為德也，其至矣乎，民鮮久矣。」將這句話與本章對照，可知在孔子心目中，「中庸」是指一種德行，並且是最高也最難做到的。為何百姓長期以來都無法做到？依上一章引申所說，中庸需要「智、仁、勇」。而一般百姓未受適當教育，缺乏判斷的「智」；更大的困難在於「勇」，這是要付諸實踐、長期堅持、必要時還須為之犧牲生命的德行。

較笨的人；另外一組是「賢者、不肖者」。賢者代表傑出的人，依其性質分為三種，講能力稱為賢能，講德行稱為賢良，講智慧稱為賢明，都代表超過一般人的狀況。相對的，不肖者就是不肯上進的人。

「道之不行也」，「道」得不到實踐與彰顯的機會，講實踐是屬於行為，講彰顯則屬於從理論層面理解。

「人莫不飲食也，鮮能知味也。」要理解這句話，可以參考老子所說的「五味令人口爽」，當五種味道同時出現的時候，嘴巴就會痲木，很難再分辨滋味了。

中庸之道的不行與不明

從第一章的「率性之謂道」可知，「道」是順著人性就可以展現的人生正路。由「脩道之謂教」可知，「道」是需要修養的。順著人性與依靠修養，這兩者搭配起來才是真正的「道」。因此，「道」就有「明不明」與「行不行」的問題。「道」是人生正路，具體說來即是上一章所謂的「中庸」。所以在白話譯文中，特地加上「中庸」一詞做為標準。

一個人真誠地順著人性走，那就是「道」。孟子說過「可欲之謂善」，我內心覺得好的事情就是善，因為人性向善。所以，不必刻意去研究與探討「善」是什麼，只要內心很真誠地喜歡一種行為，那就是「善」。例如，看到年輕人讓座，覺得歡喜，那就是「善」。儒家所說的「善」十分平常，「道」本來是很自然的。但是，這個「道」需要修養，才能夠成為教化。所以把順著人性與依靠修養兩方面搭配起來，才是真正的「道」。順著人性，不受教育而沒有修養的話，很難走上正道。

孔子在《論語．雍也》說過：「質勝文則野，文勝質則史，文質彬彬，然後君子。」就是這個意思。所以儒家絕不會說做人不用學習，只要真誠就好。人是在學習之後，才能知道禮樂制度。禮樂制度是大家共同遵守的規範，它裡面就含有適度的意思。同樣，與人來往也不能完全靠禮樂制度來規範，還要保持真誠的心，如果文化素養超過了真誠的心（即文勝質則史），就會顯得裝腔作勢。

「道之不行」，是因為「知者過之，愚者不及也」。有些學者認為：「不行」涉及實踐，「不明」涉及彰顯，因此，應該先談「不明」再說「不行」。事實上未必需要更改原文。先談「道之不行」，正是因為智者聰明，把「道」想得太高遠，以致不能在日常生活中實踐；愚者則是沒想到「道」是存在於日用常行之中，所以不知道該如何去實踐。

有關「過與不及」，可參考《論語‧先進》中，孔子的評論為：「師也過，商也不及」，而其結論是「過猶不及」，兩者皆有欠理想。「師」指的是子張，比孔子小四十八歲，是年紀最小的。他一表人才、志向又高，學長們看到這種學弟就覺得是個威脅，說他有一點兒過頭。「商」就是子夏。子夏的個性比較委婉、懦弱，總覺得很多事情做不到，就退一步。子貢聽到老師說「師也過，商也不及」，就問：「然則師愈與？」意思是那麼子張比較好嗎？孔子回答「過猶不及」，過度與不及都不好。如果說過度比較好，每一個人都過度一點，社會也會陷入混亂。

「道之不明」，是因為「賢者過之，不肖者不及也」。賢者努力實踐，總是找一些特別的善事來做，以致超過了中庸的標準；而不肖者不肯長進，達不到此標準。如此一來，道又如何得以彰顯？

飲食是日常生活中最簡單也最平凡的事，但是一般人很少能分辨其滋味。飽餐痛飲的人為了滿足口腹之欲，而到了「五味令人口爽」（《老子》第十二章）的地步，又怎能知味？孟子談到一般人的不知不覺狀態，可供參考。他說：「行之而不著焉，習矣而不察焉。終身由之而不知其道者，眾也。」（《孟子．盡心上》）意即：這麼去做，但是並不明白為什麼，習以為常卻不知道其所以然。一輩子都這樣去做，卻不知道其中的道理，這樣的人實在太多了。這些話都是互相呼應的，說明了「道」是行之於不知不覺、日用常行之中，但要懂得去品味。平淡的日子其實是最幸福的，不懂得珍惜平常，是一件最可惜的事情。《中庸》的道理也就是平常，在日用常行之中。

第五章

〈5〉

子曰：「道其不行矣夫！」

孔子說：「道恐怕真的得不到實踐的機會了！」

「其……夫（乎）」，為感嘆語。另外，「其」通「豈」，意思是「難道」，亦表示惋惜之意。

孔子這句話，可參考《中庸》第十二章：「天地之大也，人猶有所憾。」《易經．繫辭傳》也多次提及「憂患」意識。儒家的這種人文關懷，體現於孟子所說的話之中：「人之有道也，飽食煖衣，逸居而無教，則近於禽獸。」（《孟子．滕文公上》）

意即，人類生活的法則是吃飽穿暖，如果生活安逸卻沒有加以教育，就和禽獸差不多。

儒家為什麼要辛苦從事教育工作呢？因為有遺憾。天地這麼偉大，人還是有遺憾。就天地而言，它有生態平衡。但是，宇宙萬物還包含人類，儒家看到人類的狀況，總覺得要提高警覺。很多人誤解孟子主張人性本善，其實他說的是人與禽獸相近。儒家的遺憾就在這裡。如果不推廣教育，人依靠本能生活，社會就與叢林相似。

達爾文理論中，叢林的規則是「物競天擇、適者生存」，後來發展成社會達爾文主義。人類如果沒有接受教育的話，便只能依靠本能生活。人類社會與達爾文所說的自然叢林有什麼不同？不也是成王敗寇嗎？此時就要想到《易經．繫辭傳》說：「作《易》者，其有憂患乎？」儒家思想的特色，是對人類感到憂心與遺憾，所以強調教育的意義。

第六章

〈6〉

子曰：「舜其大知（ㄓˋ）也與！舜好問而好察邇（ㄦˇ）言，隱惡而揚善。執其兩端，用其中於民，其斯以為舜乎！」

孔子說：「舜真是具備偉大的智慧啊！舜喜歡向人請教，又喜歡考察淺近的言論。對於聽來的一切，他隱藏邪惡的部分，傳揚善良的部分。他把握事情的正反兩端，再將合宜的做法加在百姓身上。這大概就是舜所以是舜的緣故吧！」

舜的智慧與德行

舜名列「五帝」，與堯並稱堯舜。他出身平凡家庭，飽經憂患而德行卓越，後因受堯賞識而接任天子之位，形成「堯天舜日」的理想境界，也是儒家奉為典型的聖王之一。儒家很喜歡講堯舜，尤其舜的故事特別多。人要想擁有智慧不能只靠自己，因為智慧牽涉到各種複雜的現象。此處出現「用其中於民」，很多人就根據這句話解「中庸」為「用中」。「執其兩端，用其中於民」，這兩端不見得是指善惡，而是指兩種選擇。孔子曾說：「攻乎異端，斯害也已。」（《論語．為政》）批判不同的說法，一定會有後遺症。所以孔子不喜歡與別人辯論，他說：「道不同，不相為謀。」大家的道不同，各走各的路，何必勉強呢？

到了孟子的時代，是戰國時代中期，天下大亂。他說「天下之言，不歸楊則歸墨」，其實有一點誇張。楊朱一派凡事只替自己考慮，不肯拔一毛而利天下；墨翟一派兼愛天下，到處為別人服務。孟子認為當時的言論都是楊墨的天下，好像儒家沒有立足之地了，所以他要批判楊、墨。他說：「楊子為我，是無君也；墨子兼愛，是無父也。無父無君，是禽獸也。」（《孟子．滕文公下》）這兩個學派的領袖，都被孟子批判為禽獸。孟子是根據兩派的思想而推導出這樣的邏輯結論，因為楊朱的利己必然侵害社會集體的利益，而墨翟的兼愛，無視遠近親疏，也不符合人性的本來要求。一葉落而不知秋，等到將來問題出現時就來不及了，這就是儒家所擔心的。

文中這幾句對舜的描述，可參考孟子之言：「大舜有大焉，善與人同，舍己從人，樂取於人以為善。自耕稼、陶、漁以至為帝，無非取於人者。取諸人以為善，是與人為善者也。故君子莫大乎與人為善。」（《孟子．公孫丑上》）意即：偉大的舜真是了不起，善行與別人分享，捨棄自己而追隨別人的善，樂於吸取別人的優點，來讓自己行善。從當農夫、陶工、漁夫，直到成為天子，沒有一項優點不是向別人學來的。吸取眾人的優點來自己行善，就是偕同別人一起行善。所以君子最高的楷模，就是偕同別人一起行善。

舉這段話作例子，也是要說明「與人為善」四個字原本的意思。孟子原來的意思是發現別人的優點，立刻學習，然後用於行善，讓人發現自己的優點能有這樣的作用，這是「樂取於人以為善」。這個人發現舜吸取自己的優點，可以做得那麼好，他自己當然可以做得更好，這個叫做「與人為善」。可見人性不是本善，人生下來可以向善，可以學習善。如果能把每一種善的行為都學會了，並加以實踐，效果會是多麼宏大！舜是學了就做，且立刻能做到。可惜並不是每個人都能做到。

舜是如何在「耕稼、陶、漁」上與人為善的呢？以前的田都有田埂，人們會趁半夜把自己的田埂推出去，擴大自己的田地範圍，互不相讓。但是舜所到之處，變成與大家互相禮讓。通常漁夫會在海邊蓋個小房子住，才能夠一大早去捕魚，一般人是不會把房子借給非當地人居住。但是舜當漁夫的時候，海邊有房子的人，都歡迎別人來住。一起捕魚收穫更多，「把餅做大」是舜的一種策略。以前的陶工故意用較差的土做甕，以便降低製造成本，多賺一些利潤。舜到了這個地方之後，大家都用最好的陶土來做，利益上可能減少一點，但生活很快樂。舜的這類事蹟，《孟子》裡面說得很多。他說吸取眾人的優點，來自己行善，就是偕同別人一起行善。所以，「與人為善」，是與別人一起來行善。

「邇」，近也。本為「遠近」之「近」，現引申為淺近，「邇言」即是淺近之言。

「隱惡而揚善」，在此是指舜就所聽到的言論而採取的措施。今日的用法多指針對別人的「行為」所做出的反應。這種做法合乎孔子所說的「益者三樂」之「樂道人之善」（《論語・季氏》）。但是，大家都隱惡揚善，為惡不能受到懲罰也不是辦法。不過，這不是《中庸》的意思，此處所指的是舜會在聽到言論之後，把好的部分發揚出來，較差的部分就隱藏起來。

「執其兩端」是衡量的方法，所需要的是智慧。孔子有「扣其兩端」之說，可供參考。子曰：「吾有知乎哉？無知也。有鄙夫問於我，空空如也。我扣其兩端而竭焉。」（《論語・子罕》）意即：我什麼都懂嗎？不是這樣的。假設一個鄉下人來問我，態度誠懇而虛心；我只是就他的問題正反兩端詳細推敲，然後找到了答案。任何事情都有正反兩端，衡量如何才算適當，這是我們今天回答別人問題的方法。

很多人問：學習《大學》和《中庸》之後，該如何運用於生活上，這就是可以參考的地方。例如，學生常常問我該不該出國留學？我就為他分析出國需要哪些條件，不出國有什麼樣的好處，分析清楚兩端，他自己就會明白答案在哪裡。任何一個問題都有正反兩端，在把問題分析清楚之後，仍應把下決定的權利回歸於提問者，因為提問者才是最適合的回答者。我們當老師的，在回答學生問題時，只是在協助學生想清楚。「扣其兩端而竭焉」是孔子的方法，也是很好的教學示範。「用其中於民」的「中」，指的是適當合宜的措施，也就是具體的善行。「用」則指「擇而行之」而言。由此語可知，「中庸」有「用中」之意，也即是「擇善而行之」。

我們對於「中庸」這個詞，不要簡單理解為「不偏之謂中，不易之謂庸」，「中」當然是不偏，「庸」就是常，不改變，這等於沒講。要真正懂它的內容，就知道「中庸」講的是具體的「擇善固執」。「擇」需要智慧，「善」代表德行、仁德，「固執」代表勇敢，第十章會提到如何去理解勇敢。

第七章

〈7〉

子曰：「人皆曰『予知』，驅而納諸罟（ㄍㄨˇ）擭（ㄏㄨㄛˋ）陷阱之中，而莫之知辟（ㄅㄧˋ）也。人皆曰『予知』，擇乎中庸而不能期（ㄐㄧ）月守也。」

孔子說：「人們都說『我懂得道理』，但卻被驅使而陷入羅網陷阱之中，不知道要避開。人們都說『我懂得道理』，但是選擇了中庸的做法，卻沒辦法守住一個月。」

真正的智慧

孔子的這段話缺乏前後脈絡，所以我們只能就文句本身來理解。一般人常常自以為聰明，懂得做人處事的各種道理。其實他們考慮的只是「計較利害」，未能真正明白實現人性的正途何在。有些人常說：「聽我的話，這樣最好，那樣最好。」這種人就是體察整個時勢的發展，提供他人建議，似乎暗示在這個情況下，誰最聰明。但這種聰明經常處於變化之中。莎士比亞曾說：「愚者總以為自己聰明，智者卻知道自己愚昧。」對於一個知道自己在某些方面很愚昧的人，我們往往對於他所瞭解的部分特別有信心；相反地，一個自認為什麼都知道的人，我們反而很難完全信任他。專家應該是精於自己的本行，未必各個領域都懂，然而今日所謂的專家，卻表現出一副什麼都懂的樣子。

艾略特（T.S. Eliot）在他所寫的〈岩石〉（*The Rock*）一詩中說：「我們在資訊裡面失去的知識到哪裡去了？我們在知識裡面失去的智慧到哪裡去了？」當我們在談一段新奇有趣的事情時，所傳達的只有資訊，沒有知識。知識是對某一領域作系統的理解。智慧有兩個特色，一是完整，二是根本。知識是分而不合，大學裡的科系都有自己的知識，但是有智慧嗎？每個人都是本位主義者，會從自己所學的角度看待所有的問題。智慧不能脫離實踐的要求，所以資訊、知識與智慧是三個層次。

「罟」，是捕魚與鳥的網。「擭」，捕野獸之機檻。「陷阱」，捕捉野獸的地坑深井。這些是比喻人誤入歧途，陷於罪惡的牢籠之中。前面有「驅而納諸」，可見是身不由己，受外物誘惑，加上自身的欲望，以致陷入困境。如果連這樣的困境都不知要避開，怎能自認為「予知」？

「擇乎中庸」表示中庸需要人主動去「擇」。依第六章注所說，「中庸」為「用中」，本身即有「擇」意。在此更清楚點出「擇」字。所擇之「中庸」，則指正確而合宜的善行。但是「不能期月守也」一語，提醒我們擇善之後還必須「固執」，長期堅持下去。孔子說顏淵：「回也，其心三月不違仁，其餘則日月至焉而已矣。」人的心與「仁」不同，可以守住「仁」，也可以離開「仁」。孔子的這番話意指人經常會心猿意馬，聽起來有些悲觀。不過他也說自己是到了七十歲才能做到「從心所欲不逾矩」，終於跟「仁」可以配合。

第八章

〈8〉

子曰：「回之為人也，擇乎中庸，得一善，則拳拳服膺（ㄧㄥ）而弗失之矣。」

孔子說：「顏回做人的方式，就是選擇中庸去實踐。他得到任何一種善，就牢牢記在心中，謹守奉持，不讓它再離開了。」

行善需要長期實踐和堅持

顏淵，名回，比孔子小三十歲，在孔子弟子中名列德行科第一（《論語・先進》），並且是孔子心目中唯一的好學之士（《論語・雍也》）。孔子稱許他：「其心三月不違仁。」(《論語・雍也》)可見他的持守功夫確有過人之處。《易經・繫辭傳下》提到：「子曰：『顏氏之子，其殆庶幾乎？有不善未嘗不知，知之未嘗復行也。』」意即：顏回的修養大概差不多了吧？有錯誤很快就能察覺，察覺之後就不再犯了。覺知不善，立即革除；覺知善，則拳拳服膺。這是顏淵修養的方法。

善的行為需要長期實踐，使它變得像本能一樣，因為習慣是人的第二天性。西方倫理學有一個德行主義學派，主張沒有人一生下來就是本善或是本惡的，所有的善都是在養成好的生活習慣，並藉以塑造出良好氣質。所以，遇到善事很容易去做，遇到惡事就自然避開，這一觀點非常合理。我們不能想像一個一輩子做壞事的人，會在一夕之間忽然頓悟，然後放下屠刀，立地成佛。這樣的佛能維持多久？第二天如果不太習慣，再去拿屠刀怎麼辦呢？所以我們還是寧可強調「習慣造成第二天性」。

當一個人行善變成習慣之後，他就覺得這樣做很自然。所以真正的善行，不會是刻意去做的。刻意去做的時候，心中會存著希望被別人發現的念頭，希望被別人稱讚，無法離開群眾的目光，並會刻意在群眾的注意之下，做很多好事。但是群眾的眼光是經常變化的，民意如流水，如果總期待別人給掌聲才肯行善，恐怕是要失望的。

所以一定要練習由內心真誠所引發的力量，將被動轉為主動，養成隨時主動行善的習慣，顏淵就是這樣做的。

顏淵也有做錯事的時候，但是他做錯事之後，不需要別人的提醒，很快就能察覺，而且不會再犯，這一點非常難得。孔子稱讚顏淵的德行與好學時，提到他的表現就是「不遷怒，不貳過」。

要做到「不貳過」，也就是不再重犯同樣的過失，並不容易。孔子說：「人之過也，各於其黨。」（《論語．里仁》）這句話中的「黨」不是政黨，而是指性格類型。不同的性格容易犯不同的過錯。人生最大的工程之一就是對付自己，把生命整合成自己所要的樣子，知道自己有什麼樣的傾向，有什麼樣的衝動，就要努力克制它。沒有這樣的修練，怎麼可能有一點點成績呢？每個人的每一種成就，或是性格上的善良，都是經過修養才能達成的，沒有任何僥倖，所以不貳過是更難的修養。

這裡的「擇乎中庸」與第七章所言相同。接著說「得一善」，可見中庸與善皆為所擇的對象。此時的中庸，在「智、仁、勇」之中，顯然是就「仁」而言。

理解「中庸」，有時候可以把重點放在「擇」，代表智慧；有時候重點放在

「善」，代表仁德；有時候重點放在「勇」，代表堅持。不要非給「中庸」下個定義，這樣就把範圍弄窄了。在此要記得，中庸至少有「智、仁、勇」三個方面。「智仁勇」代表「三達德」。「三達德」與「五達道」不同。父子有親、君臣有義、夫婦有別、長幼有序、朋友有信，即是「五達道」。「五達道」才是善，「三達德」是走向善的方法。

古人認為，「善」是從人與人之間的關係來衡量。要行善就在「五達道」裡面，行善需要「三達德」，德就是方法、路線，道才是真正要做的具體內容。

「拳拳」，奉持之貌；「服」，有如著衣；「膺」，胸也。「拳拳服膺而弗失之矣」，意即緊緊抱持在胸前，絕不讓它失去。這是固執的功夫，所涉及的是「勇」。

第九章

〈9〉

子曰：「天下國家可均也，爵祿可辭也，白刃（ㄖㄣˋ）可蹈（ㄉㄠˋ）也，中庸不可能也。」

孔子說：「天下國家可以平治，爵祿富貴可以辭讓，銳利兵刃可以踩踏，但是中庸卻沒有辦法做到。」

天下國家可以平治，這需要智慧；爵祿富貴可以辭讓，這需要仁德；銳利兵刃可以踩踏，這當然是勇敢了。但是中庸卻沒有辦法做到，因為它是全方位的，必須同時具備前面三者，很多人只能做到三者之一。

「均」意為平治。古代天子有天下，諸侯有國，大夫有家。要平治天下和國家。此處所強調的是「智」。

古代爵位有公、侯、伯、子、男。「爵祿」指高官厚祿或富貴榮華。這些可以推辭不受。若依「為富不仁矣，為仁不富矣」（《孟子．滕文公上》）的說法，則這是「為仁不富」，所需要的自然是「仁」。「爵祿可辭也」，代表我不看重這個財富，因為我知道重點在仁，而不在於財富。

文中所列舉的三件事分別要靠「智、仁、勇」才可做到。但是，中庸所需要的是三者兼具，以「擇善固執」來說，「擇」為智之事，「善」為仁之屬，「固執」則為勇的表現了。三者兼具才可以做到中庸，所以說它「不可能也」。

第十章

〈10〉

子路問「強」。子曰：「南方之強與？北方之強與？抑而強與？寬柔以教，不報無道，南方之強也；君子居之；衽（ㄖㄣˊ）金革，死而不厭，北方之強也；而強者居之。故君子和而不流，強哉矯！中立而不倚，強哉矯！國有道，不變塞（ㄙㄜˋ）焉，強哉矯！國無道，至死不變，強哉矯！」

子路請教怎樣才是強。孔子說：「你問的是南方所謂的強，北方所謂的強，還是你所應做到的強？採取寬大柔和的教化方式，對無理橫逆的人不去報復，這是南方所謂的強，君子認同這種做法；以兵刃甲冑為臥席，即使戰死也不遺憾，這是北方所謂的強，剛強者認同這種做法。因此，君子要做到的是：與人和諧但不會隨人同流，這樣的強真是卓越！立於正道而毫不偏倚，這樣的強真是卓越！國家上軌道時，不改變昔日未通達時的操守，這樣的強真是卓越！國家不上軌道時，到死也不改變自己的原則，這樣的強真是卓越！」

子路的問題

仲由，字子路，比孔子小九歲，魯國人。子路好勇，個性率直，行事果敢。「強」兼有勇敢與剛強之意。子路請教怎樣才是強，這個問題由子路提問是很適合的，因為他在孔子學生中是以勇敢知名的。

在《論語．先進》中，他提了個很好的問題，卻不適合由他來提問，那個問題就是「子路問事鬼神」。孔子對學生是因材施教，所以他回答子路「未能事人，焉能事鬼？」還不懂得怎麼跟人相處，談什麼跟鬼神相處呢？子路不死心，繼續請教老師，什麼叫死亡。孔子說「未知生，焉知死？」還不懂得活著的道理，談什麼死亡的道理。

後代有人根據這段對話，斷定孔子不懂得死亡，這是天大的冤枉。在《論語》一書中，「生命」的「生」出現十六次，「死亡」的「死」出現三十八次，孔子怎麼不懂死亡呢？不懂死亡，怎麼說得出「朝聞道，夕死可矣！」（《論語．里仁》）這句話的意思是：早上聽懂了道，晚上死了也無妨。他還說過「殺身成仁」，不也是關於死的話題嗎？孔子當然懂得死亡，但是不能夠跟子路談，因為子路不適合談這些問題。在《禮記．祭義》裡面，宰我問鬼神，孔子回答了一整段，這部分待第十六章提及「鬼神」的時候，再詳細說明。

回答問題要看是什麼人發問，子路問「勇敢」這個問題最適合了。孔子曾語重心長地說：「道不行，乘桴浮於海，從我者，其由與！」（《論語．公冶長》）意思是：我的理想不能實現，乾脆乘一艘木筏，到海外去算了，跟我走的大概就是子路吧！子路因此很高興，覺得終於等到了老師的認可。但孔子又說：「由也好勇過我，無所取材。」意思是說：「子路，你愛好勇敢超過了我，但是我們找不到適用的木材。」要找到適合造船的木材是不容易的。「無所取材」的「材」，是造木筏的材料，孔子因為找不到適用的木材，於是告訴子路，我只是發出感嘆而已，不是真的要出海了。

這樣的翻譯是最為合理的。後來有人把這句話解釋為孔子說「子路愛好勇敢超過了我，但是你無所取裁」。言下之意是：子路這個人太笨了，不會理解孔子只是一時的感嘆。甚至有人妄加解釋，認為孔子說的是「無所取哉」——子路一無可取。這些解釋都不夠貼切。

子路年輕的時候，非常崇尚勇敢，孔子身為他的老師，一開始也很苦惱，因為他對於藝術、文學沒什麼興趣。但孔子也承認自從有了子路這個學生之後，沒有人敢再公開批評孔子。勇敢與強屬於類似的範疇。子路請教怎樣才是強，孔子反問他是南方所謂的強？北方所謂的強？還是你所應做到的強？這叫做澄清概念。南方的強以容忍、柔和為主，一聽就知是道家學派，因為柔弱勝剛強；北方的強是睡覺的時候可以躺在兵刃上、甲冑上，隨時上戰場，即使戰死也不遺憾。然而，孔子認為真正的強是與人和諧但不會隨人同流；立於正道而毫不偏倚；國家上軌道時，不改變昔日未通達時的操守；國家不上軌道時，到死也不改變自己的原則。這四種狀況的涵義就很豐富了。

四種「強」

南方或指楚國一帶，老子為楚國人，展現了道家思想之「柔弱勝剛強」（《老子》第三十六章）。老子認為要從道的角度來看待萬物，道是萬物的母親。這麼一想就很容易從道的角度，來寬容對待他人。要是不從這個角度看，就成了莊子所說的「肝膽楚越」，差別還是很大的。從相同的觀點來看，天下是一體，這是道家的思想。所以寬柔對待別人，是因為體諒他人的苦衷。很多事情，想通道理之後，就會化解情緒上的困擾。

至於「不報無道」，則接近「報怨以德」的觀點（《老子》第六十三章）。「無道」代表他是壞人，但是不報復他，這叫做以德報怨。孔子認為應該「以直報怨」，「直」代表真誠正義。以德報怨是包容他，希望讓他最後可以得到感化，雖然結果是無法保證的，但一定會有某些影響。所以看得出來這是代表南方，也可說是楚國老子的立場。這種立場稍嫌退讓，有不及之處。「君子居之」，則是因為它需要高度的智慧與修養，並非一般人逞其血氣之勇可以做到的。所以南方的這種強，是以柔弱勝剛強，顯示自己以道做為根據。表面上看起來好像是損失了、退讓了，其實從道的角度來看，沒有任何損失。

相對的，北方的強就很剽悍了，直接表現出來，剛強者居之，不見得需要什麼修練，差別在此。有時候在我們的眼中，覺得一個人好像很軟弱，很多事情替別人設想，其實這是很不簡單的修養；相反地，孟子所說的「惡聲至，必反之」，（《孟子．公孫丑上》）其實不需要什麼修養也做得到。

「和而不流」類似孔子所說的「君子和而不同」（《論語．子路》）。和諧而有節制，出於內心堅定的意志。雖然大家的意見不同，但是可以和諧，互相尊重，就像音樂演奏，各種不同的樂音搭配起來也可以是協調的。「同」代表一致，君子心胸比較寬廣，雖然看到別人跟自己不同，只要大原則確立就好，在異中求同，同中存異，這是君子的態度。

對於「和而不流」，我們所熟悉的是同流而不合汙，這也很難得。和別人一起做事，別人走偏了，我卻能夠堅持自己的原則。同流代表尊重別人，不合汙代表有自己的操守，這也就是《莊子．知北遊》的「外化而內不化」。「外化」是外面絕對不要標新立異，特立獨行；「內不化」是不管別人對我評價如何，內心完全不受影響，因為內心與道在一起，沒有什麼得失的問題，莊子所說的修養是很高的境界。孔子說「和而不流，強哉矯」，認為這種強真是傑出。

「中立而不倚」的意思是立於正道，隨時提高警覺以固守其立場。「中立」並非是說坐在中間的位置，而是指能夠處於正道。「中」代表正，《易經》的六爻裡面，二和五代表在中間，二在下卦中間，五在上卦中間。「正」就是正位，六爻由下往上，奇數適合陽爻，偶數適合陰爻，叫做正位。中的重要性勝過正，所以「中立」是站在正道上而不受影響。「不倚」是絕不會偏斜，這需要真正的強才能做到。所以「和而不流」，代表尊重別人，但是仍保有自己的操守；「中立而不倚」，是堅持原則沒有任何偏差。

「國有道，不變塞焉」，所說的是在國家上軌道而使強者得到富貴時，強者可以做到「富貴不能淫」（《孟子．滕文公下》）。「國無道，至死不變」，意思是：國家不上軌道時，可以做到「貧賤不能移」與「威武不能屈」（《孟子．滕文公下》）。要理解這兩句話，可以參考孔子說的：「不仁者不可以久處約，不可以長處樂。」（《論語・里仁》）也就是說，一個人不肯行仁的話，便不能夠長期處在逆境，也不能長期處在順境。因為處於逆境就會變節，處於順境就會沉迷享受。

關於國家上軌道與不上軌道，孔子說：「邦有道，貧且賤焉，恥也；邦無道，富且貴焉，恥也。」（《論語・泰伯》）國家上軌道的時候，依然貧賤的人是可恥的，代表他不是人才；國家無道的時候，大富大貴的人也是可恥的。所以人是否可恥，不在富貴或貧賤，而是依所處的時代而定。國家上軌道時有適當途徑，這時不能出類拔萃而依然貧賤，就該反省自己。相反地，當國運衰敗時這個人卻升官發財，就知道他是同流合汙的。但有道與無道並非二分法，二分法就是一刀切，黑白二分，從來就沒有那樣的時代。

所以，有道無道代表趨勢，亦即國家走向有道的時候，以及國家走向無道的時候。不管有道無道，都要好自為之，做官就是替老百姓服務，這是不容易達到的境地。

「苟富貴，無相忘」的故事在歷史上很有名，說的是陳勝年輕時很窮，與人一起打工，他對同樣貧窮的朋友說，如果有一天富貴了，大家都不要忘記彼此。後來陳勝起義稱王，錦衣玉食。老朋友們來投靠他，他卻因為這些人講他年輕貧窮的事情，就處死了他們。所以一個人最可貴的是國家上軌道時，他做了大官，大富大貴，還記得年輕時的困境；相反地，就是國家無道的時候，至死也不放棄原則。

要注意「至死不變」四個字，儒家講到堅持原則，經常會以死亡做為代價。像孔子說要「殺身成仁」；孟子說要「舍生取義」；荀子也說「君子畏患而不避義死」，君子害怕災難，但不會逃避為義而死；《易經．困卦．象傳》中說「君子以致命遂志」，君子要犧牲生命，完成自己的志向；《中庸》裡說「國無道，至死不變」。《論語》、《孟子》、《荀子》、《易傳》、《中庸》，都是儒家的傳統思想，一定要以死亡做為代價，來驗證內在道德的價值。不敢碰觸死亡這個題材的，就沒有資格當儒家，代表有些時候要用生命來見證自己的真理。所以，孔子在此說明四種真正的強，這代表《中庸》裡「擇善固執」的固執。

儒家的「仁」在我看來，包括三個層面：人之性是人性向善；人之道是擇善固執；人之成是止於至善。人之性、人之道，以及人的完成，整個是連貫的系統，把「智、仁、勇」都包括在內了。

第十一章

〈11〉

子曰：「素隱行怪，後世有述焉，吾弗為之矣。君子遵道而行，半途而廢，吾弗能已矣。君子依乎中庸，遯（ㄉㄨㄣˋ）世不見知而不悔，唯聖者能之。」

孔子說：「探求隱僻之理與做出怪異行為，這些會留給後代的人去傳述，但我是不會這麼做的。君子依循正途往前走，有可能走到一半就放棄，但我是沒辦法停止的。君子憑藉著中庸原則，即使避開世間不被人所知，也不覺得懊惱，只有聖人做得到吧！」

學問要落實在生活上

《論語・述而》中，孔子對學生說：「二三子以我為隱乎，吾無隱乎爾，吾無行而不與二三子者，是丘也。」意即：「你們幾位學生以為我有所隱藏嗎？我對你們沒有任何隱藏。我的一切作為都呈現在你們眼前，那就是我的作風啊！」「怪」是孔子所不語的事之一，「子不語怪力亂神」（《論語・述而》），意即：他不談論有關怪異的、暴力的、悖亂的、靈異的事情。即使談論這類話題可以讓後人傳述，孔子也不屑於做。

這句話的起因，想必是學生懷疑孔子私下保留了什麼祕訣。孔子對學生是採取因材施教，採用的教材是《易經》、《詩經》、《尚書》等。但學生們總覺得老師的境界這麼高，是不是還刻意隱藏什麼高明的東西。這話傳到孔子耳中，他才會強調自己沒有隱瞞。

孔子和學生的年紀差了一大截，第一批弟子小他十歲左右；第二批差距約三十歲左右；第三批學生中還有差距四十幾歲的。第一批弟子年紀與孔子接近，通常都是年紀比較長才開始學習的，所學的心得很有限。第二批弟子比較傑出，顏淵就是其中之一。他說孔子「仰之彌高，鑽之彌堅，瞻之在前，忽焉在後」，這四句話講得好，意思是：抬頭看他，愈看愈覺得高，鑽研他的思想，愈鑽研愈覺得無法參透裡面的道理；看他在前面，忽然跑到後面去了。

在《莊子．田子方》中，顏淵也曾提到：「夫子步亦步，夫子趨亦趨，夫子馳亦馳，夫子奔逸絕塵。」這段話的意思是：老師慢慢走，我跟著慢慢走；老師快跑，我跟著快跑。最後老師跑遠了，絕塵而去，灰塵停下來時，也找不到任何蹤跡。顏淵很有智慧，但是他深知自己趕不上孔子。

孔子說過：「十室之邑，必有忠信如丘者焉，不如丘之好學也。」（《論語．公冶長》）他不但好學，還能夠實踐，不斷修練自己，「吾十有五而志於學，三十而立，四十而不惑，五十而知天命，六十而（耳）順，七十而從心所欲，不逾矩。」（《論語．為政》）但是孔子的學生與我們一樣都是凡人。凡人的特色就是數十年如一日，總是老樣子。孔子是每天都在變化。人活在世界上怎能不變呢？有人說：「要以今日之我，與昨日之我戰！」當然是期望今天的我勝過昨天的我，每天都不同，這是自我要求。人到了更高的地方，才知道風景不同。孔子的「七十而從心所欲，不踰矩」是一步一步走上去的，所以像顏淵這麼好的學生才會佩服老師，說自己怎麼跟都跟不上。孔子最偉大的地方，就是他的平凡與不平凡能結合在一起，所以會「瞻之在前，忽焉在後」，平素看到老師也是老老實實地吃飯、生活、與人交往，十分平常，卻每天都在變化。

我們心目中的老師都很崇高。我的老師方東美先生比我大了五十一歲，對我而言，他當然是「仰之彌高，鑽之彌堅」，總覺得他是完美的典型。但是在日常生活中，他是非常平凡的人，也有很單純的一面。他的成就不在於生活上的標準或享受，而是有學問、有智慧，所以讓人仰之彌高，鑽之彌堅。

所有的學問都需要落實在生活上，當無法落實，或是在落實時出了偏差的話，我們就知道這個人是沒有修練的。所以孔子對學生說，不要老以為我隱瞞了什麼特別的道理。其實只要懂得基本的道理，而且真的去實踐，按照儒家的說法就是要真誠，傾聽內心的聲音，然後照著去做，也就夠了。

曹國國君的親戚曹交去請教孟子，說周文王身高十尺，商湯身高九尺，他們都做了帝王，我曹交身高九尺四寸，為什麼只會吃飯呢？他居然以為成就與身高有關。孟子回答他「歸而求之，有餘師」（《孟子．告子下》），意思是請他回家去找老師，老師多得很。回家好好照良心去做，穿上堯穿的衣服，說堯說的話，做堯做的事，久而久之就變成堯了；穿上桀穿的衣服，說桀說的話，做桀做的事，久而久之就變成桀了。

這是儒家教人的方法，不要好高騖遠，所有的學問到最後都要落實到體貼生命這個層面上，實實在在跟每個人來往，跟每個人接觸。走出門之後，與周圍他人的互動方式就是自己應該修練的地方，所以孔子不談「素隱行怪」的東西。

知行合一，努力實踐

「半途而廢」出自《論語》冉有（冉求）與孔子的對話。冉有說道：「非不悅子之道，力不足也。」子曰：「力不足者，中道而廢，今女（汝）畫。」（《論語．雍也》）

孔子的學生分為四科：德行、言語、政事、文學。專門負責從事政治活動的，有兩個人榜上有名，第一個就是冉有，第二個才是子路。子路年紀較大，比孔子小九歲，冉有是第二代弟子，年紀和顏淵差不多，比孔子小了三十歲左右。但是冉有排在第一，因為他做官做得很好。

冉有自認為對自己很瞭解，直接對老師說，我不是不喜歡老師的道，而是力量不夠。他的意思是說：老師的道這麼高遠，跟著走也跟不上，不如就不要走。對於冉有的這番話，孔子對他諄諄教誨：力量不夠的人是中道而廢，也就是走了一半就停下來，但對於冉有你來說，是畫地自限。

其實，最佳的態度是跟著走，直到走不動時才停下來。努力過後總有些心得，不應該畫地自限，自我放棄。孔子自己是絕對不會停下來的。一旦學了儒家的思想，真的瞭解道理之後，會不由自主地去實踐，沒有這樣做，就是瞭解得不夠透徹。就像明朝的王陽明所說「知是行之始，行是知之成」（《傳習錄》），主張知行要合一。真正懂得孝順之後，就非孝順不可，這就是知與行配合。儒家思想強調瞭解透徹之後，自然會有一種力量，要求你自己去做該做的事。

聖人的修養

「遯世不見知而不悔」，這句話類似《易經．乾卦．文言傳》中的「遯世无悶，不見是而无悶」一語，意即：避開社會而不覺得苦悶，不被社會承認也不覺得苦悶。《論語．學而》的第一句話是：「學而時習之，不亦說乎？有朋自遠方來，不亦樂乎？人不知而不慍，不亦君子乎？」「學而時習之」的「時」指的是適當的時機。學了任何東西，在適當的時機加以實踐就會高興，因為增加了自己的能力。「有朋自遠方來」，真正的朋友是有共同的理想，可以在一起談人生道理，互相溝通，志同道合的朋友聚在一起就會覺得快樂。「人不知而不慍」，雖然別人不瞭解我，但是我並不生氣，這不也是君子的作風嗎？

因為不被瞭解而感到鬱悶是一種正常的情緒。因為德行與學問不被世人瞭解看重而生悶氣、憤世嫉俗的例子很多，尤其讀書人特別容易如此。但是儒家又強調「遯世无悶，不見是而无悶」，主張人要得君行道，因為善是我與別人之間適當關係的實現，做官才能夠以更大的影響力造福社會，所以儒家是主張要做官的。不過如果沒有機會當官，還是有快樂的來源，因快樂是由內而發，做官只是去實踐理想的機會與機緣。

「窮則獨善其身，達則兼善天下」（《孟子．盡心上》），當窮困不得意時就獨善其身，也就是對身邊的親人、鄰居行善。在此句話中，不應把「獨善其身」誤解為是自己一個人的事，而是要處理好與自己周圍人群的關係；有機會去做官就要兼善天下，造福天下人。所以最後的結論是「唯聖者能之」。從君子「依乎中庸」開始做起，能堅持一生不被人所知也不懊惱，那就抵達聖者的境界了。

如果這段話是孔子說的，那麼他在《論語．述而》中，所提及有關聖人與君子的談話，亦可列入參考：「聖人，吾不得而見之矣，得見君子者斯可矣。」由此可見，聖者即是聖人。要分辨聖王與聖人，因為聖王不可能「遯世不見知」。聖王就是堯舜禹湯，這些人既是聖人又是帝王，聖人就是修練達到最高境界的普通人，他的特色是不被瞭解與認識也不會苦悶、抱怨，這是很難達到的修養。

第十二章

〈12〉

君子之道，費而隱。夫婦之愚，可以與知焉；及其至也，雖聖人亦有所不知焉。夫婦之不肖，可以能行焉；及其至也，雖聖人亦有所不能焉。天地之大也，人猶有所憾。故君子語大，天下莫能載焉；語小，天下莫能破焉。《詩》云：「鳶（ㄩㄢ）飛戾（ㄌㄧˋ）天，魚躍（ㄩㄝˋ）于淵。」言其上下察也。君子之道，造端乎夫婦，及其至也，察乎天地。

君子的道，既廣泛又精微。一般夫婦就算是愚昧的，也可以參與瞭解某一部分，若是談到最高境界，即使聖人也有無法瞭解的地方；一般夫婦就算是不長進的，也可以具體做到某一程度，若是談到最高境界，即使是聖人也有無法做到的地步。像天地的造化功能如此偉大，人卻還是有他的遺憾。所以，君子談到大的層次，天下沒有東西可以承載它；談到小的層次，天下沒有東西可以穿透它。《詩經．大雅．旱麓》說：「鷂鷹飛翔到天空，魚群跳躍於水中。」這是說它顯現於天上與地下。君子的道就從一般夫婦相處開始，若是談到最高境界，則顯現於上天下地。

君子之道既廣泛又精微

《中庸》在此首度出現「君子之道」一詞。「道」為正路、法則、理想等。「君子」則指「有志成為君子的人」，是平凡人在立志之後的進展過程。因此，「君子之道」是指：成為君子所應走的正路，所應依循的法則，或所應奉持的理想。由於含意甚豐，所以譯文仍用「君子的道」一詞。

「費」是應用廣泛；「隱」是精微奧妙。君子的道，應用極其廣泛，但又精微奧妙，人人都會知道，但又無法完全領會。參考第一章可知，「費」針對「率性之謂道」而言，這是任何人順其本性就自然表現出來的；「隱」針對「天命之謂性」而言，亦即推究人的本性為何如此，則其源頭為天，那就隱微無比了。

一般人結婚成為夫婦時，未必明白高深的道理，也未必表現卓越的德行，因此用「愚」與「不肖」來描述。夫婦為男女居室之始，《易經．序卦》說：「有天地，然後有萬物；有萬物，然後有男女；有男女，然後有夫婦；有夫婦，然後有父子；有父子，然後有君臣。」就五倫而言，夫婦位居最先，然後才是父子、兄弟、君臣。一般男女沒有什麼特別用意，只是說明人的兩種性別，人成為夫婦之後，才開始有了正式的關係。

「夫婦」在古代有兩個用法，一是指真正的夫婦，一是指一般百姓，因為一般的男女互相匹配，就變成匹夫匹婦。在《論語．憲問》中，孔子說道：「管仲相桓公，霸諸侯，一匡天下，民到於今受其賜；微管仲，吾其被髮左衽矣！豈若匹夫匹婦之為諒也，自經于溝瀆，而莫之知也。」

這個典故發生在周莊王時期，齊國發生內亂，兩位公子逃到國外，此時管仲與鮑叔牙分別投奔兩個公子。後來管仲跟隨的公子糾失敗，被魯國人殺了。管仲和同樣跟隨公子糾的召忽被關在魯國的監牢裡，召忽在獄中自殺殉主，管仲卻沒有自殺。後來齊桓公聽鮑叔牙的建議，讓管仲當宰相，結果把齊國治理得很好，使齊桓公成為春秋五霸中的第一霸。

孔子的學生子路覺得管仲不講道義，竟然沒有殉主自裁，還投效以前的政敵，擔任宰相，實在太不應該了。孔子就替管仲辯護，說難道他要像一般的百姓一樣在山溝裡面自殺，死得不明不白嗎？生命不能浪費，雖然管仲苟且偷生，但是後來他成就了偉大的功業，「齊桓公九合諸侯，不以兵車，管仲之力也。」（《論語．憲問》）管仲以外交手段維持國家與天下的和平，使老百姓免於戰爭的災難，「微管仲，吾其被髮左衽矣」，管仲讓自己的生命發揮了很大的貢獻，成就了偉大的功業。

《中庸》這段話中所說的夫婦，是真的結婚成為夫婦的男女。因為它最後一句是「君子之道，造端乎夫婦」，就不是指一般的男女而已。人結婚之後過正常生活，裡面就有君子之道的出發點，男主外女主內，分工合作，這是君子之道。所以，一般夫婦就算是愚昧的，也可以參與瞭解某一部分君子之道；如果談到最高境界，即使聖人，也有無法瞭解的地方。這是講到知，因為智愚與知有關。一般夫婦就算是不長進的（不肖），也可以具體做到某一種程度，他們也會生孩子，也會教育子女，好好做人處事；若是談到最高境界，即使聖人，也有無法做到的地步。

這裡兩度提到聖人可能有不瞭解與做不到的地方，說明君子之道既廣泛又精微。人生的道理就算是再聰明、偉大的人，也不見得能把事事都講得透徹。因為人性是很微妙的，也許一個人做了很多壞事，但不知何故忽然改過變成一個善良的人；同樣，平時很乖巧的小孩，最後卻做出可怕的事情，什麼時候開始改變的？大家都不得其解，影響的因素太多了。這是人性複雜的地方。

以愚者與智者對比。愚者具備基本常識，其中就有君子之道。智者即使是聖人，也無法理解人生修養的至高境界。《孟子．盡心下》中的「聖而不可知之之謂神」一語，可做為參考。這句話說明人在修養到聖人的境界之後，上面還有不可知之、無法形容的層次，也稱之為「不可思議境界」。

用不肖者與賢者對比。「肖」指的是似或像，不肖者是指表現未到標準的人，在此是指不長進的一般夫婦。雖為不肖者，也會依循風俗習慣，其中就有君子之道；賢者即使是聖人，也難以做到盡善盡美。《論語．雍也》與《論語．憲問》分別提及的「博施濟眾」與「修己以安百姓」這兩點就是「堯舜其猶病諸」，連堯舜都覺得難以做到。

「天地之大也，人猶有所憾」的意思是：天地的造化功能如此偉大，人卻依然有所遺憾。原因是：平凡人需要受教育，否則無法成為君子；人若未能成為君子，則天地的功能、萬物的生長也將受到拖累，像生態環境的破壞即是一例。儒家總是心存憂患意識，其故在此。

君子談到大的層次，可以貫通天地，顯示宇宙情懷。像孟子的浩然之氣可以「塞於天地之間」（《孟子．公孫丑上》），而真正的君子可以「上下與天地同流」（《孟子．盡心上》）。這樣的大氣度，天下又有什麼東西可以承載它？

孟子說他透過「直、義、道」培養浩然之氣，也就是真誠而正直地做自己該做的事，走在正道上，久而久之就有浩然之氣，這種氣可以充滿於天地之間。這種境界很難理解，但也不必把它想得太複雜。天地代表萬物的領域，氣充滿在天地之間，天地之間的氣會流動，「與天地同流」就是君子到任何地方都走得通，在任何地方都過得自在。不要誤解為君子變成氣和天地一起流轉，這是絕無可能的。

君子談到小的層次，則是物各有其理。像《孟子．告子上》中引述孔子所說的

「出入無時，莫知其鄉，其心之謂與！」人心如此微妙，出去回來沒有一定時候，沒有人知道它的方向。那麼天下又有什麼東西可以穿透它？

「鳶飛戾天，魚躍于淵」出自《詩經．大雅．旱麓》，為祝願周王祭祀得福之詩。原詩作：「鳶飛戾天，魚躍于淵。豈（ㄎㄞˇ）弟君子，遐不作人？」意即：鷂鷹飛到高天、魚兒從深淵躍出，和樂平易的君子，怎麼不作育人才？這裡的用意稍有不同，強調「上下察也」，「察」為昭著顯明之意。

「造端乎夫婦」的「端」意為開始。君子之道從夫婦相處開始，這種道的最高境界顯現於上天下地。天地合作使萬物生育發展，君子的理想也是要使人間成為樂土，讓人活下去，同時活出人性的價值。

朱熹在此寫道：「右第十二章，子思之言。蓋以申明首章道不可離之意也。其下八章（亦即第十三章至第二十章）雜引孔子之言以明之。」這句話證諸後續各章，並非明顯的事實，所以不必在意。

我刻意把朱熹的思想放在一邊，因為現在我們學《中庸》如果還是緊扣著朱熹的注解，就會受到宋朝學者的限制。現在是學習古代經典最好的時機，因為時代風氣開放、思想自由，加上受到西方的學術訓練，知道要講求邏輯，再讀古代的書才能真正領會古人的意圖，而不會冤枉古人。

第十三章

〈13〉

子曰：「道不遠人，人之為道而遠人，不可以為道。《詩》云：『伐柯，伐柯，其則不遠。』執柯以伐柯，睨（ㄋ一ˋ）而視之，猶以為遠。故君子以人治人，改而止。忠恕，違道不遠，施諸己而不願，亦勿施於人。君子之道四，丘未能一焉：所求乎子以事父，未能也；所求乎臣以事君，未能也；所求乎弟以事兄，未能也；所求乎朋友，先施之，未能也。庸德之行，庸言之謹，有所不足，不敢不勉；有餘不敢盡。言顧行，行顧言，君子胡不慥（ㄗㄠˋ）慥爾！」

孔子說：「道不會脫離人生。一個人追求道時，若是脫離人生，那麼他所追求的就不可能是道了。《詩經．豳風．伐柯》說：『砍個斧柄，砍個斧柄，它的式樣不在遠處。』手握斧柄要去砍個斧柄，斜著眼睛看，兩者還是有一段距離。所以，君子總是按照人道來治理別人，別人改正了就停下來。能做到盡心盡力的忠與推己及人的恕，就距離道不遠了。凡是不願意加在自己身上的事，就不要加在別人身上。君子之道有四方面，我一件都沒有做到：要求兒子應該侍奉父親，我沒有做到；要求臣屬應該侍奉國君，我沒有做到；要求弟弟應該侍奉兄長，我沒有做到；要求朋友應該先付出心血，我沒有做到。平常的德行就要實踐，平常的言語就要謹慎。德行有所不足，不敢不努力去做；言語不敢毫不顧忌地放肆而言。言語要照顧到行為，行為要配得上言語，這樣的君子怎麼會不篤實呢？」

「道」在人們的實際生活中

由於「率性之謂道」，所以「道不遠人」，人的正路必定不會脫離人的實際生活。「為道」屬於「脩道之謂教」的範圍，同樣不離實際人生。若是「為道而遠人」，把道講得太過神祕玄虛，那就「不可以為道」了。中國哲學無論是儒家、道家，都有非常務實的部分。

「伐柯，伐柯，其則不遠」出自《詩經．豳風．伐柯》，這是詠婚姻應該合乎禮儀之詩。娶妻必經媒妁，有如伐柯須參考手中的柯柄，有所取法。「睨」是斜視的意思。若是斜視柯柄與樹幹，兩者似乎仍有不少差距。若是「以人治人」，就很容易讓人改過，走上正途。其意為：讓好人來擔任示範。朱熹把「以人治人」說成「以其人之道，還治其人之身，其人能改，即止不治。」這種說法實在令人費解。例如，你喜歡罵人，那我也罵你，罵到你頭昏腦脹，以後你不敢再罵人，我就不罵了。這怎麼講得通？孔子的主張是「舉直錯諸枉，能使枉者直」（《論語．顏淵》），即提拔正直的人，這樣能使偏曲的人走上正直。

孔子此處的感嘆在於呼應「道也者不可須臾離也，可離非道也」，既然講「率性之謂道」，順著人性的方向走就是道，道當然不能離開人的生命。當你去砍樹準備做斧柄時，必須知道要砍多長的樹。你的手上握著斧頭，但是手握斧柄要去砍個斧柄，斜著眼睛看，兩者還是有一段距離，還是有可能會砍錯。所以君子以好人為榜樣來治理別人，這叫做以人治人。

例如，老師把模範生找出來，讓學生們與他比較，讓大家想想：同樣是學生，他可以做得那麼好，我也能做到，這就是以人治人。印度人馴養大象的時候，也是用這樣的方法。印度的象分為家象與野象，家象從小就在家裡養大，非常溫馴，知道自己的任務是要拉車。野象就很難馴。如果用軛把它們綁在一起，野象透過對家象的觀察，也可以變成馴服的象。這種方法與儒家是相同的。「以人治人，改而止」，不好的人改正了，就可以停下來了。此處引用《詩經》的用意是：不要去別的地方尋找式樣，自己的手中就有式樣，這是最好的方法。

「忠」是盡心盡力的「忠」，「恕」是推己及人的「恕」，做到忠恕就距離道不遠了。曾參在《論語．里仁》中提到：「夫子之道，忠恕而已矣！」這個說法只能代表他個人的體悟，未必就是孔子所講的「一貫之道」。曾參比孔子小四十六歲，年紀很輕，又特別魯鈍，孔子曾經公開宣稱「莫我知也夫」（《論語．憲問》）。如果曾參講的對，孔子應該說「知我者，其曾參乎」。但他沒這樣說，因此我們不能判斷孔子的道只是忠恕而已。孔子說的「朝聞道，夕死可矣」（《論語．里仁》）是生死之道，可以為它生、為它死的，不是只有忠恕而已；孔子說「知我者其天乎」，他講的是天人相通，一貫之道，而忠恕只是人與人相處的道。此處說忠恕「違道不遠」，表示忠恕距離道不遠，但不等於道。

人若實踐忠（盡己之心）與恕（推己及人），則可達成和諧而適當的人際關係。這裡特別強調人與人相處的問題。凡是不願意發生在自己身上的事，就不要加在別人身上，這等於是「己所不欲，勿施於人」的另一種說法。

孔子未能做到的君子之道

孔子認為君子之道有四方面，包括父子、君臣、兄弟、朋友這「四倫」，他自己一件都沒有做到。

第一，要求兒子應該侍奉父親。孔子的父親在他三歲就過世了，無緣對父盡孝。他當然是孝順母親的，但是古時候的人比較強調父子，並將之視為主幹。

第二，要求臣屬應該侍奉國君。孔子只有在五十一歲到五十五歲期間，在魯國當了五年官，大多數時間根本是沒有國君可以侍奉的。

第三，要求弟弟應該侍奉兄長。孔子有一個同父異母的哥哥孟皮，在孔子年輕的時候就過世了，孔子也沒有機會盡侍奉之責。後來孟皮的女兒由孔子做主嫁給孔子的學生南容（《論語．公冶長》）。

第四，要求朋友應該先付出心血，孔子說自己沒有做到。這就值得探究了。

孔子在很年輕時就有了名氣，當他三十歲時，魯國重要的「三桓」之一——孟氏知道他是魯國傑出而懂得禮的人，就聘他擔任孩子的家教，教導貴族子弟。後來，很多年輕人都跟著孔子學習，孔子才開始從事平民教育，讓一般老百姓也可以接受教育。所以，許多人都想與孔子做朋友，孔子還沒開始對這些人好，他們就先主動對孔子好了。因此，孔子才會說自己對朋友沒有先付出心血。但在《論語．鄉黨》中，孔子提到朋友時說：「朋友死，無所歸，曰：『於我殯。』」意思是：有朋友過世了，家裡沒有人料理喪事，孔子聽到這個消息之後，說：「我來負責喪葬事宜。」這叫做「一死一生，乃知交情」。所以，孔子對朋友所講的道義，絕對是雪中送炭。

孔子還說過「朋友之饋，雖車馬，非祭肉不拜」（《論語．鄉黨》）。這句話是說朋友送給孔子禮物，就算送的是車和馬，如果不是家裡面祭拜祖先用的祭肉，孔子也不會對他作揖拜謝。孔子重視精神價值，遠遠超過物質上的價值。他知道，如果你在祭拜祖先的時候想到這個朋友，代表你很重視他。但是，送給孔子車、馬，他不會特別表示感謝，因為朋友有通財之誼。

像這種價值觀真令人震撼。一個人的價值觀，是他表現出來的行為，不是說說而已。很多人都會說自己重視道義，但是有多少人能真正做到？即使這樣，孔子依然覺得自己做得不夠好。從他的言行來看，他遇事總是先自我反省，不會把問題歸咎於外來的人事物，如此高標準地自我要求，才能德行日益提升，成為世人的楷模。

在五倫中，孔子認為自己做得不夠好的有四倫，沒有提到夫婦這一倫，也許是因為前面提過「君子之道，造端乎夫婦」，故此處不再專門論及，且後續「四倫」是君子之道的具體推廣與驗證，所以一併討論。也許是孔子認為夫婦不適合在此討論。不是孔子特別不重視夫婦，因為夫婦的問題，是兩個人之間相處的問題，很難講清楚。

在歷史上，關於孔子的家庭生活描述都是比較負面的，但是我們應瞭解，聖賢的情況和普通人不同，因為很多聖賢是屬於全人類的。

例如蘇格拉底，雖然身為哲學家，但是他一天到晚在外面跟別人聊天，也不知道去兼差賺錢，家裡僅靠微薄的公民生活津貼勉強過日子。他的妻子只是平凡的家庭主婦，無法容忍這樣的情況。有一次，他又到天亮才回來，妻子正好在洗衣服，兩人一見面，就吵了起來。蘇格拉底轉頭就出門了，妻子一氣之下，把一盆水朝著他潑下去，把他全身都淋濕了。於是他說：「我知道打雷之後就會下雨。」像這樣的人，哪個妻子受得了？

又譬如釋迦牟尼佛十六歲結婚，生了一個兒子，然後在二十九歲離開家庭，走上出家之路。

孔子也是一樣，他的生命也屬於全人類。他六十七歲時妻子過世，卻在周遊列國。這時正逢戰事，他連回家辦喪事都趕不上，是由兒子代為治喪。據說子思為了作《中庸》，把妻子送回娘家。

這些聖賢的家庭生活一般人很難理解，因此不能隨便下判斷。這一方面，我們不是為賢者諱，而是沒有什麼好多談的，夫妻之間的相處，本來就是由兩個人共同去面對的。

修養應在日常生活中下功夫

「庸」為平常，「庸德」和「庸言」在此指平常的德行與言語。修養即是要在平常生活中的言行下功夫。我們在日常的說話與做事準則，會在關鍵時刻展現出來。所以說，平常的修練很重要。

「有所不足」和「有餘」，前者指德行，後者指言語。德行是永遠沒有足夠的，但是所說的話語經常是超過的。所以真正的學習，就如同孔子說的「敏於事而慎於言」（《論語・學而》）、「君子欲訥於言而敏於行」（《論語・里仁》）一樣，這是儒家的修練。

「言顧行，行顧言」，「顧」為配合、照顧之意。言語要照顧到行為，行為要配得上言語，君子怎麼會不篤實呢？說的話要做到，這樣叫做行能夠顧言；做的事要符合說的話，如此言行才能夠配合。孟子提及鄉愿對狂者的批評即是「言不顧行，行不顧言」（《孟子・盡心下》），可供參考。狂者進取，經常說要以古人為榜樣，但卻做不到。所以鄉愿認為狂者只是說大話而已，言語不能照顧到行為，行為也不能配合到言語。

朱熹認為「所求乎子以事父未能也」這幾句話的斷句，應該斷在「子，臣，弟，朋友」處。但是斷在「父，君，兄，先施之」亦未嘗不可，對理解並無影響。

第十四章

〈14〉

君子素其位而行，不願乎其外。素富貴，行乎富貴；素貧賤，行乎貧賤；素夷狄，行乎夷狄；素患難，行乎患難。君子無入而不自得焉！在上位不陵下，在下位不援上；正己而不求於人，則無怨；上不怨天，下不尤人。故君子居易以俟（ㄙˋ）命，小人行險以徼（ㄐㄧㄠˇ）幸。子曰：「射有似乎君子，失諸正鵠（ㄍㄨˇ），反求諸其身。」

君子是依據他當下所處的位置而採取行動，不會期盼在此之外的一切。他處於富貴之中，就做富貴者該做的事；他處於貧賤之中，就做貧賤者該做的事；他處於夷狄社會，就做夷狄社會中所該做的事；他處於患難環境，就做患難環境中所該做的事。君子無論處在任何地方都不會覺得不愉悅。他居於上位，不會欺壓下屬；他居於下位，不會攀緣上司。端正自己而不要求別人，就不會有任何怨恨。對上不抱怨天，對下不責怪人。所以，君子安處於平常日子以等待命運來到，小人走在偏險的路上以貪求好運。孔子說：「射箭的態度很像是君子的作風，沒有射中箭靶，就會回到自己身上要求自己。」

君子安於當下，堅持自我的志向

這段最重要的是「無入而不自得」，也就是要安於當下。當人處於某種情況下，就是不想接受也不行。《易經．艮卦．象傳》中教人「君子以思不出其位」，孔子則說「不在其位，不謀其政」，意思是：不在那個位置上，就不要想那個職務該怎麼做。沒在那個位置上，話很好講；真到了那個位置上，就要衡量不同的因素了，換個位置當然要換腦袋，因為看到的視野不一樣了。孔子推崇鄭國的子產，但孟子則不以為然。子產曾把自己的馬車借給百姓渡河，但孟子認為他的責任應該是把橋造好，讓大家都有橋可以走。在什麼位置，就做什麼事，這就是儒家的思想。

因此即使是處於貧賤之中，也要生活得愉快，因為人生的重要價值是在內不在外。所以顏淵得到了孔子的稱讚：「賢哉回也，一簞食，一瓢飲，在陋巷，人不堪其憂，回也不改其樂，賢哉回也。」重點在於「人不堪其憂，回也不改其樂」，這句話說明了他的快樂是由內而發。

孟子的學生曾問他：您不種田也不織布，卻吃得好穿得好，這是為什麼？孟子回答：國君聽從我的話，讓國家的安定、富裕、尊貴、榮耀都有了；年輕人聽了我的話，孝順友愛、又忠又信。我這樣的老師不該吃飯的話，誰應該吃飯呢？孟子的這番話點出了教育事業對國家的重要性，而且這種影響是無形的、是紮根的，如果忽略這一點，後果不堪設想。

孟子說，舜年輕的時候在田裡種地，每天吃乾糧啃野菜，那時的舜好像準備一輩子都這樣過，也沒有任何怨言。後來堯把天下讓給他，從此舜穿的是絲織品，吃的是山珍海味，還有堯的兩個女兒侍候他，這時的舜「若固有之」，好像他本來就過這樣的生活似的，沒有覺得慚愧不安。孟子對舜的心態的描寫非常精采，真是恰到好處。

堯把整個天下讓給舜，那麼舜的責任是要教化天下，照顧天下人，所以就算是把整個天下都交給舜，他也不嫌多。該得的就不會客氣，不該得的分文不取，這是儒家的思想。

處於不同位置，都能適當應對

處於上位，不會欺壓下屬；處於下位，不會攀緣上司。端正自己而不要求別人，就不會有任何怨恨。因為儒家強調自我要求，少去責怪別人。「不怨天，不尤人」、「居易以俟命」。孔子說，射箭的態度，像是君子的作風。沒有射中箭靶，就會回到自己身上要求自己，絕不能說是箭靶沒放對位置。處於不同的位置，應該清醒地選擇自己的應對姿態。

富貴者該做的是：從消極方面說，「富貴不能淫」（《孟子．滕文公下》）；從積極方面看，要能夠「富而好禮」（《論語．學而》），「博施於民，而能濟眾」（《論語．雍也》）。子貢年輕時家裡很窮，後來做生意發財了，所以貧窮與富貴兩者，他都經歷過。他請教孔子：「貧而無諂，富而無驕，何如？」（《論語．學而》）意即：我貧窮而不諂媚，富有而不驕傲，老師覺得怎麼樣？孔子說，這是很好的境界，但還比不上「貧而樂道，富而好禮」。

孔子的教育方法，是讓人由消極變得積極。消極是不做沒有水準的事，例如貧窮的人很容易諂媚，富有之後很容易驕傲，要盡量避免這樣的情況。積極是要做什麼，貧窮時要以道為樂，有錢時要富而好禮。因為禮儀代表排場，需要花錢，所以古代講禮儀，一定是擁有基本的物質條件。然後等到真有條件時，還要設法做到博施濟眾。

貧賤者該做的是：從消極方面講，「貧賤不能移」（《孟子．滕文公下》）；從積極方面講，則是要能夠「貧而樂道」（《論語．學而》）。就是說消極地看，貧賤的時候，不要改變志向，仍然立志做一個有尊嚴的人；積極地看，要以道為樂。人即使是貧窮，也能夠過得很快樂，因為知道什麼是道，意即明白如何真誠，如何盡力去做自己該做的事，讓快樂由內而發，這就是樂道。

處於未開化的落後貧窮地區，一方面，「君子居之，何陋之有？」（《論語．子罕》）；另一方面，則可從事教育工作，教化落後地區的百姓。在《論語》中，孔子曾兩次提及要移民，第一次就是「乘桴浮於海」，第二次是「子欲居九夷」。「九夷」是中國偏南之地，大概在今天的江蘇、浙江一帶，以前是比較落後的地區。

在患難中，應該做到「威武不能屈」（《孟子．滕文公下》），以及「君子固窮」（《論語．衛靈公》）。這些都是從孔孟思想衍生出來的。在《易經．繫辭傳下》中，子曰：「知幾其神乎！君子上交不諂，下交不瀆，其知幾乎？」意即：知道事情的幾微，可以算是神奇吧！君子與上位者交往不諂媚，與下位者交往不輕慢，可以視為知道幾微吧？因此，這裡所說的是智慧的表現。

與上位者交往不要諂媚，因為難保自己將來走到上位後，這種不光彩的過去不被人家說出來。對底下的人也不能輕慢，因為誰能知道，居於自己下位的人，會不會有一天成為你的上級呢？

君子不怨天尤人，反求諸己

「上不怨天，下不尤人」是一種難得的態度。孔子也曾如此自許：「不怨天，不尤人，下學而上達，知我者其天乎！」（《論語．憲問》）這句話的前因，是孔子說「沒有人瞭解他」，子貢詢問原因，孔子就做這樣的回答。

有時候讀《論語》會替孔子感到難過。孔子有三千弟子，精通六藝者七十二人，但是《論語》中出現的人名不到三十個。雖然這些學生經常在他身旁聽課、說話，孔子最後卻說沒有人瞭解他。問題是出在他的思想太深奧？還是他在課堂上教授得不夠清楚？還是學生不用功？這也是我一輩子研究儒家的挑戰。所以我才從《孟子》，包括《大學》、《中庸》中反覆去驗證孔子的思想。我認為他講的是一個完整的系統：人性向善，擇善固執，止於至善。這是對孔子比較完整的描述。

孔子說：「不知命，無以為君子也。」（《論語．堯曰》）孟子說：「君子行法以俟命而已矣。」（《孟子．盡心下》）意即：君子按照法度做事，以此等待命運的安排罷了。我們無法確定自己會有什麼遭遇，「善有善報，惡有惡報」只是一種信仰而已。在儒家看來，人只能盡力而為。命運與天命是不同的，命運是一個人必須被動接受，是無可奈何之事。天命（使命）是人主動覺悟，積極面對之事。兩者有時可以單用「命」與「天」來代表。

《論語．顏淵》中，司馬牛曾抱怨「人皆有兄弟，我獨無」，子夏就說：「商聞之矣，死生有命，富貴在天。君子敬而無失，與人恭而有禮，四海之內皆兄弟也。」子夏引述的這句話應為孔子之語，其中最重要的是「死生有命，富貴在天」。命與天放在同一個位置上，但最後還是源自於天，因為天是萬物的來源。

《孟子．萬章上》亦有「莫之為而為者，天也；莫之致而至者，命也」一語，可供對照。沒有去做，最後卻達成了，那是天意；沒有去追求，最後來到的，叫做命運。天代表去做成了什麼事，命代表遭遇。所以天比較偏主動，命比較偏被動。

孟子說：「莫非命也，順受其正。是故知命者不立乎巖牆之下，盡其道而死者，正命也；桎梏死者，非正命也。」（《孟子．盡心上》）其意為：沒有一樣遭遇不是命運，順著情理去接受它正當的部分。因此，瞭解命運的人不會站在危牆底下。盡力行道而死的，是正當的命運；犯罪受刑而死的，不是正當的命運。君子安於平常，等待命運來臨；小人利欲薰心，做出不合正道的偏險之事，以追求僥倖的好運。

古人射箭時的箭靶為「侯」，侯上所縫的獸皮為「鵠」，本來是老虎皮。但老虎的皮太貴了，所以一般就縫狐狸或狼的皮。鵠中所畫的中心為「正」，正鵠即指箭靶。射箭未中正鵠，當然反求諸己，又怎能責怪別人？孟子說：「行有不得者，皆反求諸己。」（《孟子・離婁上》）君子失利總是向自身尋求原因，就像射箭不中，只能檢討自身的技術問題，不能去埋怨靶子放錯了位置。

以上這些，都是儒家的合理看法。

儒家的人性論系統

《中庸》的第一章開宗明義介紹《中庸》最核心的思想，從天命之謂性開始。第二章以後介紹「中庸」的定義。從第二章以後的內容，我們發現它所談的就是「智、仁、勇」，也就是主張中庸需要智、仁、勇。因為中庸可以被理解為「用中」，就是在任何情況下都要設法「用中道」。「用」是怎麼作選擇，「中」代表善。人間的善是指我與別人之間適當關係的實現，適當關係就以「中」為代表，代表恰到好處。如此就能明白：「智」是指作選擇前要先瞭解什麼是善，也須知道選擇的方法；「仁」等於善，這兩個詞經常互相代換；「勇」就是要固執，只是擇善而不能堅持下去，沒有恆心是不會有效果的。

第十二章開始出現「君子之道」，一個人要成為君子，不是生下來就成就的，必須立志，必須先瞭解一個平凡的人應該嚮往君子的理想。一旦立志成為君子，過程辛苦，是要修養的。問題在於儒家認為人不能只是平凡度日，要成為一個把潛能都實現的人。孟子所說的「形色，天性也，惟聖人然後可以踐形。」（《孟子．盡心下》）可以做為此種觀點的代表。

人的形貌是從一生下來就知道的，但只有聖人才可以把平凡人的樣子全部實現出來。人是萬物之靈，內在有很多潛能還沒實現，所以做人就要做好人，把潛能實現出來。

孔孟認為人性只是向善而已，這一生要擇善固執，讓向善的人性，設法透過真誠不斷實踐。實踐之後，與別人之間的關係便能得到全面的改善。所以，孔子才會把他的志向定為「老者安之，朋友信之，少者懷之」，他要為天下人服務，最後止於至善。從人性向善到擇善固執，再到止於至善是一個系統，一套哲學如果沒有完整的系統，就只是一些零散的教條而已。

談人性需要有一種洞見、洞察，要從人的表面行為看到他的內心。孟子說得最生動，每個人看到小孩子在水井邊就要掉下去了，內心都會覺得不忍。這並不是因為想結識他的父母，也不是為了得到好的名聲，沒有任何動機，純粹只是不忍心，是內心自然的情感表現。

所以儒家說人性向善，就是因為觀察到人的行為沒有任何動機、也就是不計較時，就會真誠。這種真誠的狀態，會讓人內心產生一種力量，要求自己去做該做的事，以便改善自己與別人的關係。這就是去幫助別人，也就是行善。如此，人性論的系統就完成了。

接著要解釋的是，為什麼會有人做壞事呢？因為當人不真誠時就會計較，這時觀念就會偏差，認為追求富貴可以不擇手段。當人的欲望太過強烈、修養不夠、無法控制衝動時，就會做出不該做的事。儒家從這個角度來解釋人類社會的罪惡，也是可以自圓其說的，這就是儒家的基本思想。

《大學》與《中庸》喜歡引用古代《詩經》、《尚書》的材料，因為《詩經》、《尚書》是古人的教材。《詩經》是各地蒐集的民謠；《尚書》是古代可以公開學習的文獻。而《易經》在古代是統治階級才有資格讀的，所以引用得少。但是，引用《詩經》的話，往往只取其中的一兩句，有時會造成所要表達的意思和《詩經》中的原意有一些落差。

第十五章

〈15〉

君子之道，辟如行遠必自邇，辟如登高必自卑。《詩》曰：「妻子好（ㄏㄠˋ）合，如鼓瑟琴；兄弟既翕（ㄒㄧˋ），和樂且耽（ㄉㄢ）；宜爾室家，樂爾妻帑（ㄋㄨˊ）。」子曰：「父母其順矣乎！」

君子之道，就好像要走到遠方，一定要由腳邊出發；就好像要登到高處，一定要由平地開始。《詩經．小雅．常棣》說：「妻子恩愛融洽，有如鼓瑟彈琴；兄弟手足相親，和樂更是長久。家人相處得宜，妻小也都歡樂。」孔子說：「這樣父母一定順心了！」

瑰。

這一段的重點在於提醒人不要好高騖遠，天邊的彩虹再美，也比不上你腳邊的玫

君子之道從最基本的關係做起

此處所謂的「君子之道」，是指不論理想如何高遠，也須腳踏實地，由家人相處開始實踐，要在日常生活中進行修養。這裡講人與人之間的適當關係，要由最直接的家人關係做起，符合《大學》從修身、齊家，再往外推展的觀點。

「妻子好合」這段詩句出自《詩經．小雅．常棣》，描述兄弟之情，以勸兄弟相親相愛。本章摘取其中一段，描寫家人相處和樂的美景。「翕」，合也。「耽」亦作湛，久也。「帑」，通「孥」，指子女。《詩經．小雅．常棣》說妻子恩愛融洽，有如鼓瑟彈琴。琴與瑟是兩種樂器，古代男子彈的多是瑟，孔子也曾經彈瑟。

《論語．陽貨》中提到，有一次孺悲想求見孔子，孔子不知為何不想見他，便推說生病不見客。但是，傳話的人一出門，孔子立刻取瑟而歌，使之聞之。孔子這樣做

是讓孺悲知道自己身體很好，就是故意不見他的。因為許多學生在犯了錯之後去找老師，有請老師為他所犯的錯誤背書之意。孔子之所以不跟他見面，就是要讓孺悲知錯能改，不要找藉口。這時，孔子就在彈瑟。

《論語．先進》中，孔子與四名學生：子路、冉有、公西華和曾點（曾參的父親）談志向。子路要當軍事家，冉有要當政治家，公西華要當外交家，都是有為的人才。儒家教人有學問之後要做官造福百姓，本來就是要從事社會上的政治活動。但是曾點卻說出了這樣的志向：在春天快結束的時節，我帶著五、六個大人，六、七個小孩穿著春衣，到沂水邊洗洗澡，到舞雩臺上吹吹風，然後一路唱著歌走回家。

曾點在《論語》之中只出現這一次就石破天驚，讓孔子大為驚訝。他長嘆一聲，說：「我欣賞曾點的志向。」這算什麼志向？但孔子就是欣賞他。因為前面三個同學的志向都要看條件，這是把希望寄託在別人身上。儒家願意服務社會，然而條件不符合時，也不會太勉強，內心自然有快樂的來源。曾點的志向配合天時、地利、人和，可以操之於己。暮春是配合天時；沂水邊與舞雩臺是地利，隨遇而安；五、六個大人，六、七個小孩，這是人和。

當時的曾點就在彈瑟，「鼓瑟希，鏗爾，舍瑟而作，對曰：異乎三子者之撰」。所以，古代女子彈琴、男子彈瑟，琴瑟也代表男女相處。「父母其順矣乎」中的「順」意為讓父母順心，也活得安樂。由孝悌著手，推而廣之，可以安頓天下人。《孟子·告子下》：「堯舜之道，孝弟而已矣！」孟子特別強調舜的偉大。他說舜當天子富有天下，天下人都推崇他之時，他仍有憂愁，直到讓父母開心了，才終於解憂了。這就是「惟順於父母，可以解憂」（《孟子·盡心上》），只有順從父母親時，才可以解憂。後人以為喝酒才能解憂，那絕不是儒家的立場。人到了一定年紀時，會有這樣的體驗：看到父母親很開心，就覺得特別幸福，而不會在意外在的成敗得失；否則，在外面愈有成就，回家看到父母愁眉苦臉，會愈覺得自己不孝。儒家的觀點很符合人性的需求。

君子之道是從對待身邊的人做起，能做多少盡量做。舜幾乎連命都要賠上了，最後還是做到了。天下人都會覺得，這麼壞的父母與弟弟都能被他感化，還有什麼人不佩服他呢？如果一家人父慈子孝，兄友弟恭，可能反而不利於修德。像老子說的「國家昏亂有忠臣，六親不和有孝慈」，需要強調誰是忠臣的時候，代表是亂世，到處都有造反、革命的事情；強調誰最孝順的時候，恰恰是兄弟姐妹之間無法好好相處，因為孝順是不能比較的。儒家談教育，最怕發生孟子所說的「自暴自棄」。如果把標準定得太高，又喜歡與人比較，就容易讓人自暴自棄。儒家的教育觀就是設法不要讓人自暴自棄。

第十六章

〈16〉

子曰：「鬼神之為德，其盛矣乎！視之而弗見，聽之而弗聞，體物而不可遺。使天下之人，齊（ㄓㄞ）明盛服，以承祭祀，洋洋乎，如在其上，如在其左右。《詩》曰：『神之格思，不可度（ㄉㄨㄛˋ）思，矧（ㄕㄣˇ）可射（ㄧˋ）思。』夫微之顯，誠之不可揜（ㄧㄢˇ）如此夫！」

孔子說：「鬼神所產生的功效，真是盛大啊！要看它卻看不見，要聽它卻聽不著，但是它又體現在萬物之中，沒有任何東西可以遺漏它。它促使天下的人齋戒明潔、衣冠整齊，來舉行祭祀儀式。祭祀時它好像洋溢在我們的上方，好像洋溢在我們的左右。《詩經．大雅．抑》說：『神的來臨，不可測度，我們又怎能厭倦不敬呢！』

隱微的會顯揚開來，真誠的心意不可掩蔽，情況也是同樣的啊！」

許多學者肯定《中庸》以「誠」為其核心內容，第十六章終於出現「誠」這個概念。在談「誠」時，直接談到鬼神。

簡單說來，鬼神就是過去的祖先，比我們早來世間，後來離開了，就成為鬼神。人有形體，所以受到限制，而鬼神沒有身體，所以不受時空限制，可以像意念一樣來去自如。古人談到鬼神時，總認為祂們是無所不知、無所不在，連起心動念也會被鬼神察覺，所以人不能欺騙鬼神。一個人可以說自己很真誠，但心裡並沒有所說的那麼真誠，其實這一點鬼神也是知道的。這一章就特別把古代的鬼神觀念做了比較完整的介紹。

鬼神的涵義及其作用

本章由鬼神的作用談起，談到「誠」對人的重大意義。《中庸》自此開始出現

「誠」字。然後到了第二十章以後，才詳細探討「誠」的深刻意涵。有關「鬼神」，朱熹的注解提到：「程子曰，鬼神，天地之功用而造化之迹也。張子曰，鬼神者，二氣之良能也。愚謂以二氣言，則鬼者陰之靈也，神者陽之靈也；以一氣言，則至而伸者為神，反而歸者為鬼，其實一物而已。」依此說法，則「鬼神」只是用來描述天地萬物的「神妙變化」，這種變化是陰陽二氣的聚散所造成的。

程頤說鬼神只是天地的生化作用。例如，我們說天地生出萬物，其實是天地提供場所，讓萬物在裡面生生不已，這就是天地的功用。「造化之迹」，就是萬物不斷出現與變化，人把它的跡象當作鬼神。鬼神就是神妙無比、變化莫測的各種自然現象。

張載是北宋的哲學家，他說鬼神是陰陽二氣本來的作用。這裡要注意，「良」在古代是做「本來」解，良知就是本來有的知，良能就是本來有的能力。朱熹認為以二氣來說，鬼代表陰，神代表陽；用一氣來說，這個氣可以伸縮，氣發展出去的稱為神，氣收斂回來的稱為鬼。

可見宋朝的學者不喜歡談神祕的東西，總覺得鬼神有迷信的色彩，所以就把鬼神說成是陰陽二氣的作用，代表神妙莫測的變化，但這樣理解是否符合《中庸》的說法呢？我們可以從兩方面分析：一方面，宋儒這種觀點脫胎於《易傳》。《易經．繫辭傳上》：「精氣為物，遊魂為變，是故知鬼神之情狀。」意即：精氣凝聚就是生物，精氣飄散造成變化，所以知道鬼神的真實情況。例如，花能夠成為花，是各種精氣凝聚在一起，使花的因素都聚在一起，才能開出一朵花。花謝了之後變成泥土，就是氣散掉了，花開花落是氣的聚散。所以，人們認為生滅變化都是鬼神在背後安排的。

另一方面，《易傳》所說的鬼神，另有較為具體的作用，就是決定人類的吉凶與賞罰。否則人對於自然界寒來暑往、日月推移，就不會在乎了，因為這些變化自有它的規則，人們在掌握之後，便不再害怕或崇拜。

《易傳》包括十部分：《彖傳（上下）》、《象傳（上下）》、《繫辭傳（上下）》、《文言傳》、《說卦傳》、《序卦傳》、《雜卦傳》，籠統稱之為《易傳》。只有乾、坤兩卦有《文言傳》。

《易經．乾卦．文言傳》說：「夫大人者，與天地合其德，與日月合其明，與四時合其序，與鬼神合其吉凶。先天而天弗違，後天而奉天時。天且弗違，而況於人乎？況於鬼神乎？」這裡顯然認為鬼神為一具體存在（如天地、日月、四時、人），並有力量決定吉凶。對人來說，有人吉、有人凶，是由鬼神安排與審判。天都不會違背，何況是人，何況是鬼神呢？這時候人與鬼神並列，代表鬼神不可能是氣的變化而已，應該是一種實實在在的力量，否則怎麼會跟人並列在一起？這是很明顯的材料，宋朝學者何以會忽略呢？

又如《易經．謙卦．彖傳》說：「天道虧盈而益謙，地道變盈而流謙，鬼神害盈而福謙，人道惡盈而好謙。」謙卦是地在上，山在下，代表一個人很有才華，但是表面與平地一樣很柔順，別人從外表看不出他有什麼本事，就是謙虛。六十四卦中只有謙卦六爻非吉則利。乾卦六爻沒有一個吉，只有「利見大人」。各卦的六爻，有的是「無咎」，同時難免也有凶的。所以我們說「謙虛納百福」，原因就在這裡。在此，鬼神與天、地、人並列，還能決定人類的賞罰，其原則是「加害滿盈者，福佑謙卑者」，它當然不是某種看似抽象而無法預測的「氣」的變化。

在探討《論語》之中孔子對鬼神的看法之前，可以參考《禮記．祭義》的一段內容。

宰我曰：「吾聞鬼神之名，而不知其所謂。」子曰：「氣也者，神之盛也。魄也者，鬼之盛也。合鬼與神，教之至也。眾生必死，死必歸土，此之謂鬼。骨肉斃於下，陰為野土，其氣發揚於上，為昭明，焄（ㄒㄩㄣ）蒿，悽愴（ㄔㄨㄤˋ），此百物之精也，神之著（ㄓㄨˋ）也。因物之精，制為之極，明命鬼神，以為黔（ㄑㄧㄢˊ）首則。百眾以畏，萬民以服。」」意思是：氣息，是神的力量所形成的。體魄，是鬼的力量所形成的。把鬼與神合起來說，則是教化的最高準則。所有的人都一定會死，死後都一定歸於塵土，這就是我們稱的「鬼」。人的骨肉在地底下腐化，在陰暗中轉變為荒野的泥土；人的氣息就散發到地面上來，成為某種可見的光景、可聞的氣味、可感的傷痛，這就是萬物的精氣部分，以及神的顯明部分。憑藉萬物的精氣部分，將它制定為言行標準，公開稱之為鬼神，以此做為百姓的法則。眾人因此心生敬畏，萬民因此服從教化。

古人祭祀會先戒七日，齋三日，總共十天。十天下來餓得頭昏腦脹，就很容易出現幻視、幻聽、幻覺，人在那個時候物質欲望降低，精神作用就會增強，這是一種很自然的調節。

這整段話是儒家的鬼神觀，儒家主張鬼神是人看不到、摸不著的，但它的作用一直存在，看得到的恐怕是假人，聽得到的恐怕是刻意引起的聲音。

由此可見，古人所談的「鬼神」，有兩點特色：一是不能離開鬼神的「作用或功能」而談其「本體」；二是不能脫離「教化或祭祀」而單獨談論鬼神。

這與我們談宗教的觀點相當類似。你說神存在嗎？你不能看到神本身，只能看到神的作用。從它的作用，瞭解到它有這樣的本體，才會有這樣的作用，而不可能就本體來說。再者，不能脫離教化或祭祀而單獨談論鬼神。

孔子對鬼神的看法

在《論語》中，孔子對鬼神有何看法？首先，孔子相信鬼神存在，並且定期舉行祭祀。他最謹慎面對的三件事依序是「齊、戰、疾」（《論語．述而》），其中位列第一的齊（齋戒），即是為了祭祀而做的準備。祭祀是和祖先建立關係，一個人為什麼要做好事、做好人，原因之一是敬畏鬼神。人如果敬畏鬼神，就會為了祖先而行善。齋戒之所以重要，是因為它的目的是祭祀。祭祀是與鬼神建立關係，關係建立好，則行善的力量將更容易由內而發，可以自我收斂。人很容易投機取巧，小人行險以僥幸，而君子為什麼坦蕩蕩，始終如一呢？因為他的內心有一種信仰，所以齋戒排第一。

《論語．八佾》提到：「祭如在，祭神如神在。子曰：『吾不與祭如不祭。』」這段話的意思是：孔子的祭祀態度十分虔誠，有如鬼神真的臨在。他說：「我不贊成那種祭祀時有如不在祭祀般的散漫態度。」這句話要注意標點不要標錯了，有人會把這句話解釋為「子曰：吾不與祭，如不祭」。這會被解釋為「孔子說：我沒有參加祭祀，就好像我沒有祭祀一樣」，難道會有人沒有參加祭祀，就好像自己祭祀了一樣嗎？很多人在祭祀的時候態度散漫，好像不在祭祀一樣。孔子是反對這種態度的，他在祭祀時態度相當嚴肅。學生問他原因，孔子才說，祭祀的時候，要視為鬼神就在面前，我不贊成那些祭祀時不用心的人。如此整句話才連貫得起來。

其次，孔子提醒人不可諂媚鬼神。他說：「非其鬼而祭之，諂也；見義不為，無勇也。」（《論語．為政》）他無法苟同俗語所謂：「與其媚於奧，寧媚於竈。」（《論語．八佾》）「諂、媚」這兩個字，在這裡分別出現了。「非其鬼而祭之」，是說不是你該祭的鬼，你去祭，叫做諂媚。諂媚不僅是對活著的人，對死去的人也可以諂媚。例如，有人做了高官，我就在家裡擺一個他祖先的牌位一起祭拜。孔子會說這句話，說明當時真有人認為別人的祖先比較厲害，就跟著祭拜。

「與其媚於奧，寧媚於竈」的背景，是孔子和學生到了衛國之後。當時衛國的政治格局分為宮廷派與大臣派兩個派系。宮廷派的代表人是衛靈公的夫人南子，是一位美女，很多人批評南子的私生活不夠檢點。大臣派是以王孫賈、彌子瑕為代表，彌子瑕和衛靈公關係親密。

這兩派人馬都想拉攏孔子，因為孔子學生中有許多人才，例如子路、子貢等人。當時王孫賈對孔子說：「與其討好尊貴的奧神，不如討好有用的竈神。」意指南子雖然是宮廷裡面的夫人，相當於奧神，擺在房間西南角尊貴的位置，但沒有實權；竈神就是廚房，如同掌管各個部門的大臣，有很多實際的權力。對於王孫賈這番話，孔子的回應是：「不然，獲罪於天，無所禱也。」意思是：得罪天的話，沒有地方可以禱告，討好誰都沒用。

由此可見，孔子只向天禱告。天是什麼？可以將它理解為至上神，這是一個很簡單的說法。最高的神只有一個，就是「天」。孔子對鬼神的態度主張不要諂媚，而是要做為民服務應該做的事。

最後，孔子認為人們應該以適當的方式敬奉鬼神，他特別舉了大禹的例子。他稱讚大禹：「菲飲食而致孝乎鬼神。」（《論語．泰伯》）大禹平日飲食很簡單，但是敬奉鬼神用的祭品非常豐盛。「致孝乎鬼神」，因為鬼神是祖先，所以能用「孝」這個字，這就是適當的態度。另外，他回答學生請教何謂「明智」時說：「務民之義，敬鬼神而遠之，可謂知矣。」（《論語．雍也》）專心做好老百姓認為該做的事，敬鬼神而遠之。「遠」代表適當的距離，應定期祭拜鬼神，但在平日不要去煩擾祂。

以上是孔子對鬼神的看法，我們由此可知，鬼神並非單純的陰陽二氣變化，也並非人觀察到的自然界各種有形可見的奇妙變化，亦即將鬼神視為一個形容詞。鬼神其實是名詞，對孔子來說是非常具體的存在，只是我們不應脫離祂的作用來談論。單講鬼神是什麼並無意義，祂不能脫離我們人而加以思考。

依上述理解，《中庸》本章所謂的「鬼神」並非宋儒所說的那麼簡單。試想：如果鬼神只是氣的變化，祂又如何促使天下人舉行祭祀儀式？祂又如何能夠引發後續有關「誠」的說法？

孔子慎重對待的另外兩個重點

孔子很重視養生，對待疾病的態度也很謹慎。他在《論語．鄉黨》中提到：「食不厭精，膾不厭細。食饐（ㄧˋ）而餲（ㄞˋ），魚餒而肉敗，不食；色惡，不食；臭惡，不食；失飪，不食；不時，不食；割不正，不食；不得其醬，不食。肉雖多，不使勝食氣。唯酒無量，不及亂。沽酒市脯，不食。不撤薑食，不多食。祭於公，不宿肉。祭肉不出三日。出三日，不食之矣。食不語，寢不言。雖疏食菜羹，必祭，必齊如也。」乍看之下，會以為他是一位十分挑剔、很難相處的人。但如果仔細想想，魚、肉味道變了能吃嗎？季節不對或經過冷凍的蔬菜有營養嗎？古代的醫藥衛生條件較差，所以孔子只是在飲食上比較謹慎，擔心生病。

戰爭是孔子慎重看待的第三件事。戰爭的確是人類最愚蠢的行為之一。哪個戰爭有好的結果？士兵們為什麼要白白犧牲呢？我們反對所有的侵略戰爭，防衛性戰爭是人類社會無法避免的事情。儒家、道家都反對戰爭，因為戰爭是難以想像的可怕行動。孔子推崇管仲，是因為他用外交手段避免了戰事，儒家的偉大在於有超越歷史的眼光。一般人只能對於戰爭抒發一些感嘆，但孔子可以進而積極肯定避免戰爭的人，他不會心存僥倖或抹殺別人的功勞。

孟子的偉大則在於他把三個人並列在一起，《孟子．離婁下》中說「禹、稷、顏回同道。禹思天下有溺者，由己溺之也；稷思天下有饑者，由己饑之也；是以如是其急也。禹、稷、顏子易地則皆然。」孟子說，大禹治理洪水，后稷教老百姓種田，再加上顏回，讓這三人交換處境的話，都會做出一樣的事。顏回沒有功業，只是修養德行，四十歲就不幸去世了，居然能和禹、稷並列，這一句話可以讓顏回在地底下感動到痛哭流涕。

所以，人生不要只以成敗論英雄，而是要注重人生目標與自我修練。孟子引述顏淵所說的「舜何人也，予何人也，有為者亦若是」，就讓人明白顏淵的氣魄。孟子非常善於引述別人的話，如《孟子．公孫丑上》中的「自反而縮，雖千萬人吾往矣」，就是曾參所引述的孔子的話，這都是儒家的基本立場。

祭祀鬼神要專注虔敬

「鬼神之為德」的「德」在此指功能、作用。這在古代是常見的用法，前面注所引之「與天地合其德」亦即天地的偉大功能。人無法得知鬼神的本體狀態，所以只能就其功能加以描述。古代講「德」，經常是指功能與作用，「道」是指法則與正路。「視之而弗見，聽之而弗聞」，意為：人的感官作用十分有限，不能以某物「弗見、弗聞」而忽視或否定其存在。道家的老子在描寫「道」時，也說過「視之不見，聽之不聞，搏之不得」（《老子》第十四章）。鬼神、道都非平日所能見的物件，所以不能說看不見就不存在。

有關「體物而不可遺」，朱熹的注解說：「鬼神……是其為物之體而物所不能遺也。」但是，這裡所說的是：鬼神的作用「體現」於萬物之中，沒有錯過任何一物。萬物恆在變化之中，而萬物的變化都有鬼神在表現它的作用，「鬼神」描寫此變化之神妙現象，這是前面朱熹的注解所說的。現在，朱注又以「鬼神」為「物之體」（若有物之體，在此應是陰陽二氣），實有混淆之嫌。

古人祭祀之前要先戒七日，齋三日。鬼神的作用表現在人類身上就是「齊明盛服，以承祭祀」，《論語．鄉黨》中提及孔子：「齊，必有明衣，布。齊必變食，居必遷坐。」齋戒的時候一定要換上明衣，「明衣」，古代稱為浴衣，就好像睡袍一樣，是用布做的。齋戒時要改變平常的飲食，要住在與平日不同的房間。平常住的房間比較舒服，齋戒的時候要住比較簡單的房間。

孔子稱讚大禹的三大優點時，其中兩點與祭祀有關：「菲飲食而致孝乎鬼神，惡衣服而致美乎黻（ㄈㄨˊ）冕。」（《論語．泰伯》）意即：他吃得簡單，對鬼神的祭品卻辦得很豐盛；他穿得粗糙，祭祀的衣冠卻做得很華美。第三點是「卑宮室而盡力乎溝洫」，就是他自己的住宅、宮室很簡單，但是用心幫助老百姓修建農田水利，照顧老百姓的生活。所以大禹得到孔子毫無保留的稱讚。在這三點之中有兩點是和祭祀、鬼神有關，這說明鬼神的作用確實值得尊崇。前面講到戒七日，齋三日，這麼一來，人的表現自然虔誠。祭祀的活動是一個整體的儀式，不能省略準備步驟而直接祭祀，否則只是行禮如儀而已。祭祀之後，人就會收斂，知道祖先並沒有離我們很遠。所以，後面會提到「事死如事生，事亡如事存」。侍候已經死去的先人，就好像他們還活著一般，如此就比較容易對自我有所要求。祭祀的時候要專注虔敬，就好像鬼神洋溢在我們的上方和左右。這正與孔子「祭如在，祭神如神在」的態度相應。

「神之格思，不可度思」一句來自《詩經．大雅．抑》，為衛武公自我警惕之詩。全詩由「抑抑威儀」開始，「抑抑」為縝密貌，就是要緊緊守住威儀，不可稍有疏忽。神明的來臨是不能猜測的，怎麼可以鬆懈呢？怎能顯示出怠惰的態度呢？要隨時清醒，隨時準備。引用這句詩，就是要提醒人不要以為神不會來，就放肆、胡作非為。

在《聖經》中，耶穌提出一個扼要的比喻。祂說，神的來臨就像小偷一樣，不會事先通知你哪一天會來，讓你永遠猜測不到，亦無法心存僥倖。所以，宗教提醒人們，生命隨時都會結束，隨時都要警惕。

第十六章談的就是「誠」，人不能有片刻自欺欺人，以「鬼神的來臨不可猜測」這一點，來說明隨時都要保持真誠的態度，這是儒家對「誠」最精采的分析。

鬼神的存在可說十分隱微，而其作用卻是彰明昭著的。由此可以推及：人內心的真誠態度也是不可能被掩蔽的。此亦「誠於中，形於外」之意。真誠是無法掩蓋的，我們內心有什麼念頭，一定會在言行上表現出來，不可能長期欺騙別人。古代社會說明「誠」這個概念時，要用到鬼神，因為古人都信仰鬼神，認為鬼神是很具體的存在，可以為人帶來吉凶。荀子說的「君子以為文，百姓以為神」（《荀子．天論》）也是儒家的立場。君子認為這種鬼神是文，文代表文化、教化，百姓就以為真的有鬼神。

究竟是否真的有鬼神存在，其實沒有人知道，也無法證明。所以，儒家對於鬼神的態度和立場，是非常理性的。一方面相信鬼神的存在，並且以為它的作用是讓天下人整潔、祭祀，產生一種收斂的效果；另一方面，也不會執著於真的有鬼神，就必須每天侍候它，好像要與它建立某種特殊的關係。這就是儒家的立場。

第十七章

〈17〉

子曰：「舜其大孝也與！德為聖人，尊為天子，富有四海之內，宗廟饗（ㄒㄧㄤˇ）之，子孫保之。故大德，必得其位，必得其祿，必得其名，必得其壽。故天之生物，必因其材而篤焉，故栽者培之，傾者覆之。《詩》曰：『嘉樂君子，憲憲令德，宜民宜人，受祿于天。保佑命之，自天申之。』故大德者必受命。」

孔子說：「舜是做到大孝的人了！德行至於聖人之境，尊貴至於天子之位，富裕到擁有四海之內的一切，有宗廟來祭祀他，有子孫來繼承他。因此，德行偉大的人必定得到高位，必定得到厚祿，必定得到聲名，必定得到長壽。所以，上天造生萬物，必定就一物的材質來增益它。所以，對種植者，就加以培育；對傾斜者，就讓它覆亡。《詩經．大雅．假樂》說：『善良快樂的君子，充分彰顯了美德。安頓百姓又領導眾人，他得到天賜予的福祿。保佑他又命令他，這是上天一再重複的意旨。』所以，德行偉大的人必定受天所命。」

前面講了「誠」之後，接著的幾章忽然轉移焦點，談到古代幾位偉大人物的表現。

舜的孝行所得到的善報

本章開頭用五句話來描寫舜的大孝所得到的善報。有些相關內容是引述孔子的說法，但無從證實。「德為聖人，尊為天子」是最高理想，但是聖人可能不只一位，天子卻只有一個，而天子要具有聖人之德者少之又少。這就是困難所在，因為沒有一個客觀標準來評選。孔子的觀點是怎麼說的呢？第一，舜的德行達到了聖人的境界，這是儒家的共識。第二，舜的尊貴到達了頂峰，他繼堯而為天子，有「堯天舜日」之說。第三，富裕到擁有四海之內的一切，因為古代的社會是「普天之下，莫非王土」，天子擁有天下，所以不需要在家裡面準備金庫。第四，「宗廟饗之」，古代的天子崩殂之後可以設立宗廟，享受後人祭祀。第五，由子孫來繼承他以保其聲名、德行和事業。不但生前有德行、有地位、有財富，還有死後宗廟的祭祀、繼承事業的子孫，這可以說是人生最高的理想。

因此，德行偉大的人必定得到高位，必定得到厚祿，必定得到聲名，必定得到長壽。這幾個「必」字只能代表孔子的信念，是說在「理論上」應該如此，並且用在舜的身上，亦可驗證。例如舜活到一百一十歲。因此，與其追究這四個「必」字是否具有普遍性，不如反省誰合乎「大德」的要求。事實上，這種觀念反映了古人的信念：天命有德者。所謂「天降下民，作之君作之師，惟曰其助上帝寵之。」（《尚書．泰誓上》，《孟子．梁惠王下》亦引此語）有德者必得人心，因而受天所命。孟子也說：「得乎丘民而為天子。」（《孟子．盡心下》）他還相信「仁者無敵」（《孟子．梁惠王上》）。

那麼，為什麼行仁者常常被打敗？是因為他的仁還不夠。這是一個簡單的論證。就好像孟子談到的「杯水車薪」的例子。他說仁勝過不仁，就好像水可以滅火一樣，行善是水，為惡是火，水能把火滅掉。但問題是，有一整車的木頭都著火了，只用一杯水去救，怎麼能成功呢？

孟子的論證非常精采。人在行善之後，如果沒有得到明顯的善報，不要去責怪別人，要問自己的「德」夠不夠，德永遠沒有夠的。事實上，儒家講修養到一定境界的時候，完全不需要外在的報應，德本身就是最好的報應。這才是真正的儒家。

《中庸》有些地方偏離了儒家思想，這段話就是明顯的證據。如果德的報應全部集中在舜所擁有的這五點上，自古以來具備這五點的人寥寥可數，一般人會覺得既然培養德行如此不易，一點好處都沒有，為什麼還要培養？真正的儒家思想在孔孟學說裡表現精粹，在後面發揮的時候也多有精采之處。《中庸》的精采不在此處，而在於「誠」這個概念。

孔子的四個「必」字只代表信念，不是真的必定如此。孔子的德行不夠偉大嗎？但他卻沒有位、祿、名、壽；顏淵擁有多麼好的德行，卻只活到四十歲。所以，我們強調它是代表一種信念，理論上可以這樣講，但事實上未必可以得到驗證。

上天增益能成材者

接著，「上天造生萬物，必定就一物的材質來增益它，所以對種植者就加以培育，對傾斜者就讓它覆亡。」這裡所講的對象如果是針對自然界的話，講與不講並沒有什麼差別。一棵樹正在發展的時候，欣欣向榮；準備結束的時候，則是日漸枯萎，這是自然界的現象。所以這段話只對人有意義，因為只有人才可能做選擇，要栽培還是要傾覆？栽培自己與放棄自己是兩個不同的選擇，天就會順著你選的方式走。

接著引用《詩經．大雅．假樂》中的話：「善良快樂的君子，充分彰顯了美德。安頓百姓又領導眾人，他得到天賜予的祿位，保佑他又命令他，這是上天一再重複的意旨。」所以，德行偉大的人必定受天所命，這同樣是一種信念。

說到「必」字，孔子說「德不孤，必有鄰」，一個人有德行就不會孤單，一定有別人來支持他，「鄰」代表鄰居、支持他的人。如果你有德行，卻沒有人支持你，那是因為你的德行還不夠。為什麼這樣講？因為孔子肯定人性向善，只要行善有德，一定有人支持。只要是行善，別人按照他的本能、本性，就會支持，這才是孔子的本意。要注意這句話的背後根據是「人性向善」，所以他才說「德不孤，必有鄰」。

例如，「四海之內皆兄弟也」的前一句「君子敬而無失，與人恭而有禮」。要先做到「敬」與「恭」，代表一個人能尊敬別人，又能夠很恭謹，這叫做行善。行善的話，就「四海之內皆兄弟也」，因為四海之內的人都是向善的，別人自然會和你稱兄道弟。我們在學哲學時，要探究文句後面的根據，儒家從孔子一路下來，都肯定人性向善，沒有例外。孟子說「仁者無敵」，因為人一行仁，天下人都向善，民心歸向會像水向下流，沛然莫之能禦。這就是《中庸》裡面有關信念的部分。

萬物皆由天所生，也都依「生老病死」的規律在進行變化。因此，所謂「必因其材而篤焉」，只是單純描寫萬物的變化趨勢。「材」，材質；「篤」，厚，增益。「故栽者培之，傾者覆之」也只是自然現象之一。但是，對於人類，情況就大不相同了。因為人在德行方面可以自由選擇要做「栽者」還是「傾者」。一方面，對「栽者」而言，可以說天助自助者；另一方面，對於「傾者」，則是「天作孽，猶可違；自作孽，不可活」（《孟子．公孫丑上》）。在這段話中，孟子的意思是：上天不會給一個人超過他可以負荷的壓力，但如果是自己選擇了絕路，就沒有辦法了。

秋天的時候，花都落了，「傾者覆之」；春天的時候，花又開了，「栽者培之」，這是自然界的生態現象。人努力培養德行、一心一意朝著目標前進的時候，就會感到周遭所有的力量都在支持你，因為你只看到對目標有益的一些因素。當焦點很明確時，就會忽略其他的背景，就像照相機聚焦拍人臉時，就會把背景都模糊化。同樣，假設認真做一件好事，就不會有別的念頭，平常的干擾也都不見了。

很多人問我怎麼那麼有空，每天研究這些經典。其實我只要一開始讀書，就把所有的事都忘記了；寫文章的時候，腦袋裡面只有今天要寫的這篇文章，不會胡思亂想，所以寫文章效率很高。寫完一篇就把它完全忘記，再想下一篇要寫什麼，如此已經成為習慣了。這就是「集中焦點」的作用：只要設定好一個焦點，把其他事物變成背景，做事情的效率自然就高。所以不要說「沒有時間」，沒有時間永遠是藉口。「栽者」可以自助，天助自助者；而「傾者」是自己找絕路去走，就無法期待別人幫忙了。

孟子說：「古之人修其天爵，而人爵從之。」（《孟子．告子上》）「天爵」即是德行，「人爵」即是祿位。孟子的話可以理解為：修養自己的德行，自然就有官位。

代表德行是本，做官是末，孟子強調本末，但未至於「必」的程度。《中庸》所說的「必受命」，是依此再加強語氣，結果反而成了某種難以證實的信念。儒家強調德行，因為只有德行最公平，只要努力就會有成果，別的地方再努力也未必有用。

第十八章

〈18〉

子曰：「無憂者，其惟文王乎！以王季為父，以武王為子；父作之，子述之。武王纘（ㄗㄨㄢˇ）大（ㄊㄞˋ）王、王季、文王之緒。壹（ㄧ）戎衣而有天下，身不失天下之顯名；尊為天子，富有四海之內。宗廟饗之，子孫保之。武王末受命，周公成文武之德，追王大王、王季，上祀先公以天子之禮。斯禮也，達乎諸侯、大夫及士、庶人。父為大夫，子為士；葬以大夫，祭以士。父為士，子為大（ㄉㄞˋ）夫，葬以士，祭以大夫。期（ㄐㄧ）之喪，達乎大夫；三年之喪，達乎天子；父母之喪，無貴賤一也。」

孔子說：「沒有煩惱的人，大概是周文王吧！他的父親是王季，他的兒子是武王。

父親開創了基業，兒子紹述了理想。武王承續了太王、王季、文王的事業，他一穿上甲冑討伐商紂，就取得了天下，並且自身還保有顯赫的名聲。他尊貴至於天子之位，富裕得擁有四海之內的一切。有宗廟來祭祀他，有子孫來繼承他。武王晚年受命成為天子，周公完成文王與武王的德業，追加太王、王季的王號。以天子之禮往上奉祀太王以上的祖先。他所制訂的禮儀推廣應用到諸侯、大夫、士與平民身上。若父親為大夫，兒子為士，則父親去世時舉行大夫的葬禮，並採用士的祭禮。若父親為士，兒子為大夫，則父親去世時舉行士的葬禮，並採用大夫的祭禮。為旁系親屬所守的一年之喪，應用範圍到大夫為止；為父母所守的三年之喪，則一直應用到天子。為父母守喪的期限，不分貴賤身分，天下人都一樣。」

本章先提及周朝前期三位重要的領袖，後面談到古代的禮儀。

從文王、武王到周公的傳承

前面介紹過，文王名為姬昌，商紂時為西方的大諸侯，有「西伯」之稱。他曾被商紂拘囚於羑里七年，據說在此時寫下《易經》的卦辭與爻辭。他過世後，兒子姬發順天應人，伐紂成功，建立了周朝，於是他也被追封為文王。他在孔子心目中，是無憂的代表人物，這不僅是因為他「以王季為父，以武王為子」，也因為他的德行十分完美。

據說太王古公亶父看到文王，認為這個孫子將來會是一個大人物，但是文王的父親是王季，在兄弟之中排行第三，上面還有大哥、二哥。王季的兩位兄長知道父親希望傳位給三弟的兒子時，就自動放棄了繼承權。如果他們不讓的話，周文王這一系就上不來，所以古代社會的繼承制度也有其特色。

周公名為姬旦，是文王之子，武王之弟。受命輔佐成王，制禮作樂，奠下周朝的大業。周公名字中的「旦」不是隨便取的，「旦」就是天亮。孔子一直以周公為典範，在《論語．述而》中，子曰：「甚矣，吾衰也，久矣，吾不復夢見周公。」孟子說他努力學習文王、武王的優點，每天坐以待旦。周公非常了不起，治理的時候，每天只等著天亮，只想著要好好造福百姓。所以孔子特別崇拜周公。周公制禮作樂，所以「德為聖人」，以輔佐成王的代理天子身分祭祀祖先，行的是天子之禮，因此可以說是尊為天子。

有天子的位置、有聖人的德行才能夠制禮作樂，因為禮樂需要上行下效，有德與位，製作之後可以實踐，人們才願意跟著你走。當一個國家的領袖，頂多治理一世的百姓，制禮作樂則是千秋萬世的規範，是流芳千古的大功德。禮樂制定好之後，大家照這個規則走，社會自然安定，就不用全靠人治，以免「人存政舉，人亡政息」，這句話也出於《中庸》。

靠人治的話，要碰運氣。如果運氣不錯，會碰到一個好的國君；如果遇到像夏桀一樣的暴君，就如《湯誓》中說的「時日曷喪，予及汝皆亡。」(《孟子．梁惠王上》)意思是：這個太陽什麼時候滅掉，我跟你同歸於盡。因為夏桀曾經把自己比作太陽，所以出現了這樣的民謠。孟子接下來說得更精采，他說等待周文王才振作的，是一般百姓，「若夫豪傑之士，雖無文王猶興」，真正的豪傑之士，即使是沒有周文王的領導，照樣能夠振作起來。人要有志氣，應依照自己的意志，選擇過高尚的生活，不管這個社會多亂。這是很好的建議。

《論語．八佾》中有「子謂《武》，盡美矣，未盡善也；謂《韶》，盡美矣，又盡善也。」《武》就是歌頌周武王的音樂，孔子說這個樂曲，就表現而言很完美，但是它所表揚的周武王功績還沒有盡善。因為周武王是通過革命奪取了天下，革命是要殺人的，且他只做了六年天子，老百姓還沒有完全享受到他的善行。《韶》樂是歌頌舜的音樂，他當天子五十幾年，前期是代理堯做天子，後期是自己當天子，完全靠道德來感動百姓，所以盡美又盡善。周武王與舜相比，只差一句「德為聖人」。並非是周武王的德行不夠，而是因為他是以革命的形式把天下從商紂手中奪過來，不像舜是受禪讓而治理百姓的。這些細節也值得注意，因為其中反映了儒家的思想傾向和立場。

古代的重要禮儀規定

周朝的祖先后稷是舜的大臣之一，與大禹同時任官，一千多年之後才出現周文王、武王。《大學》所說「周雖舊邦，其命惟新」，所指的就是周朝順應新的歷史趨勢取代了商朝。不僅如此，周公還制禮作樂，推廣到天下，為人們提供了共同遵守的行為規範。例如，若父親為大夫，兒子為士，則父親去世時，舉行大夫的葬禮，並採用士的祭禮。喪禮和祭禮要分開，喪禮按照過世者的身分舉行，祭禮則依據負責祭拜的子孫的身分來進行，兩者不能混淆。

有人讀《三字經》，知道了「孟母三遷」的故事，就認為孟子和孔子一樣是單親家庭。但孔子是三歲喪父，孟子卻不是。孟子有個學生叫樂正子，他在魯國做大官的時候，曾向魯平公建言，說自己的老師德行好，學問高。魯平公聽了這番話就想去拜訪孟子，然而此時來了一名太監。他知道國君要去見孟子，就說孟子這個人沒有遵守禮，「後喪逾前喪」。意思是孟母去世比孟子的父親晚，她的喪事辦得比孟父過世時隆重，這被認為是不守禮的行為，魯平公因此就沒去拜訪孟子。樂正子為孟子澄清辯解，指出孟子這樣做是因為孟父過世時，孟子還年輕，只是士；孟母過世時，孟子已經是大夫了。所以，喪事的標準自然有所不同。平公又說孟子給母親辦的喪禮太豪華了，不太符合規定。樂正子就說孟子後來生活富足了，有能力在喪禮上多花費一些，這怎麼能怪他呢？孟子後來自己也解釋說，政府只規定什麼身分要用多厚的棺材，但沒有規定木頭的品質。

這是有關孟子的一個故事，證明他小時候不是單親。所以，古時候很多人希望子女有成就，因為子女的成就高的話，將來會以比較高級的儀式來祭拜自己。

「期之喪」是為旁系親屬所守的一年之喪，應用範圍到大夫為止；為父母所守的三年之喪，則一直應用到天子。為父母守喪的期限，不分貴賤身分，天下人都一樣，這是回應孔子在《論語》中提到的三年之喪。關於三年之喪有很多精采的討論，但現今早就不能實現了。《孟子．滕文公上》提到，滕文公當世子的時候就認識孟子，父親過世後他準備當國君，就派人去問孟子該怎麼做。孟子要他守三年之喪，滕文公就說滕國早就沒有人守三年之喪了，可見在孟子的時代，三年之喪就已經行不通了。

《禮記．三年問》中說：「三年之喪，二十五月而畢。」古人的演算法比較特別，二十四個月代表兩年，第二十五個月是第三年的第一個月。這一個月守完，三年之喪就結束了。我在臺大教書的時候，曾經教過一位來自越南的和尚。他說越南現在還有二十五個月的守喪期，真令人感動。

第十九章

〈19〉

子曰：「武王、周公，其達孝矣乎！夫孝者，善繼人之志，善述人之事者也。春秋，脩其祖廟，陳其宗器，設其裳衣，薦（ㄐㄢˋ）其時食。宗廟之禮，所以序昭穆也；序爵，所以辨貴賤也；序事，所以辨賢也；旅酬下為上，所以逮（ㄉㄞˋ）賤也；燕毛，所以序齒也。踐其位，行其禮，奏其樂；敬其所尊，愛其所親；事死如事生，事亡如事存，孝之至也。郊社之禮，所以事上帝也；宗廟之禮，所以祀乎其先也。明乎郊社之禮，禘（ㄉㄧˋ）嘗之義，治國其如示諸掌乎！」

孔子說：「周武王與周公，算是做到天下人所推崇的孝順了。所謂孝順，是說好好繼承先人的志向，好好延續先人的事業。每逢春秋二季祭祀之時，要修繕祖先的宗廟，陳列祖先的器物，安設祖先的衣裳，供奉應時的食物。宗廟的禮儀，是為了要安排昭與穆的順序；排列爵位的等級，是為了要分辨貴與賤的順序；派任祭祀時的職事，是為了要辨別賢能的人；眾人聚會時晚輩為長輩斟酒之禮，是為了讓身分低卑的人也可以表達敬意；祭祀結束的宴會則依毛髮顏色入座，是為了分辨年齡的長幼。在祭禮中，登上昔日祖先行祭時的位置，行祖先之禮，奏祖先之樂；敬重祖先所尊敬的人，愛護祖先所親愛的人；侍奉死者有如侍奉生者一般，侍奉亡故的先人有如侍奉尚存的長輩一般；這就達到孝順的最高標準了。舉行郊社之禮祭拜天地，是為了侍奉上帝；舉行宗廟之禮，是為了祭祀祖先。只要明白郊社之禮的儀節與禘嘗之禮的意義，治理國家就好像看著自己手掌那麼簡單。」

孝順是善繼人之志，善述人之事

第十九章將前述內容做一總結，再說明武王、周公如何制禮作樂。這段話出現許多禮儀方面的專有名詞。

孔子前面曾談過舜是大孝，這裡則用「達孝」來形容周武王與周公。「達孝」就是天下人所通稱、所共同推崇的孝順。孝順所要求的並不只是父母在世的時候去服侍他們，讓他們過得開心、順心而已，而是應該再推得更遠一點，叫做繼志述事。這裡涉及古人對孝的重要定義：「善繼人之志，善述人之事。」至今，「繼志述事」一詞仍被沿用，以表達對父母、老師、前輩之心意。

父母親有他們的「志」和「事」，「志」代表心意，「事」代表事業，做子女的要設法使父母的心意可以繼續實現，事業可以發展得更好。

禮儀使人責任明晰，敬長愛人

「春秋」指春季與秋季，為祭祀之時，一般稱為「春秋二祭」。古人著裝是上衣下裳，裳為裙子，古代的男子也穿裙子。「裳衣」合指祖先所留下的衣服。祭祀時要將祖先的衣服擺出來，供奉當季的食物。

春秋二祭是古人的傳統，現在已經沒有這種觀念。本段就武王、周公做為國君的身分來談春秋二季的祭祀。面對著祖先的宗廟、器物、衣裳，會讓人產生思慕的心理，想像祖先開創一個國家的困難與歷程。思念一個人，就是思念他的言行。

不同的禮儀有不同的意義。「宗廟之禮」是為了安排「昭」與「穆」的順序。昭與穆二字，簡單說來就是左昭右穆。開國國君的牌位居中，他左邊接著的是兒子，右邊是孫子，再到左邊又是曾孫，依此類推。

以夏朝的大禹為例，他的牌位立在中間，兒子的牌位要放在左邊，孫子放在右邊，曾孫又回到左邊，然後再下一代又在右邊。後代子孫祭拜時，就可以依照這樣的順序認識自己的歷代祖先。古代只有天子才能立宗廟，換一個朝代之後再另外設立宗廟。

禮就是講究規矩，規矩確立之後，大家都知道每一個人的身分、位置以及應該採取的應對方式。「序爵」，就是排列爵位的等級，為了分辨貴賤的順序，在朝廷上當然是依照爵位，不能依照年齡來定。

「序事」的「事」是職事。祭祀時的職事就是負責的任務，有些人負責供奉牌位，有些人負責安排禮儀。職事是為了辨別賢能的人，當一個人能負責一事時，代表有這種能力，事情做得好就能擔任實際的官位。

軍隊編制有師和旅，都是指眾人，很多人聚在一起就是「師」，就成「旅」；「酬」是斟酒，我酬謝你，為你斟酒就是酬。所以「旅酬」代表在眾人聚會的時候，晚輩為長輩斟酒之禮。這是為了讓身分低卑的人也可以表達敬意，因為平常沒有這種機會。

祭祀結束之後會有宴會，要看頭髮的顏色入座。年紀愈大的頭髮愈白，宴會時按照頭髮顏色安排位置，是為了分辨年齡的長幼。

在祭禮中，每個人現在所站的位置，在二十多年前是自己的父親站的，四十多年前，也許是祖父站的。尤其是像武王、周公這樣的帝王之家，要遵行祖先所規定的禮儀，演奏祖先的音樂，並且敬重祖先所尊敬的人。

孝順父母，生死如一

「事死如事生，事亡如事存」，朱熹對這句話的注解是：「始死謂之死，既葬則曰反而亡焉。」這是古代的說法，死和亡的意思不一樣，剛剛死的階段稱為死，埋葬之後就說亡。侍奉先人有如他們仍然在世一般，如此心存敬畏，自己的言行也會安分。

關於判斷一個人是否孝順，孔子曾說：「三年無改於父之道，可謂孝矣。」（《論語・學而》）如果父親做人的作風是好的，三年之後為什麼要改？如果父親作風有問題，為什麼要等三年再改？每一個人的作風本來就不同，沒有絕對的好壞，而是與性格有關。有些人喜歡造橋，有些人喜歡鋪路，這只不過是個性習慣的考量不同。古人的想法是要代代相傳，例如，我父親喜歡幫助孤兒院，我喜歡幫助老人院。但是，父親過世以後，我還是照顧孤兒院三年，三年後我捐錢給老人院；我過世之後，我兒子也要繼續照顧老人院三年，讓那些被照顧的人覺得這個兒子還記得他父親的作風。在人類社會必須講究情義，不能說變就變，這是儒家厚道的地方。

父母過世了，要像他們還活著時一樣侍候他們。父母還在世時，如果你做錯事，父母會責怪你。通常人到一定年齡之後，父母不在了，做好事沒有人鼓勵，做壞事也沒有人批評，這時只能靠自己去判斷了。對人子而言，父母健在是一件很幸福的事，不管年紀多大，子女在父母眼中都是小孩子，怕你冷了，怕你做錯事，怕你得罪人，關心從不停歇。其實父母不見得更見多識廣，但他們的建議是出於人情世故與愛心；別人給你的建議，都是從社會利害與現實的角度考慮。所以儒家特別重視父母與子女的關係。古代的國君把百姓當孩子看待，「如保赤子」，這就是很好的傳統。

因此，真正的孝順就是「事死如事生」。父母活著，我們內心自然會有警惕，不該給父母添麻煩、帶來羞辱；父母過世，我們就容易鬆懈。「事亡如事存」，對待已經過去的人，要好像他們還活著，如此人的生命就能源遠流長。人最怕無法無天，無所顧忌，因此我們在講「誠」時，一定要提到鬼神。鬼神就是我們的祖先，就是過去的前輩，我們會因為心中有所顧忌就會收斂。人生就在收斂與不收斂之間，很多事情可做可不做，做的話，也不見得會怎麼樣，但如果意念有所偏差，後果不堪設想。《中庸》一開始就強調「戒慎乎其所不睹，恐懼乎其所不聞」，社會上作奸犯科的人，最後的結果也不是他能想像的。

教育者最大的感慨，無非是「何昔日之芳草兮，今直為此蕭艾也」。對儒家而言，我們受教育的目的分三個階段：第一，要做狷者，有所不為。也就是不要做沒有水準的事，不要說沒有水準的話，一定要有精神上的潔癖，非禮勿視、勿聽、勿言、勿動。第二，是做狂者，往上走。社會不夠好，就自我要求變得更好，這是很有志向的表現。人必須有所不為才能有所為。我長期研究與學習經典，受益良多，很多事情我都不做，只做教學、研究、寫作、演講。這四件事同質性很高，所以我在個人的專業上有一定的信心。第三，中行。儒家的立場是從狷者到狂者，再到中行，然後才能學到孔子所做的，「聖之時者也」，按照時機來下判斷。

郊社之禮與宗廟之禮

「郊」為祭天之禮，「社」為祭地之禮。郊社之禮祭拜天地是為了表示對上帝的尊崇，因為上帝是天地的本源。舉行宗廟之禮，是為了祭祀祖先，只要明白郊社之禮的禮節與禘嘗之禮的意義，治理國家就好像看著自己手掌般簡單。所以儒家對於治理國家，始終很樂觀，這種樂觀來自於對人性的洞見，知道人性是向善的。但這個「善」需要有明確的規範，也就是禮樂制度，有了規範自然各就各位。

《中庸》全書提及「上帝」，只有本段這一次，其意為古人所信奉的至上神。孔子在《論語》中未主動言及「上帝」一詞。孟子則提過三次，如引述《尚書．泰誓上》的：「天降下民，……惟曰其助上帝寵之。」（《孟子．梁惠王下》）；引述《詩經．大雅．文王》：「上帝既命，侯于周服。」（《孟子．離婁上》）；以及孟子曰：「西子蒙不潔，人皆掩鼻而過之。雖有惡人，齋戒沐浴，則可以事上帝。」（《孟子．離婁下》）孟子也是以上帝為至上神。「至上神」不是我們隨便發明的，西方一向有這種用法，叫做「God on high」，它是最崇高的；或是「Supreme God」，最高的神。這樣才能說明在眾多神明中，只有一個是最高的。

天子每季皆舉行宗廟之祭：「春曰禴，夏曰禘，秋曰嘗，冬曰烝」。在此，以禘嘗為代表。

古代較常見的是禴祭，祭典中所使用的是春天生長的蔬菜，此種祭品微薄，但只要真誠，也可以得到神明的祝福。《易經》有「東鄰殺牛，不如西鄰之禴祭」一說，「東鄰」是指商，「西鄰」是指周，周在商的西邊。東鄰商朝殺牛來祭祀，雖然祭祀的物品很豐盛，但還不如西鄰之禴祭，因為西鄰真誠。

任何宗教活動，都要以真誠為主，很多宗教都有例證。例如猶太人在星期六安息日到會所去從事宗教活動是要奉獻的，這是自古以來的供養方式。有錢人一次捐款就是好幾萬，拉比（宗教領袖）都會來答謝致意，這時來了一個寡婦，只捐了兩毛錢，她怕人家看到，因為太少了。但耶穌說：「在上帝眼中，她捐得比那有錢人還多。」因為有錢人捐的好幾萬，只是他財產的百分之一、千分之一，而那個寡婦捐了兩毛錢，卻是她的全部財產，代表全心全意。

宗教所看重的是心意，誠意是最關鍵的，絕不能以金錢來衡量。如果只重視金錢的話，最後有錢人會連神明都壟斷了。很多宗教活動，會把第一排位置都保留給大客戶，這不是很理想的情況。如果連宗教都不能讓心靈善良、單純的人到前面來，那麼他們哪裡還有機會呢？宗教一定要保持原始的性格，單純地只看心靈，不計世間的各種成就。

《論語．八佾》中曾提到「或問禘之說」。子曰：「不知也。知其說者之於天下也，其如示諸斯乎！」「禘」是古代的大祭，有祭天，祭地，祭祖先之分。天子與諸侯各有祭祖先於宗廟的禘，後來周成王感念周公大德，特賜其子孫在魯國為周公舉行天子規格的禘祭。演變到後來，魯國國君也用天子的禘祭來祭祀父祖，於是形成了僭越之舉。孔子的感嘆是：「知道這種理論的人若要治理天下，就好像看著這裡！」他一邊說一邊指著自己的手掌。他的意思是：若是禮樂上軌道，天下自然容易安定。

孔子其實是懂祭祀之禮的，但他知道無法講清楚，所以謙虛地說不知道。一個社會必須有禮，這個禮從祭天地開始，天地定位，人間的長幼尊卑全部上軌道，國家當然治得好。孔子是魯國人，魯國的文化背景來自它的祖先周公。前文已述，周公是文王的兒子，在周武王過世之後輔佐周成王。成王年幼，周公年長有才能，如果他要當帝王也是名正言順。但他並沒有這樣做，而是等成王成年後，就把王位交給他。周成王對周公感恩戴德，所以特別允許周公的魯國有一座祭天子的宗廟，因為他曾代理天子。問題在於周公的後代只是魯國國君，也用天子之禮來祭拜自己的父祖，這就違背了禮的規定。

我們今天已經很難理解禮樂了。不談禮，從音樂就能知道一個社會的走向。古代的人到一個國家，會先聽它的音樂。音樂所反映的是社會的趨勢，但不是用製造歌詞來領導社會趨勢，不能本末倒置。古代把禮樂當作教化的重要方法是可以說得通的。但是真正的教育還是要靠像儒家一樣的系統思想，思想沒有瞭解透徹，光靠音樂製作也不見得可以傳諸久遠。例如，現在年輕人喜歡什麼音樂，並不是可以控制的，而是他們自然就喜歡的；喜歡看韓劇、日劇或美劇，因為這些電視劇精心製作、劇情豐富，讓觀眾可以暫時忘記煩惱。所以要就人性本身去瞭解，才能夠突破時空的限制。

第二十章

〈20.1〉

哀公問政。子曰：「文武之政，布在方策。其人存，則其政舉；其人亡，則其政息。人道敏政，地道敏樹。夫政也者，蒲（ㄆㄨˊ）盧也。故為政在人，取人以身，脩身以道，脩道以仁。仁者，人也，親親為大；義者，宜也，尊賢為大。親親之殺（ㄕㄞˋ），尊賢之等，禮所生也。（在下位，不獲乎上，民不可得而治矣。）故君子不可以不脩身；思脩身，不可以不事親；思事親，不可以不知人；思知人，不可以不知天。」

魯哀公詢問孔子有關政治的做法。孔子說：「文王與武王的政治措施，刊載於竹簡中。英明的君主活著，他的政策就得以實施；一旦他死了，政策也就停滯下來。由賢人推動，政治收效很快；由土地孕育，樹木成長很快。所謂政治，就像易於成長的蒲葦。所以，處理好政治的關鍵在於人才；選拔人才要看他的言行；修養言行要靠正道；修養自己走上正道要靠行仁。所謂行仁，就是要做個好人，以親愛自己的親人為最重要；所謂行義，就是要行事妥當，以尊敬有賢德的人為最重要。所親愛的親人有差等，所尊敬的賢人有等級，這就產生了禮儀。（身居下位，沒有得到上位者的信賴，是不可能治理好百姓的。）所以，君子不可以不修養言行。想要修養言行，不可以不侍奉父母；想要侍奉父母，不可以不瞭解人性；想要瞭解人性，不可以不瞭解天命。」

第二十章是很長的一章，前後分成六節，內容是孔子回答哀公問政。魯哀公是魯國的第二十六任國君，姓姬名蔣。孔子於在世的最後五年，擔任魯國的「國老」（國家顧問），然後在魯哀公十六年過世。沒有人喜歡被叫做哀公，但這是他的謚號，也就是國君過世以後，別人根據他一生的作為給他一個字評價。「文」和「武」的謚號指國君經緯天地，改革整個氣象，就非常好；而「哀」是指「恭仁短折」，體恭質仁功未施，不是一個令人欣喜嚮往的評價。魯哀公問孔子政治的做法，這是好事，國君向孔子請教，孔子當然知無不言，言無不盡。

處理好政治的關鍵在於人才

古代以人治為主，有明君賢臣，才可安治天下。如果治國的人有問題，再好的法律也沒用處。今日雖重法治，仍不免有類似的情況。孟子有一段話很經典：「徒善不足以為政，徒法不能以自行。」（《孟子．離婁上》）光靠善（好心、好人）不足以把政治做好；光靠法律也不是辦法，法律是無法自行運作的。要有好的人才，還要有好的法律配合，這是儒家的立場，所以千萬不要說儒家沒有法治觀念或不懂法律。

孟子的話說得很清楚，兩樣要配合。人的因素是一個關鍵，一般人喜歡效法別人，上位者是風動草偃，「上有好者，下必有甚焉者」，上位者喜歡什麼，底下人就會加倍喜歡那些東西，好像趕時髦一般。得到了好的人才，上行下效，有如土地孕育樹木，收效之快，如同蒲草，一下子長成一片。所以說，安治天下的關鍵在於人才。

脩身以道，脩道以仁

「脩身以道，脩道以仁」這句話往上可以溯及《中庸》第一章的「率性之謂道，脩道之謂教」。既說「率性之謂道」，又說「脩身以道」，可見「率性」不是順著本性自然發展就可以了，還需配合「脩身」的功夫。既說「脩道之謂教」，又說「脩道以仁」，可見儒家的「仁」是教化的主要內涵，並非易事，更不可能把「仁」當作某種天生的性質。這句話往下可以推出下一段所說的：把「道」具體說成「五達道」，把「仁」說成「知仁勇三達德」之一。換言之，「脩身以道」，要考慮的是「五達道」；「脩道以仁」，要考慮的是「三達德」。

人的本性除了「天命之謂性」，還包括身體的各種欲望、衝動、本能。「率性之謂道」就要分辨大體和小體，大體就是心，小體就是身。小代表次要，大代表重要，只有人才有心，動物沒有，所以心就變成人的大體。儒家講到性的時候，我們要從孟子的立場作說明，以心為主才能稱作真正的人。人身體的本能、衝動、欲望和動物是差不多的，所以不能堅持人是以身體為主。接著說「脩身以道」，身代表言行，要修養自己的言行。

「仁者，人也，親親為大」，對於這句話，孟子有類似說法：「仁者，人也。合而言之，道也。」（《孟子・盡心下》）意即：所謂仁德，說的就是人。人與仁德合在一起說，就是人生正道。關於「仁」與「道」，最好先瞭解孔子的用法。一方面，人應該「志於道」（《論語・里仁》）與「志於仁」（《論語・里仁》），可見兩者有相通之處。另一方面，孔子又說：「志於道，據於德，依於仁，游於藝。」（《論語・述而》）再由「仁遠乎哉？我欲仁，斯仁至矣」（《論語・述而》）可知：道是人類共同的正路，「仁」是個人的人生正路。如此，本章所說的「脩道以仁」就可以理解了。至於此處的「仁者，人也」，依然不離上述的理解，意即：所謂行仁，就是要做個好人。接著說「親親為大」，可知行仁是出於內心真情，要由親愛與自己有血緣關係的家人開始。

人生的正道並非擁有健康的身體就夠了，還需要有理想中的仁德配合，才是人生的正路。人活在世界上，只要有陽光、空氣、水、食物等，身體就會自然成長。可是人心不會自然成長，能夠學到什麼東西，端看所受的教育而定。

行仁與行善不同，古今中外都教人要行善避惡，所以「行善」是普遍通用，但只有儒家談仁。如果仁就是善，何必多此一舉？儒家的「仁」包含三個層次：人之性，人性向善；人之道，擇善固執；人之成，止於至善。這樣就能看出「仁」與「善」的關係。

自古以來，每個社會都有善人，即使不懂孔子的理論，他依然行善，差別何在？第一，一個人行善卻不知道為什麼要行善，只是按照社會的風氣、別人的要求、老師的教導、父母的規勸，為了外在的反應，能獲得別人的稱讚與感謝就行善。但如果懂得了「仁」，就知道為什麼要行善，是因為人性向善，所以行善。第二，一般人行善時，不會為行善而犧牲生命，但儒家就講殺身成仁，差別就在這裡。所以，一般人只講行善避惡，儒家則清楚說明人可以殺身成仁，可以捨生取義。

天命有兩個意涵：第一，普遍的天命是人人都要設法止於至善。因為人性向善，所以這一生要努力擇善固執，止於至善。這是每一個人都要追求的目標；第二，天命是依個人的身分、角色與職責，把它做到盡善盡美，這是個人的天命所在。這兩者並不矛盾。所以，「道」就是肯定每個人都要好好做人，設法止於至善；「仁」則是個人在所遇到的情況下，判斷自己該怎麼做，因此每個人皆有其特殊性。

講「道」是普遍的人之道，每一個人都要走的；講「仁」要看個人，每一個人對仁的要求不一樣，這就是兩者的分辨方式。如此，「脩道以仁」就可以理解了，否則道與仁都是人立志的對象，為什麼要說「脩道以仁」呢？要走上人類共同的正路，就要透過個人特殊的行仁機會來實現，這樣的要求叫做「脩道以仁」。

仁、義與禮

「仁者，人也。」所謂行仁，就是要做個好人，不能說所謂仁者就是人，這就沒辦法凸顯它的用意了。所以，做一個好人要從家人、身邊的人做起，行仁是出於內心的真情，要由親愛與自己有血緣關係的家人開始。

以「義」為「宜」，是要考慮自己的言行是否適當，必須對人有所分辨，看他是否為賢者。「義」就是「宜」，「宜」為適宜，適宜就是適當，適當就是正當。所以義即正正當當的行為。在社會上，表現正當的行為要從尊敬賢者開始。對賢者尊敬，有如使賢者得到適當回報，這合乎人心與社會正義的要求。

分辨和安排仁與義的實踐方式，則是禮的由來。

孟子說：「仁之實，事親是也。義之實，從兄是也。智之實，知斯二者弗去是也。禮之實，節文斯二者是也……」（《孟子．離婁上》）意思是：要行仁就要侍候父母親；要行義就要尊重兄長；有智慧就是知道仁與義是人不能夠離開的。禮就是仁與義的節文。

儒家強調禮儀，它的愛是有差距等級的。與之相對的是墨家的兼愛，即平等地去愛護每一個人。這是很好的理想，但實際上做不到，對一般人來說是強人所難。所以，儒家寧可順著人情，順著人性的要求，把親人分為等次，賢者分為等級，在具體的作為上用禮儀來表示。

《中庸》有很多地方列舉了孟子的原文，由此可見《中庸》是學《孟子》的。所以不能說子思作《中庸》，他的年代是在孟子的前面。《中庸》大都是論說文，孟子則是對話的方式，當然是對話在先，論說在後。

知人先要知天

要注意最後一句話「不可以不知天」。為什麼《中庸》開頭講「天命之謂性」，並非是故意找一個天命，讓人覺得很難理解，而是因為後面還有發展，要事親就要知人，要知人就要知天，這是一個系統。

此句由「修身」往上推溯其先決條件，依序是：修身，事親，知人，知天。一個人若要修身，必須由事親開始，這是合理的思維。但是，要事親必須先「知人」，其意何在？在此，「知人」不可能是指「認識別人」，天下人眾多，如何知之？「知人」應該是指「瞭解人性」。如此可以接上前面所說的「仁者，人也，親親為大」，在瞭解了人性之後，可以肯定親親的重要。若要「知人」，先須「知天」，這是更大的挑戰了。如果配合《中庸》第一章「天命之謂性」來看，就知道在理論上必須先知天，再知人。

人性向善，善是我與別人之間適當關係的實現，我之外的都是別人，父母是我首先認識的別人，我瞭解人性向善，就能好好侍候父母親。要知人就要先知天，《孟子．盡心》說：「盡其心者，知其性也，知其性，則知天矣。」意即：充分實現自己內心的要求，就會瞭解人的本性；瞭解人的本性，就會知道天。孟子說的比較合理，他認為人的心有四端，惻隱、羞惡、辭讓、是非。例如，看到小孩子快摔跤了我們會覺得不忍，這叫惻隱之心。有這種心不夠，還需要把它變成行動，才叫做善的行為。所以，孟子說人把內心裡面的要求全部實現叫做盡心。如果盡心的話，就知道我的本性是向善的，瞭解我的本性之後，就知道天了。

《中庸》則是從一個人的內心開始，推到本性的來源是「天命」。這裡說知人要先知天，因為《中庸》開頭就提到「天命之謂性」，因此要知道人的性，就要知道天。《中庸》與《孟子》的系統不同，但都是儒家。這兩個「知」的具體內容出現於《中庸》第二十九章的「質諸鬼神而無疑，知天也；百世以俟聖人而不惑，知人也。」這句話中。做一件事去請教鬼神而沒有疑惑，代表「知天」。因為鬼神與天是同一個立場，只要問鬼神沒問題，就代表天是這個意思。要知天就要瞭解鬼神，因此「誠」與鬼神接上了關係。「知人」是說好的制度經過一百世（三千年）之後，在後代的聖人眼中依然覺得好，代表「知人」，因為人性是不會變的，古今皆然。

20.2

天下之達道五，所以行之者三。曰：君臣也、父子也、夫婦也、昆弟也、朋友之交也。五者，天下之達道也；知、仁、勇，三者，天下之達德也；所以行之者，一也。或生而知之，或學而知之，或困而知之，及其知之，一也。或安而行之，或利而行之，或勉強而行之，及其成功，一也。子曰：「好學近乎知，力行近乎仁，知恥近乎勇。」知斯三者，則知所以脩身；知所以脩身，則知所以治人；知所以治人，則知所以治天下國家矣。

天下人共同要走的正路有五條，要想走得通這些路就須靠三種方法。五條路說的是：君臣關係、父子關係、夫婦關係、兄弟關係、朋友交往關係，這五條是天下人共同要走的正路；明智、仁德、勇敢這三者，是天下人共同採取的方法。這三種方法都基於一個原則。有些人從生來就知道這些，有些人由學習而知道這些，有些人在經歷了困難才知道這些，等到知道了這些，所知的都是一樣的。有些人順其自然就實踐這些，有些人明白有利而實踐這些，有些人受到勉強才實踐這些，等到實踐了這些，所成就的都是一樣的。孔子說：「愛好學習就接近明智了，努力實踐就接近仁德了，懂得羞恥就接近勇敢了。」瞭解這三點，就知道如何修養言行；知道如何修養言行，就知道如何治理眾人；知道如何治理眾人，就知道如何治理天下國家了。

五達道是五種人際關係

達道是大家都要走的路。孟子認為，在舜時，由於擔心百姓未受教育不明人倫，於是「使契為司徒，教以人倫：父子有親，君臣有義，夫婦有別，長幼有序，朋友有信。」（《孟子．滕文公上》）在次序上，《孟子》先說「父子」，而《中庸》先說「君臣」，比較重視人在社會上的角色。在內容上，孟子說得更明確。「長幼」在《中庸》中改為「昆弟」（兄弟）。

契（ㄒㄧㄝˋ）是商朝的祖先。在堯舜時代，夏商周的祖先都出現了。夏朝的祖先是大禹，商朝的祖先契負責教育，周朝的祖先后稷負責農業種植。舜讓契擔任司徒，教導五倫之具體的要求。

善，就是我與別人之間適當關係的實現，其中的「關係」意味著「相互」：有父才有子，有子才有父，都是相對的。兩個人相處，需要有特定的角色、身分，才能互相成為某種關係，有某種關係就有某種要求。所以孟子說，古代談教育，父子有親（親愛的親），君臣有義（道義的義），夫婦有別（有分別），長幼有序（有秩序），朋友有信（講信用）。

這裡講的五達道，是五種人際關係，等於是五條路。人活在世界上，一定會與人來往，這五種關係是最根本的。至於人與自然界建立關係，對儒家而言比較難以接受。分類有一個原則，就是同一類別之中，不能混雜其他類型。所以，孟子說「親親而仁民，仁民而愛物」（《孟子·盡心上》），就分了三個等級。第一，親親，是對家人的態度；第二，仁民，是對老百姓要仁，己所不欲，勿施於人；第三，愛物，「物」包括動物在內。親親是一家人相親相愛；仁民是人與人互相尊重；愛物，是愛護所照顧的動物。這三個等級不能混淆，混淆的話，選擇的時候就有困難。

我們之前舉過孔子的例子：「廄焚。子退朝，曰：傷人乎？不問馬。」（《論語・鄉黨》）孔子在魯國做官，有一天下朝回到家時，家人告訴他：「馬廄失火燒了」。照理說，他應該問：「有人、有馬受傷嗎？」但他只問：「有人受傷嗎？」不問馬。馬車夫、工人、傭人都可能在馬廄失火中受傷，但是馬廄失火，最可能受傷的是馬。馬在古代是很貴重的，問一個貴族有多少家產，會以「家裡有幾匹馬」為判斷準則。孔子在面臨選擇時，首先關懷人，人都沒問題時，才問馬有什麼損失。這說明再怎麼貴重的動物也不能與人相提並論，這是儒家的立場。假設家裡失火，要救自己的家人，還是救一隻貓？沉船了，抓到一個浮板，救愛犬還是母親？真正的哲學是讓人在關鍵時刻做選擇時運用的，如果瞭解得不透徹，碰到選擇手足無措，到最後顛倒錯亂，自己都覺得矛盾，立場何在呢？

達德是完成達道的途徑

「達德」是指完成達道所需的方法或途徑。關於「知仁勇」三者，孔子曾說過：

「君子道者三，我無能焉：仁者不憂，知者不惑，勇者不懼。」（《論語．憲問》）本段接著說「所以行之者一也」。「一」可以指「誠」，意即皆本著真誠去做。「一」也可能是多出來的衍文。

第十三章有「君子之道四，丘未能一焉」這句話。對此，不能以嚴格的標準去檢視，同樣的「道」究竟是四還是三。孔子說的「君子之道四」就是指五達道，《論語》裡面的「君子道者三」是指三達德，為什麼兩個都用了「道」字呢？因為道與德有相通的地方。孔子謙虛地說自己一樣都沒做到，要理解為沒有一樣做到完美的程度，可見這種要求是無限的。

儒家是人文主義，講究人與人之間的關係。明智、仁德、勇敢是天下人共同採取的方法，沒有了智仁勇，五種關係是做不好的，因為一切都在變化。例如，父母親在孩子小的時候只希望他功課好；長大之後，又希望他賺錢多。父母的希望沒有一致性，常常在變，那要怎麼孝順？

「生而知之」者所知的內容為五達道與三達德。有些人天性純樸又真誠待人，未經學習就明白這些道理。孔子也說過：「生而知之者上也；學而知之者次也，困而學之，又其次也。困而不學，民斯為下矣。」（《論語．季氏》）他所說的「知之」，是指道德知識（分辨善惡）而言。生而知之的內容，一定是德行、行善方面，而不是某方面的技能，百姓如果有困難還不肯學，那就沒希望了。本段的意思是：不論早些或晚些，或以任何方式，只要最後知道了就都是一樣的。

孟子說：「堯、舜，性之也；湯、武，身之也；五霸，假之也。久假而不歸，惡知其非有也？」（《孟子．盡心上》）意即：堯、舜是順著本性去實行仁義的；商湯、周武王是靠著修身去實行仁義的；五霸是利用假借去實行仁義的。假借久了而不歸還，怎麼知道他們本來是沒有仁義的呢？這段話的結論與「及其成功，一也」有異曲同工之妙，都特別令人感動。

有些人是生來就知道五達道、三達德，這就是所謂「生而知之」，不是指後天學會的技能，像是開車、游泳、練瑜伽等。生來就知道的必定是與道德有關的知識，有些人沒有受什麼教育，就知道要孝順，對人要客氣。這是天資聰慧，可以憑一種直覺，就知道人與人之間要有的適當關係；大多數人是第二種，由學習而知道要好好孝順，要和朋友講信用、道義等等；還有一些人是「困而知之」，在困難中才終於瞭解。不過，等到最後知道的時候，這三種人所知的內容都是相同的。所以，不要羨慕別人生而知之，要問自己最後是否知道。

比「知之」更難的是實踐。有些人順其自然就能實踐，毫不勉強；有些人是被勉強才去實踐；其實等到實踐之後，所成就的都是一樣的。所以不要羨慕別人，就算是被勉強才去實踐，最後做到了就是做到了，我們只要問結果有沒有達到，不問過程如何。在實踐的過程中，沒有必要去分析與比較，因為每一個人的資質不同，這就是儒家偉大的地方。不要拿各人的出身做比較，要比的是最後誰達到了終點，就像跑馬拉松，最後跑到終點就都通過了。

孔子說「好學近乎智」，愛好學習就接近明智了。要注意接近明智不等於明智，真正的明智要由內在的覺悟開始。學習是向外的，可以幫助人達成內心的覺悟，但並不等於內心的覺悟。一個人喜歡學習就喜歡思考，每天學習，就經常會有新的觀念進來，與過去的觀念對照，加上新的人生體會，比較容易覺悟。學習的意義就在於開始時差別不大，到後面真是絕塵而去。「力行近乎仁」，努力實踐就接近仁德了，代表人要行善避惡。實踐最重要，努力實踐代表能把思想變成行動，久而久之就接近行仁了。只要不斷努力去做，至少是一個效率高的人，能夠透過行動而實踐某種思想，就接近仁德了。

有的人號稱大善人，經常捐錢做善事。從外表判斷，或許他是沽名釣譽，只希望得到別人的掌聲與勳章。但是，他這樣持之以恆去做，我們怎麼知道他不是出於本性呢？我們無法要求每個人都像堯舜一樣，順著本性自然行善，或者為善不欲人知。

「知恥近乎勇」，懂得羞恥就接近勇敢了。知道羞恥的話，就會表現勇敢的特色。對就做，不對就不做，所以，要做到勇敢，所須克服的是自己。事實上，勇敢很難界定和判斷。老子說：「勝人者有力，自勝者強」（《老子・第三十三章》），勝過別人是力量大，但是勝過自己才是真正的強者。真正的勇敢，不是敢於做什麼事，而是敢於不做什麼事。老子說的「勇於敢則殺，勇於不敢則活」（《老子・第七十三章》）是我的座右銘。

古希臘時代講究四種德行：第一，明智；第二，勇敢；第三，節制；第四，正義。柏拉圖很推崇這四種德行。他想建立一個理想國，其中共有三種類型的人：第一，政治領袖，他需要明智；第二，武士，他需要勇敢；第三，一般百姓，他需要節制。眾人各安其位，適當的人得到適當的位置，叫做正義。明智、勇敢、節制，此三者則分別對應社會的三個階層，正義則能讓一切都上軌道，所以，古希臘時代講究這四種德行是有一套根據的。

儒家講的三達德，是幫助五達道的方法。人要與別人建立適當的關係，並把五種基本的人際關係都做到，需要智仁勇。《中庸》這本書前面就在講智仁勇，強調靈活的抉擇需要智慧，而努力實踐需要仁，堅持走在正路上需要勇敢。瞭解這些就知道如何修養言行；知道如何修養言行，就知道如何治理眾人；知道如何治理眾人，就知道如何治理天下國家，從修身、齊家、治國，到平天下，這才是《大學》的中心思想。

儒家思想的特色

儒家非常瞭解人性的問題，所以提出相當多貼切的言論，讓人覺得有希望，曹交就是一個例子。他問孟子：為什麼自己成不了堯那樣的人，孟子勸他：穿上堯穿的衣服，說堯說的話，做堯做的事，久而久之就變成堯了。其實社會上最怕的是諷刺的心態，看到別人行善，就懷疑他的目的。佛教有句話很好：勿用牛羊眼看人，牛羊所見的都是牛羊。人要把別人當人看，不要故意把他人看輕，而猜測其動機，什麼都不做會比他好嗎？誰也沒有證據。

此段中的「子曰」二字應為衍文，因為整章都被認為是孔子回答魯哀公之語。接著三句話，朱注引呂氏所言，謂「好學非知，然足以破愚；力行非仁，然足以忘私；知恥非勇，然足以起懦」，可供參考。

知道上面三個「近乎」，就可以依序明白如何修身、治人、治天下國家。由此可見，儒家的教育總是要人先「知道」分辨善惡以及如何行善避惡，然後才做得到「修身」，再推及其他，凡是談及「修身」者，皆可參考《大學》的說法。

《大學》說要格物致知，要先知，後面才能夠誠意、正心、修身。無知的話，就無法展開後面的行動。這裡所說的「知」，必定與善惡分辨有關，這就是我們在解讀《大學》、《中庸》時基本的觀點，千萬不要曲解古人。修身是希望修養言行走上善的路，所以不可能是物理上的知，那是說不通的。我們講儒家的時候，要避免泛道德主義，好像儒家是道德唯一。實際上《論語》第一句話「學而時習之，不亦說乎」，最後一句「不知命，無以為君子也；不知禮，無以立也；不知言，無以知人也」，就已表明，儒者通過學習而瞭解，知道之後就要實踐。「不知而不為」是情有可原，「知而不為」就要問是否知得不夠正確、不夠深刻？責任在己。如此就不會把道德的大帽子壓在別人身上，儒家對人的要求不是全面的，不會為了求全而責備，或是強人所難，只要依據角色職位認真盡自己的責任，就值得肯定。這也是儒家思想的特色。

〈20.3〉

凡為天下國家有九經，曰：脩身也，尊賢也，親親也，敬大臣也，體群臣也，子庶民也，來百工也，柔遠人也，懷諸侯也。脩身，則道立；尊賢，則不惑；親親，則諸父昆弟不怨；敬大臣，則不眩（ㄒㄩㄢˋ）；體群臣，則士之報禮重；子庶民，則百姓勸；來百工，則財用足；柔遠人，則四方歸之；懷諸侯，則天下畏之。

凡是想要治理天下國家的，都要實行九條原理。說的就是：修養言行，尊重賢者，親愛親人，禮敬大臣，體念群臣，視民如子，勸勉百工，善待遠來的人，拉攏各國諸侯。修養言行，正道就會建立起來；尊重賢者，道理就不會陷於迷惑；親愛親人，伯叔與兄弟就不會抱怨；禮敬大臣，遇事就不會迷亂；體念群臣，基層官員就會盡力回報禮遇；視民如子，百姓就會振作起來；勸勉百工，錢財貨物就會充分供應；善待遠來的人，四方民眾就會來歸；拉攏各國諸侯，天下人就會敬畏了。

天下國家有九經

「天下國家」出於《孟子．離婁上》：「人有恆言，皆曰『天下國家』。天下之本在國，國之本在家，家之本在身。」古代「天子有天下，諸侯有國，大夫有家」，但是這裡所謂的「天下國家」，明顯是就「天子」的角色與挑戰而說的。

「九經」指九種不變的法則。這是《中庸》的主要內容。此處將九條原理分成三組說明。在第二十章第三節介紹九經，二十章第四節講九經的具體作為，二十章第五節講九經的深刻道理。第二十章第五節是關鍵，出現了「誠者天之道也，誠之者人之道也」的內容，人之道就是「擇善而固執之者也」。整本《中庸》的重點，就在「誠之者人之道，誠之者，擇善而固執之者也」。讀古書有時候確實有些困難，因為它與現代用語脫節，好像與我們的生活沒有關係。不過從這裡引申到天之道、人之道，就與我們有關了。在第二十一章開始專講「誠」，就與每個人都有關係了。到目前為止，第二十章是最重要的一章。

學習《中庸》要掌握住三句話：「天命之謂性，率性之謂道，脩道之謂教。」它說明人的生命來自於天意，來自於我們的祖先，以及這一生該怎麼走，在過程中需要接受什麼樣的教育與修練，最後達到什麼目標。這三句綱要式的說明太扼要了，所以接著需要一些引申與發揮。在第十六章出現「誠」這個字，就是提醒我們：人是可以誠，也可以不誠。宇宙萬物沒有不誠的可能，「誠」就是萬物本來的樣子；人的世界充滿自由，可讓我們加以選擇。不同的選擇，後續便會有不同的發展。

在能做選擇的時候，究竟該以什麼做為標準呢？不能總是計較利害，即使是沒有學過《中庸》，也會明白這層道理。《中庸》則強調應以「誠」做為一個人立身處世的原則。計較利害通常只會注意一時，眼前有利，將來未必有利。例如，現在我到處上課，眼前有利，但身體搞壞了，將來就只能慢慢去休養。這就是只見到眼前的利，沒有注意到後面的利。既然如此，我什麼都不要做了，只是保養身體，活到一百歲。但是，這樣的生活又有什麼意義呢？

人生一定要有意義，必須自己選擇怎麼活，不能只靠本能，也不能只靠別人的善意讓自己活得平安。人生不是只靠個人選擇就可以排除困難的，還要看與你相關的人怎麼相處。一個人能做的事很有限，但是很多人一起，就可以做很多事，要怎麼由個人的改變帶動群體的調整呢？這是我們在思考人生問題時會碰到的，《中庸》的答案就是「誠」。因為不容易說明，就特別介紹鬼神。提到鬼神就會產生神祕的感覺，好像冥冥之中，有一種不可知的力量，對人的生命會做某種判斷。一般而言，鬼神就是我們的祖先或是自然界的一些神靈，沒有形體，所以不受限制。因此，人在「誠」的情況下，即使周圍沒有人，鬼神也會看得到。所以「誠」就是讓人的自覺發揮作用，好像鬼神知道一樣，以這種方式提醒人「誠」是不能夠掩蔽、遮蓋的，這是很好的策略。

「誠」出現之後，談到孝順等，以文王、武王、周公這些人做例子，接著在第二十章第三節談到九經——治理國家的九個原則，是供政治領袖參考的。我們以這樣的脈絡找出它的邏輯，不僅容易記憶，也比較容易知道它的理由。

九經的三組內容

九經可以分為三組，最容易的分法是三個一組。第一組是修養言行；尊重賢者；親愛親人。《中庸》與《大學》的立場是一致的，「自天子以至於庶人，壹是皆以修身為本」。百姓要修身，天子更應該如此。尊重賢者，「賢」代表傑出，包括三方面：賢良代表德行好，賢明代表智慧高，賢能代表能力強。講尊重，應該比較偏重於賢良。最後是親愛親人。這三項是一般人也可以做的。第二組是禮敬大臣；體念群臣；視民如子。這當然是天子才能做到的。第三組是勸勉百工；善待遠來的人；拉攏各國諸侯。這是治理天下。

修養言行，正道就會建立起來。修身則道立，道不能離開人，這就是第十三章講的「道不遠人，人之為道而遠人，不可以為道。」九經由「修身」開始，不離儒家立場。接下來較有特色的是：先談「尊賢」，再談「親親」。這或許是基於「先公後私」的天子守則。因為天子所要做的是讓天下的好人都得到鼓勵。尊重賢者，道理就不會陷於迷惑，這裡所說的道理是指善惡的報應。如果一個德行方面傑出的人能夠受到尊重，一般人就喜歡培養德行；德行不好還能受到尊重，一般人就會陷於迷惑。親愛親人，伯叔與兄弟就不會抱怨。人不能離開家庭，如果在社會上很有成就，卻與家人相處不好，也是很大的缺憾，本末倒置，很難持久。

接著講到天子的做法。「敬大臣也，體群臣也，子庶民也」，禮敬大臣，遇事就不會迷亂，大臣就是部級首長；體念群臣，基層官員就會盡力回報禮遇。群臣就是一般的公務員，對他們多體念，他們就會認真做事。敬大臣與體群臣，是要安頓管理階層，使政治上軌道。子庶民的「子」為動詞，意即視之為子。古文的特色之一，是把很多名詞用作動詞。能夠愛民如子，天下尚有何事？聽到任何人受傷，都要像自己的孩子受傷一樣，百姓一定支持你。這是最難的一點，因為每一個人都有困難，真要視民如子恐怕無法休息了，像周公一樣坐以待旦，每天等著天亮，好好去照顧百姓。視民如子，百姓就會振作起來。

「來百工也」，勸勉百工，錢財貨物就會充分供應。古代講士農工商，農業社會中農民最多，工與商是相對少的。這些工人負責建築、設計、製作，要讓文化進步，他們是不可或缺的。「柔遠人也」，善待遠來的人，四方民眾就會來歸。「中國」的概念以前比較模糊，範圍也很小，大概只有中原地區的幾個省而已，其他都尚未開化。從遠方來的人，往往是偏遠地區做生意或觀光的人，善待他們，四方民眾就會來歸。

孟子說過，只要行仁政，則「天下之商皆悅」，「天下之旅皆悅」（《孟子・公孫丑上》）。通常我們對於遠來的人，會有兩種反應：一種是怕他們來搶我們的飯碗。世界各國的經濟繁榮地區，都有這樣的憂慮。地球是屬於地球人的，所以美國、英國很討厭文化多元主義。文化多元主義就是多種文化可以共存，不能只有一種。講文化多元主義，英文就不能獨大了，法文、德文就沒有優勢了。如果提倡文化多元主義，各自發展的話，世界怎麼溝通呢？語言的不同，會帶來困難。所以文化多元主義，事實上也不容易做到，因為世界上的文化實在太多了。第二種是把他們當旅客，善待他們。自古以來有很多人喜歡旅行，如果善待他們，他們就會把你寫得很好，像馬可・波羅。元朝時他來到中國，回去後寫了一本遊記，讓西方人對中國產生了好印象，認為中國崇尚禮儀，滿地黃金。

「懷諸侯，則天下畏之」，拉攏各國諸侯，天下人就會敬畏了。天子分封諸侯之後，他們在各地替天子治理百姓。要拉攏他們，不然諸侯造反，或是擁兵自重，都會造成國家的分裂。這些很明顯是給天子的建議。

我們多次提到孟子，因為後代的儒家常以《孟子》做為參考，《論語》本身材料太少，往往只是簡短的一句話，也不知道是誰問的，有什麼樣的背景，應該怎麼引申。孟子的書則是他親自執筆，後代學生再為他增補而成的，概念較為清楚。

〈20.4〉

齊（ㄓㄞ）明盛服，非禮不動，所以脩身也；去讒（ㄔㄢˊ）遠（ㄩㄢˋ）色，賤貨而貴德，所以勸賢也；尊其位，重其祿，同其好惡（ㄨˋ），所以勸親親也；官盛任使，所以勸大臣也；忠信重祿，所以勸士也；時使薄（ㄅㄛˊ）斂，所以勸百姓

也；日省（ㄒㄧㄥˇ）月試，既（ㄒㄧˋ）稟（ㄌㄧㄣˇ）稱（ㄔㄥˋ）事，所以勸百工也；送往迎來，嘉善而矜（ㄐㄧㄣ）不能，所以柔遠人也；繼絕世，舉廢國，治亂持危，朝（ㄔㄠˊ）聘以時，厚往而薄來，所以懷諸侯也。

齋戒明潔而衣冠整齊，行動完全合乎禮儀，如此就可以修養言行；排除讒言、遠離阿諛，輕視財物而珍惜德行，如此就可以鼓勵賢者；封為高官、奉上厚祿，認同所好與所惡，如此就可以鼓勵親愛親人；官員眾多，任其派用，如此就可以鼓勵大臣；真心誠意地任用他們，又能多加薪資，如此就可以鼓勵基層官員；適時徵用民力，又能減輕賦稅，如此就可以鼓勵百姓；每日觀察、每月考核薪水糧米與職事是否相稱，如此就可以鼓勵百工；認真送往迎來，稱讚行善者並同情能力不足者，如此就可以善待遠來的人；延續已斷的世系，恢復被廢除的國家，平定亂事並穩定危局，按時舉行朝聘之禮，接受簡單貢品但賞賜豐厚回報，如此就可以拉攏諸侯。

修養言行必須重視禮儀

儒家在談到如何判斷與他人之間的關係是否適當時，提到三個標準。第一，內心感受要真誠；第二，要溝通理解對方的期許；第三，社會規範要遵守。社會規範就是禮儀，千萬不要小看遵守禮儀，它不只是表面功夫。

孔子教導顏淵「克己復禮為仁」，就是告訴顏淵能夠主動去實踐禮的規範，就是他的人生正路。顏淵問「仁」的細節該怎麼做，孔子說了四句話：「非禮勿視，非禮勿聽，非禮勿言，非禮勿動。」（《論語．顏淵》）儒家非常重視禮儀規範，因為那是維持社會安定的共識，就等於法律訂了規範，大家都要照著做。言行當然要照規範來，不照規範的話，別人怎麼理解呢？因為大家都接受這種教育，人與人適當關係的第三點對每個人都適用。至於內心感受與對方期許，則是雙方私下的互動關係，從外面判斷，有時候不見得清楚。第三點是社會共識，所以談修養言行，不能忽略禮儀。

「齊明盛服」一詞在第十六章出現過，下一句是「以承祭祀」。這與孔子回答仲弓問仁時所說的「出門如見大賓，使民如承大祭」（《論語・顏淵》）相符。由此可知，「齊明盛服」表示莊重肅穆的態度，而未必真要行祭。

仲弓本名冉雍，仲弓是他的字。他是孔子最好的學生之一，在德行科中排第四名。孔子說過「雍也，可使南面」，《論語・雍也》就是從這句話開始。南面是可以面向南方治理百姓，或是天子，或是諸侯，或是卿。卿大夫是國家的行政部門首腦，可以治理百姓。仲弓「南面」的話，自然不是諸侯而是卿。仲弓有這樣的資格，所以他請教什麼叫做仁，就是人生的路該怎麼走？孔子回答他「出門如見大賓，使民如承大祭」。注意第二句話，「使民如承大祭」。召喚老百姓去做事的時候，好像奉行大型祭典，非常莊重嚴肅，如同「齊明盛服，以承祭祀」。可見這是古人的一種態度。

尊重賢者要遠離諂媚，輕財重德

「去讒遠色」中的「色」與「讒」是相對的名詞，可見其非美色或色欲，而是指諂媚的表情。

孔子曾說過「巧言令色，鮮矣仁」，不要把這些話中的「色」都理解為色欲，「色」有時是指表情。「巧言令色，鮮矣仁」的意思是：說話美妙動聽，表情討好熱絡，這種人很少有真誠的心意。我們不反對巧言令色，但是更強調有真誠的心意。尊重賢者要排除讒言，遠離阿諛，輕視財物而珍惜德行，這樣就可以鼓勵賢者。「所以勸賢也」用「勸」這個字，代表很多人都需要鼓勵，「勸」就是勸導、誘導。只要能夠排除讒言，遠離阿諛，正當的人就願意來給你建議了。

「尊其位，重其祿，同其好惡」，封為高官，奉上厚祿，認同所好與所惡，如此就可以鼓勵、親愛親人。我們處在今日社會，也許很難理解這句話，但是，在古代的社會中，哥哥做了天子，弟弟就不能當老百姓。所以，舜做天子以後，他的弟弟再壞也不能只當一般百姓，就如同「一人得道，雞犬升天」。不要把人想得太超然，儒家一向重視人性漸進的發展。古代的封建本來就是封疆建邦，讓親人都有官做，但不能讓親人去殘害百姓。所以，舜對他弟弟採取的辦法就是定期召見，不讓他有機會做壞事，讓他一年裡面有十一個月都在皇宮和家鄉之間奔波。象在路上排場很大，大家都禮遇他，他就沒心思在家鄉做壞事。否則有庳（ㄅㄧˋ）國的百姓萬一造反，天下就亂了，國家滅亡不就如此開始了嗎？

官盛任使，忠信重祿

「官盛任使，所以勸大臣也」，官員眾多，任其派用，如此就可以鼓勵大臣。如果一個部門只有主管，沒有基層的官員，就需要自己日理萬機，而無法施展抱負。「官盛任使」，朱注為：「謂官屬眾盛，足任使令也。蓋大臣不當親細事，故所以優之者如此。」此種情況在軍隊之中比較明顯，將軍身邊有隨扈人員，要協助辦理很多事項。官員擢升到一定層次後，如果還要耗費大量時間處理瑣碎的事，實在不太適合。所以，應該有人代為處理瑣事，讓他顯示威望，讓社會能夠分工合作。子產在擔任宰相時，看到老百姓渡河有困難，就把車借給他們載米過河。孟子批評子產的此種做法，認為還不如早些把橋樑修好，讓老百姓能夠順利過橋。完成如此有功德的好事之後，在出門時，大家就都會為你肅靜迴避。

「忠信重祿，所以勸士也」，真心誠意地任用他們，並提高薪資，如此便能鼓勵基層官員。經濟情況不好，不減薪，對官員沒有警惕作用；經濟情況好，不加薪就無法增加動力。

時使薄斂，既稟稱事

「時使薄斂」，「時」，在合適的時候；「使」，古代百姓須服勞役以從事公共建設。如孔子所云：「使民以時。」（《論語．學而》）至於「薄斂」，則向來是百姓的心願。適時徵用民力，又能減輕賦稅，如此就可以鼓勵百姓。百姓有兩項任務：第一個是勞役。政府可以徵用他們去築長城、開溝渠，但不能違背農業社會的季節，最好在冬天。第二個是繳稅。收稅的時候降低一點，老百姓就很開心。

「既稟」為官方所發之糧；「稱事」，與職事相稱。每日觀察、每月考核薪水糧米與職事是否相當，這樣就可以鼓勵百工。工藝品值多少錢就應定以適當的價格。孟子提到的農家學派主張鞋子大小一樣，價格就一樣。如果這樣，誰願意做精細的鞋子呢？衣服長短一樣，價格就一樣，誰願意做好的衣服呢？大家都不願意做好的鞋子和衣服，技藝就不會進步。

柔遠人，懷諸侯

「嘉善而矜不能」此語亦見於《論語．子張》，子張說：「君子尊賢而容眾，嘉善而矜不能。」認真送往迎來，稱讚行善者，並同情能力不足者，如此就可以善待遠來的人。遠方來的人如果有不對的，多包容他；有表現好的，多鼓勵他。如此自可收服人心。

子夏比孔子小四十四歲，子張比孔子小四十八歲，子夏的學生稱子張為師叔。他們知道子張志向高，所以去請教子張怎麼交朋友？子張先問他們「子夏是怎麼說的」。學生們就說：老師說過，「可以交的同他交往，不能交的不要理他」。這話類似於「子曰：主忠信，無友不如己者」，不過孔子的這句話經常被人誤解為「不要交不如自己的朋友」。這樣一來，誰會和你交往呢？比你好的人也不理你，豈不是大有問題？子張說得很好，他說這與我聽到的不同。《論語》裡面只要是學生說聽到什麼，指的應該就是聽孔子說的。古代沒有那麼多人講課，孔子是開平民教育之先河。子張說自己聽到的是「君子尊賢而容眾，嘉善而矜不能」，意即：我如果好的話，對誰不能包容；我如果不好的話，別人不能包容我，我還去包容誰呢？

所以，「無友不如己者」是不要交與自己志趣不相似的朋友。交朋友要強調志趣，其前提是主忠信，以忠信為做人處事的根本原則。接著才是「道不同，不相為謀」。很多事情無所謂好壞，我們都很忠信，但我們對許多事情的選擇不一樣。你放假的時候喜歡爬山，我放假的時候喜歡游泳，怎麼在一起？所以需要志趣相近。

《論語．堯曰》提到：「興滅國，繼絕世，舉逸民，天下之民歸心焉。」「逸民」就是流散在外的人才。能這樣做的話，天下老百姓都會歸心。

「繼絕世，舉廢國」，延續已斷的世系，恢復被廢除的國家。古代的國家很多，例如夏朝就有萬國之稱。一個國往往代表一個部落，但是當它與其他部落合併之後成為一個較大的部落，世系也就斷絕，找不到後代了。這時，天子便要設法把它延續下去，恢復這個國家，平定亂事並穩定危局。按時舉行朝聘之禮，接受簡單的貢品，但賞賜豐厚的回報，如此便能拉攏諸侯。

「朝聘以時」中的「朝」指諸侯見於天子；「聘」指諸侯使大夫來獻。古代制度規定：二年一小聘，三年一大聘，五年一朝。「厚往薄來」的意思是所收貢品較薄，而所賜回報較豐。因為諸侯管理一個國家，要他經常去朝見天子的話，會耽誤他的公務，所以派大夫去。聘的時候，諸侯派個大夫去送禮，但每隔五年一定要親自去見天子一次，至少讓天子知道他還健在。

〈20.5〉

凡為天下國家有九經，所以行之者，一也。凡事豫則立，不豫則廢。言前定，則不跲（ㄐㄧㄚˊ）；事前定，則不困；行前定，則不疚；道前定，則不窮。在下位，不獲乎上，民不可得而治矣；獲乎上有道，不信乎朋友，不獲乎上矣；信乎朋友有道，不順乎親，不信乎朋友矣；順乎親有道，反諸身不誠，不順乎親矣；誠身有道，不明乎善，不誠乎身矣。誠者，天之道也；誠之者，人之道也。誠者，不勉而中（ㄓㄨㄥˋ），不思而得，從容中道，聖人也；誠之者，擇善而固執之者也。

凡是想要治理天下國家的，都要實行九條原理，能使這些得以實踐的只有一個原則。不論任何事情，有所準備就可以辦成，沒有準備就會淪於失敗。說話先有了定案，就不會矛盾；做事先有了定案，就不會受困；行動先有了定案，就不會後悔；走路先有了定案，就不會受阻。處於下位，沒有得到上位者的支援，是不可能治理好百姓的。得到上位者支援有方法，如果不被朋友信任，就得不到上位者支持了。被朋友信任有方法，如果沒有順從父母的心意，就不會被朋友信任了。順從父母的心意有方法，如果反省自己不夠真誠，就不會順從父母的心意了。真誠反省自己有方法，如果不明白什麼是善，就不能真誠反省自己了。真誠是天的運作模式；讓自己真誠，是人的正確途徑。所謂真誠，就是沒有努力就做成善行，沒有思考就領悟善理，從容自在就合乎正道，那也就是聖人啊！所謂讓自己真誠，就是選擇善行並且堅持下去。

凡事要有計劃，下位者要獲得支持

「一也」指「誠」而言。若不真誠，一切都是虛文。

任何事情「豫則立，不豫則廢」，就這麼簡單，不分大事小事。很多時候，沒有預先準備，臨時就會有困難，不能大意。

本段由「在下位」到「誠之者，人之道也」，與《孟子．離婁上》的一段話極為近似。孟子說：「居下位而不獲於上，民不可得而治也。獲於上有道，不信於友，弗獲於上矣。信於友有道，事親弗悅，弗信於友矣。悅親有道，反身不誠，不悅於親矣。誠身有道，不明乎善，不誠其身矣。是故誠者，天之道也；思誠者，人之道也。」如果做個簡單對比，則孟子的「思誠者」應該先於「誠之者」。因為孟子的這句話比較樸拙。「思誠者」是想要追求真誠；「誠之者」是讓自己真誠，「誠」在這裡是反身動詞。

並且，孟子接著說：「至誠而不動者，未之有也；不誠，未有能動者也。」這段話所談的是真誠所能帶來的主動力量。真誠到極高的程度時，是不可能沒有行動的；

而不真誠則不可能有任何行動的力量，這就叫做人性向善。談儒家思想不能隨心所欲，而是要有根據。我所談的「人性向善」，根據的就是孟子這句話。而《中庸》與《孟子》不同，它接著說：「誠者，不勉而中，不思而得，從容中道，聖人也。誠之者，擇善而固執之者也。」所談的是真誠進一步的偉大效應。由此看來，《中庸》不該在《孟子》之前出現。因為《孟子》只談到真誠帶來的力量，而《中庸》已經講到效果了。

處於下位，沒有得到上位者的支援，是不可能治理好老百姓的。此處指的是處於下位的官員，他底下還有老百姓，如果未能得到上位者的支援，是不可能治理好老百姓的。得到上位者的支援有方法，如果不被朋友信任，上位者會想，這個人連朋友都不信任他，我怎麼能夠相信他呢？被朋友信任有方法，如果沒有順從父母的心意，就不會被朋友信任了。連父母親都對他不滿意，這樣的朋友你敢信任嗎？所以要先順從父母的心意。順從父母的心意有方法，如果反省自己不夠真誠，就不會順從父母的心意了。反省自己真誠就是瞭解自己的生命是怎麼來的，見到父母親，首先就要想到那是我生命的來源。只要真誠的話，就會順從父母的心意。真誠反省自己有方法，如果不明白什麼是善，就不能真誠反省自己，這句話實在太重要了。

《大學》裡的思想也是這個意思，如果不明白什麼是善，人怎麼可能真誠呢？格物、致知、誠意，要誠意一定要先明白什麼叫善。所以，我不厭其煩地一再強調格物致知的知，一定是知道什麼是善，否則怎麼能誠意呢？孟子也說，明白什麼叫善，才能夠問自己是否真誠，要以善作對照，不能自以為善。

閑邪存其誠，脩辭立其誠

不明白什麼叫善就無法真誠，因此當心中出現任何意念時，都要以善做為標準與它相對照，看這個意念符不符合善，這叫做誠意。講到儒家，我會強調《易經》乾卦的《文言傳》，裡面有兩句話提到「真誠」。第一句是「閑邪存其誠」，意思是防範邪惡，以保持內心的真誠。真誠與邪惡勢不兩立，正是出於人性向善，這是很簡單的推論。

如果人性不是向善的話，我真誠就可以了，為什麼要與邪惡勢不兩立呢？如果不知道這樣做是邪惡的，就沒有真不真誠的問題，因為不知者無罪。但是，知道這樣做會害人還去做，就是不真誠。所以不能說「我很真誠地作弊，我很真誠地騙錢」。有些人騙錢的時候，也裝出很真誠的樣子，但他心裡知道自己有別的動機。所以只能說他很認真地騙錢，不能說他很真誠地騙錢，

第二句話叫做「脩辭立其誠」，修飾言詞來建立我的真誠，代表真誠不能忽略表達。修辭是修飾言詞，在表達真誠時，一定要注意到說話是否適當。說話的目的是要溝通，要表達意思，目的是為了讓別人適當地理解。如果說出來的話只圖一時痛快，而沒有注意到聽的人是否理解，說的話是浪費而無用的。當老師的人，都有這種經驗，話說出來學生沒有聽懂就是白說。學生程度高低不同，要設法讓每一個人都能夠理解，這就是高度的挑戰。

孔子的學生分為四科，第一科德行，第二科就是言語，說明言語是很重要的科目。練習說話不能找藉口。「剛毅木訥」是沒有把握的事不要亂說，說到就要做到；「敏於事而慎於言」是做事很勤快，說話很謹慎，而不是不說話。孔子教自己的兒子「不學《詩》，無以言」（《論語．季氏》），沒有把《詩經》好好學會，與別人講話就

沒有根據。為什麼講話需要學《詩經》？因為很多話不便直說，就讀一首詩讓人體會它隱含的意思。直說的話，有時候會讓人很難堪。讓聽的人懂你的意思，這是古代說話的藝術。

分析此段的推理方式，由某一目標追溯其條件，依序是：民得而治，獲乎上，信乎朋友，順乎親，誠乎身，明乎善。由此可見，第一步還是要「明善」。明善才可誠身。對照《大學》談「誠意、正心、修身」之前，先談「格物、致知」，可見所謂「致知」，應為「明善」無疑。儒家強調教育，其故在此。孟子說：「飽食煖衣，逸居而無教，則近於禽獸。」（《孟子．滕文公上》）其故亦在此。

天之道和人之道

從「誠者」開始是《中庸》最重要的幾句話，因為講到了天之道與人之道。「誠者，天之道也；誠之者，人之道也」。這兩句話對照，是瞭解「天」與「人」的關鍵所在。「天」指天地萬物，亦即整個自然界。所有的一切都是來自於天。自然界的萬物（除人類外），沒有自由選擇的可能性，所以在原則上也沒有誠與不誠的問題。因此，「誠者，天之道也」只是說自然界的一切都是按照既定規律在運作，本來即是如此，真實無妄。

人也屬於「天之道」的一部分，因為人有生命，也屬於大自然。但是另外講人之道，代表人還有自己的特色，就是只有人類有自由，可以選擇誠或不誠。

人為何會不真誠？原因甚多，例如未能明善而認知錯誤；考慮利害而別有用心；情緒干擾而一時衝動；受人煽動而胡作非為等。除了以上四種情況，還有很多讓人不真誠的原因。不真誠基本上是因為缺乏「慎獨」的功夫，平常沒有在獨處時反省檢討自己。

孔子說：「人之生也直，罔之生也幸而免。」（《論語．雍也》）意即：人能生活於世，原本應該真誠而正直，沒有真誠與正直而能活著，那是靠僥倖得免。「誠之者，人之道」，意即：讓自己真誠，是人的正確途徑。這句話凸顯了人的特色：做到讓自己真誠才可肯定人的道德主體性，也才可彰顯人性的尊嚴。

人的身體同自然界的其他生物相似，都是餓了就想吃，渴了就想喝，累了就想睡，這是「誠者」，即真實無妄的狀態。所以，我們的身體屬於自然界，而我們的心屬於自由界。

自然與自由不同，自然是有規則的，所以自然的就是必然的；自由代表可以選擇，所以叫做自由。西方哲學對此分得很清楚，康德在他的墓碑上留下一句話：「在我頭上是眾星之天空，在我心中是道德的法則。」星星是自然界，我的心是自由界，心中是道德的法則。自然界沒有道德問題，只有存在問題。

所以人的生命，以身體而言，只有活下去的問題。但人的心就可以做決定了。因此，孟子才會說：「生，亦我所欲也，義，亦我所欲也。兩者不可得兼，舍生而取義也。」

用西方的觀念來說，天之道代表實然，實際的樣子，用英文來說就是「to be」。人類還有應然的問題，應該怎麼樣，英文叫做「ought to be」。只有人類才有應該的問題，動物沒有應該的問題。一隻鳥應該會飛，不是說它可以選擇不飛，而是就它的本能來說。鳥會飛，魚會遊，這是對自然的觀察。鳥本來就會飛，沒有什麼應該不應該的。人的世界有自由選擇，才有應該不應該的問題。

真誠是人的正確途徑

如前所說，「誠之者，人之道」，意即讓自己真誠是人的正確途徑，這句話凸顯了人的特色，做到讓自己真誠，才可以肯定人的道德主體性，也才可彰顯人性的尊嚴。道德主體性的意思是說，道德是主體應該負責的，一個人如果沒有道德主體性，就只是別人的工具，變成了客體。主體與客體相對，客體就是物件，是外在的東西。人在真誠時，就變成主體，清楚知道我要不要做，是別人讓我做，還是我自己要做的。

所以我一直強調，人生的修養應以孔子勸顏淵的話為圭臬。顏淵請教孔子人生的路該怎麼走，孔子說「克己復禮為仁」。能夠自己做主，去實踐禮的規範，就是人生的正路。任何時候能夠自己做主，去實踐禮的規範，天下人便會說你走上了人生的正路。走上人生的正路要靠自己，難道要靠別人嗎？

「克」意為「能夠」，《大學》裡的「克明峻德」、「克明德」都是「能夠」的意思。「己」在這句話中做為第二個字當主詞用，這樣的例子也不少，如「恭己正南面」、「行己有恥」。孔子對顏淵的告誡就是要「化被動為主動」，人生的一切修行都在化被動為主動。孔子的「仁」一定包括真誠在內，他說「巧言令色，鮮矣仁」，「仁」就是真誠。因為巧言令色是表現於外給人看的，很少有真誠的心，這代表真誠的心一定是內在的。孔子講「誠」的時候，不說「誠」而用「忠」，「盡己之謂忠」；用「直」，內心真誠而正直。從這些方面去瞭解的話，就知道儒家的立場是化被動為主動，這樣人格就會達到一個高度，才有它的道德主體性，人性的價值與尊嚴才能充分呈現，這是儒家重要的觀點。

聖人是真誠到極點的人

「誠者，天之道也；誠之者，人之道也」，真誠是天的運作模式；讓自己真誠，是人的正確途徑。「誠」這個字在古代，就是指實實在在的樣子。天不可能不真誠，春夏秋冬不會亂掉，它是有規則的。而聖人的真誠，就是沒有努力就做成善行，沒有思考就領悟善理，從容自在就合乎正道。

經由本段所說的兩個「誠者」，我們可以把「天之道」與「聖人」聯繫起來。這種聯繫亦見於《孟子．盡心下》：「仁之於父子也，義之於君臣也，禮之於賓主也，智之於賢者也，聖人之於天道也，命也，有性焉，君子不謂命也。」聖人的表現是：「不勉而中，不思而得，從容中道。」朱注指出：「不思而得，生知也；不勉而中，安行也。」聖人是「生知安行」的人。問題在於：這樣的聖人是天生的還是修養成的？若是天生的，則凡人如何企及？若是修養成的，則如何可說「生知安行」？我們認為：儒家的聖人應該是修養成的，像孔子描述自己「七十而從心所欲，不逾矩」（《論語．為政》）；孟子也承認自己到了四十歲才「不動心」（《孟子．公孫丑上》）。聖人是人類裡面修行到最高境界的人，是真誠到極點的人，全無私心，所以合乎「天之道」的運作方式。

儒家修養的最高境界，用兩個詞來說，就是自然的與應該的。自然做的都是應該做的，應該做的都做得自然，就是最高境界。修行不夠的人，自然做的都是不應該做的，應該做的都做得不自然。「從心所欲」，就是我自然要怎麼做就怎麼做，「不逾矩」的「矩」就是指規範，就是應該做的。所以說聖人沒有努力就做成善行，沒有思考就領悟善理，從容自在就合乎正道，這就是聖人。善行並非要幫誰的忙，而是自然而然就形成了，就像自然界一樣美妙，到春天的時候就開花了，到秋天的時候就結果了。相對的，看到自然界的美妙，就想到人類的破壞。如果沒有人類的話，自然界就會生態平衡。人一旦介入的話，就會使它變得更好或更壞，不過那是以人的想法做為標準。

後面會談到天下最真誠的人，如何把自然界的變化與人類的作為結合起來，這是《中庸》的特色。《論語》和《孟子》裡沒有特別關注自然界，因為自然界有它的規律。《中庸》則進一步說人如果做得好的話，可以進而影響到整個自然界，第二十二章就會談到「贊天地化育」。聖人合乎天道，天道本來是指自然界的運作規律，聖人融入其中，與它一起自然地運行，沒有任何違背的地方。但是，一般人是第二種，讓自己真誠，就是選擇善行並且堅持下去，也就是擇善固執。擇善固執就是人之道。換言之，人活在世界上就是要努力擇善，一輩子都要擇善，然後堅持下去，目的是止於至善。

「止於至善」出於《大學》；「擇善固執」出於《中庸》；「人性向善」是我們研

究《論語》、《孟子》的心得，放在第一個位置正好。如果說人性本善，又何必擇善固執？所以一定要講向善，才能夠說擇善。

向善到擇善之間，需要明善、知善。所以要受教育，知道什麼叫善，明善才能誠身，這是合理的思維。

孟子說的「仁義禮智」，是在父子之間有仁德，君子之間有道義，賓主之間有禮儀，賢者是指有智慧可以分辨，至於聖人，則與天道連在一起。這是「命也」，命代表規定或命運。既然是父子就應該有仁，是君臣就應該有義，這不只是外在的命令，有本性做為根據，所以君子不說這是純粹的命運。

「有性焉」，「性」代表內在的根據，是由內在而發。父子關係有本性作基礎，父子有天性的親情。君臣有外在的規定，要講道義，但是身為臣下，內心也有對於長官、對於國君的尊重，要實踐自己的責任。

所以每一種關係都有其規定。聖人之於天道，同樣也有「性」做為根據，所以聖人的表現是不勉而中，不思而得，從容中道。

自然界沒有私心，超然運作

自然界的運作，沒有私心，所以完全超然。超然就好像道家《老子・第一章》：「故常無欲，以觀其妙；常有欲，以觀其徼。」這句話有人把它解成「故常無，……；常有，……」其實帛書《老子》的斷句不是這樣。第一句話的意思是，人沒有欲望的時候，可以看到萬物的奧妙。宇宙萬物真是奧妙，但人不能干預，它顯示了物競天擇、適者生存的方式。所以人不能介入，只有無欲，不要有任何念頭，任由自然界自己去發展，保持生態平衡。

第二句：「常有欲，以觀其徼。」「徼」是邊界，廣大的邊界，人要有欲望才能看出萬物的範圍及適用的邊界。人有欲望與需要，所以就觀察萬物的特性，並且加以使用，以改善人類的文明。很多人說老子怎麼可能講有欲呢？其實《老子》一書中至少談過六次欲望。有欲望不是壞事，大國喜歡統治小國，小國喜歡歸併大國，各取所需，都有欲望。聖人想要在老百姓前面，就要退讓到老百姓後面。《老子》書中至少有六個「欲」字都是好的，他所擔心的是人有偏差的認知才產生偏差的欲望。老子說百姓最好是無知無欲，因為與其有偏差的知，不如什麼都不知道，然後讓聖人來統治即可。

《老子》談聖人的次數，在比例上是所有古書裡面講得最多的。八十一章裡面有二十四章出現「聖人」這個概念，還有另外與聖人有關的概念，如「我、吾、有道者、為道者」等。這些概念都和聖人一樣，是相對於百姓而言的。這樣，八十一章裡面至少有三十六章出現了聖人的概念，就是悟道的統治者。他悟道又是統治者，才能夠讓整個社會無為而治。所以聖人無為，無為而無不為，什麼都沒做也什麼都做完了，這是靠智慧。在這裡，儒家的聖人與道家的聖人有點類似，不勉而中，不思而得，從容中道，根本不用特別去想什麼，要做什麼，很自然就恰到好處了。

擇善而固執

經由本段所說的兩個「誠之者」，我們可以把「人之道」與「擇善固執」聯繫起來。由此接上《中庸》第一章「率性之謂道」一語，可知「率性」（順著本性走）即是「擇善固執」（人之道）。那麼，「天命之謂性」的「人性」是什麼情況？若說它是「本善」，何來「擇善」的要求？若說它是「向善」，則從「向善」（人之性）到「擇善固執」（人之道）之間，正是需要「明善」。

如前所述，要誠身須先明善，要讓自己真誠（誠之者），先要知道什麼是善。這種說法可以連貫為一。我們於此可以重述第一章的論點：「天命之謂性，率性之謂道，脩道之謂教。」也就是：天所賦予的即是人的本性（這種本性是向善的）；順著本性走的即是人的正路（順著向善要求走，就是要擇善固執）；修養自己走在正路（擇善固執）上的即是教化。所謂「中庸」，即是指「擇善固執」這種「人之道」而言。「善」是我與別人之間適當關係之實現，具體落實於五達道（君臣、父子、夫婦、昆弟、朋友之交）。至於「三達德」（智仁勇），則是擇（智之事）善（仁之屬）固執（勇之行）的方法。「中庸」即是「用中」，「用」為「擇而固執」（兼智與勇而言），「中」為「善」（仁之發用）。如此，《中庸》之體系可謂完備。

做學問總要抱持著一些立場，如果學了《中庸》之後，還只認為「中庸」是指「不偏之謂中，不易之謂庸」，這種解釋等於什麼都沒講。我們主張「中庸」就是用中，用中就是擇善固執，為此我們肯定第二十章的重要。

〈20.6〉

博學之，審問之，慎思之，明辨之，篤行之。有弗學，學之弗能弗措也；有弗問，問之弗知弗措也；有弗思，思之弗得弗措也；有弗辨，辨之弗明弗措也；有弗行，行之弗篤弗措也。人一能之，己百之；人十能之，己千之。果能此道矣，雖愚必明，雖柔必強。

要廣泛學習，要仔細請教，要謹慎思考，要清楚分辨，要切實實踐。不學習則已，學習而未能熟練絕不肯停止；不請教則已，請教而未能瞭解絕不肯停止；不思考則已，思考而未能領悟絕不肯停止；不分辨則已，分辨而未能清楚絕不肯停止；不實踐則已，實踐而未能切實絕不肯停止。別人一次就辦到的，我就算做一百次也要辦到；別人十次就辦到的，我就算做一千次也要辦到。如果真能採取這種方法，再怎麼愚笨的人也一定變得明智，再怎麼柔弱的人也一定變得剛強。

分辨透徹與切實實踐

明智是指人的認知能力；剛強是指人的行動力，要堅持下去。「雖愚必明，雖柔必強」這八個字，對世人是很大的鼓勵。

「博學之」這五句話，一般認為前四句為一組，「博學、審問、慎思、明辨」針對「知」，而「篤行」則是針對「行」。由此可見，《中庸》認為「知」顯然是比「行」更為複雜，也更為困難的。不過，一旦完成「知」的任務，後面的「行」是一生的挑戰。孰難孰易，未可輕言。前面的偏重擇善，需要知善。瞭解一個道理真是不容易，要反覆學習，要學要問，要思要辨，但行的時候就比較容易嗎？

行是一輩子的事情，困難在後面的固執，如何堅持下去。我長期以來默念這句話：「人一能之，己百之；人十能之，己千之。」這也是我的讀書習慣。人生就是修練，今天有一點點本事都是修練來的，不是偶然僥倖得到的。修練永無止境。外在的能力，在修練到某個程度時可以得到相對的肯定。例如，「蜀中無大將，廖化做先鋒」，這是相對的肯定。比較的時候不能只比較同一個時代，要突破時間的限制與歷代的人比較，這才知道誰是豪傑。每個人修練的立足點都平等，沒有人生下來就擁有某種境界，必須真的去明善、行善才行。也許有人天生基礎好一點，但還是要自己修練，修練到某個程度之後，生命就趨於穩定。德行好的人不會驕傲，德行愈好的人愈謙虛，所以西方人說：「成熟的麥穗總是低頭的。」

博學、審問、慎思、明辨，四點都與「知」有關，只有第五點是「行」。由此可知，儒家認為「知」太重要也太困難了，想分辨透徹是要下功夫的；至於實踐，如果沒有瞭解透徹，也不可能徹底實踐。

先談學習，我們讀書都有這樣的經驗，例如練習寫字，一個字不會，非練到會為止。有些人的名字很難寫，要好久才學會寫自己的名字，但最後總是要學會的。

向別人請教，不請教則已，不能瞭解絕不肯停止。我這方面的經驗很多，學生向我請教時，我只感覺得到他們表現出的想理解、想學習的熱忱。老師會希望學生們至少可以懂得某些觀點，或是抓得住某些想法，不見得是全面的瞭解，所以學生要盡量請教。再者，不思考則已，思考而未能領悟絕不肯停止。對一個問題深入思考，一定會有些心得。我們讀書，為什麼隔一段時間就忘記了？如果真的用心去思考，想通了以後就變成自己的想法，再也忘不掉，這便是思考的效果。

不分辨則已，分辨而未能清楚絕不肯停止。要分辨好人壞人，分辨是非對錯，分辨一個人的善意惡意。所以，只要事情沒做好都是有原因的，要從不同的角度思考。是不用心還是沒有誠意？或是能力不夠？或是瞭解錯誤？要分辨清楚。

最後是實踐，不實踐則已，實踐而未能切實絕不肯停止。我們講到善，要實踐起來是永無止境的，所以它的快樂應該由內而發。孟子說舜的父親極度昏昧，但他還是繼續孝順，還能夠讓這樣的父親開心，父子之間相處圓滿。他做了最好的示範，在最壞的環境之下達到最好的效果。天下人由此明白自己的環境還不算最壞，就很容易做到孝順了。儒家強調只有對父母親的孝順責任是單向的，其他關係都是相互的，都要自己衡量與選擇，沒有誰一定要委曲求全，以致最後善惡不分。

能夠對善瞭解透徹，實踐善才能切實。後代講到知行關係的時候，以王陽明說的最為透徹：「知是行之始，行是知之成。」知是行的開始，不知不會去做。儒家談到知與行的關係時是很深刻的。與西方做個對照，古希臘時代的蘇格拉底說過：「知識就是德行。」如果未能對德行有所瞭解，就不會去實踐德行。有些人碰巧實踐德行，但是遇到考驗不會持久。例如，不懂什麼叫做孝順，偶爾也會有孝順的表現，但是遇到考驗時就不會堅持了。平常對別人講信用，遇到考驗的時候，發現講信用損失很多就放棄了。如果瞭解講信用的意義，即使再怎麼困難，再怎麼吃虧，照樣會堅持。

我們在對照中國與西方的思想時，不要把兩者想像成截然不同的個體。有人說西方人只重視認知，中國人只強調實踐，這種二分法過於簡單了。其實中國與西方思想上相通的部分很多，因為同樣是人，西方人做好事也會覺得內心快樂，做壞事心裡也會不安。不同之處在於如何解釋。一般來說，西方傳統是靠信仰，因為上帝無所不知，無所不能，所以人的內心不安，有一半歸因於上帝知道了。

有同學參加合唱團，別人一兩次就會了，他回家要練一百多遍。但是練會之後，合唱時大家都唱得一樣好。別人如果十次就辦到了，我就要做一千次，照樣辦到。這就是練習的重要。經過這樣練習之後，再怎麼愚笨的人，也一定變得明智。一般講愚笨與明智，往往看你是否經常注意到某個問題，久而久之就變成專家了，就像久病成良醫，有誰比你更瞭解自己的身體？

「人一能之，己百之」這句話適用於每一個人，有志者事竟成。《中庸》中此語最令人感動。最後結語「雖愚必明，雖柔必強」，含有至理，值得我們省思及效法。

第二十一章

〈21〉

自誠明，謂之性；自明誠，謂之教。誠則明矣，明則誠矣。

由真誠而能明善，可稱為本性的作用；由明善而能真誠，可稱為教化的作用。真誠到一定程度就會明善；明善到一定程度就會真誠。

由真誠而明善

古文實在太扼要了，這麼簡單幾個字，講起來真不容易，其核心就是兩個字：「明」與「誠」。其中又提到「性」與「教」，呼應了第一章中的「天命之謂性」與

「脩道之謂教」。由真誠而能夠明善，可以稱為本性的作用。注意第一句的斷句是：

自誠，明。

每個人處在不同的環境，不見得都有受教育的機會，很多偏遠地區的人沒有受教育的機會，一輩子是文盲。但他仍然是一個人，只要真誠，就能夠明白什麼是善。孟子說：「可欲之謂善。」有沒有受教育不是重點，內心真誠時，看到喜歡的事，那就是善。例如，看到年輕人讓座或者幫忙提行李，你內心覺得很喜歡，那就是善的行為。從真誠而能夠明白什麼叫做善，這是本性的作用，每個人都有機會。否則若要先明善才能夠誠身，許多人沒有機會碰到好的老師，該怎麼辨呢？沒有明善就一輩子不能真誠嗎？事實上，人的本性都能帶你走向真誠或不真誠。真誠自然就會知道善，這是本性的作用。

通觀本章，可知「自誠明」的含義為「由誠而明」。「誠」是真誠，「明」是明善。《孟子．盡心上》說：「盡其心者，知其性也。」「盡其心」即是真誠到極點；「知其性」即是知道本性的要求是行善避惡，即是明善。《中庸》前面肯定「誠之者，人之道」，又說「不明乎善，不誠乎身矣」。那麼，天下最早的人如何明善呢？

若不願相信某種上天的啟示，就必須接受「由真誠而明善」的可能性。並且，這種可能性是人人具備的，所以必須接著說「謂之性」。孟子強調「聖人先得我心之所同然耳」（《孟子．告子上》），即是此意。

值得補充說明的是，這個「性」與第一章「天命之謂性」的「性」是同義的，是人人都有的本性。朱注說：「德無不實而明無不照者，聖人之德，所性而有者也，天道也。」我們的質疑還是一句話：「聖人」是天生的還是修養成的？即使孟子說過「堯舜，性之也」（《孟子．盡心上》），他的意思也是指聖人是順者本性去行善，這也即是《中庸》第一章所說的「率性之謂道」的「率性」。當然，極少數人能做到堯舜的「率性」，但在理論上這是人的本性所具有的能力。

充分實踐出來叫做「盡」，如果有人問你做事有沒有盡力，就是問力量是否全部用完，沒有任何保留，沒有任何剩餘。所以「盡心」是對於心的各種要求全部做到。孟子認為人的心有四端：惻隱之心、羞惡之心、辭讓之心、是非之心，由此發出來之後，變成四種德行，叫做仁義禮智。所以人活在世界上，心隨時都在運作，盡就是充分實現。如果充分實現內心的要求，就知道自己的本性是向善，而不是本善。因為心只有四端，端代表開頭。能把這些開頭都做完，就是說我把內心的要求全部做到，就會得到四種善的結果，由此可知我的本性是向善的。因為有本性才有這樣的心，所以我盡其心，知其性。

孟子還說「知其性，則知天矣」，意思是：我知道我的本性之後就知道天了。這句話正好回應了《中庸》的第一句「天命之謂性」，所以後面推展出結論：「存其心，養其性，所以事天也。」我保存內心的要求，把我本性的能力充分地培養與實現出來，這就是侍奉天的方法。人為什麼要侍奉天呢？因為天命之謂性，上天給我這樣的本性，讓我變成一個人，我把本性充分實現了，就是回報天最好的方法，所以人要回報天，就要行善。

「天生萬物以養人，人無一善以報天，殺殺殺殺殺殺殺」，這是明末農民起義領袖張獻忠有名的七殺碑。他認為上天生出萬物，來養育人的生命，人卻沒有一種德行可以回報天，所以他自己起來作亂代天行義。他說了七個殺，其實最該殺的是他自己，這樣光顧著殺別人，自己也沒有做到善，有什麼德可以報天呢？

人為什麼要像孟子所說要事天呢？因為人要知道自己生命的來源。人能夠思考與選擇，這個世界本來沒有我，現在我既然存在了，該怎麼使我存在的意義充分實現出來呢？任何東西的存在，都有它的理由。自然界每一樣東西，都有它按照自然規律應有的表現。人與其他生物不同，不僅能夠成長，還要配合人性行善避惡的基本要求，充分實現之後才能回報使人存在的天。只有人可以選擇要不要回報，動植物不能選擇，只能按照自然條件生長。最重要的是人，人沒有受到好的教育，就枉費一生為人，如同孔子所言，僥倖得免。

聖人真誠到極點所以明善

最早教導我們善的是聖人。聖人原來也是平凡人，他們怎麼明善的呢？他們是真誠到極點所以明善。聖人真誠到極點，明善之後就教導別人善，人們聽了之後，發現果然不錯，就照聖人的方式來做，實踐的時候很快樂，又符合本性的要求。這是一個合理的解釋，所以誠則明必須要成立。否則最早告訴人們善是什麼的人，他是怎麼知道的？難道是接受神明的啟示嗎？所以只能說，那是真誠到極點的人。

聖人對於人類的心比我們更早得到領悟。一般人對於快樂，有各種複雜的想法。例如，覺得做到孝順是一件辛苦的事，怎麼會快樂呢？聖人是孝順之後很快樂，他認為就算再累，只要看到父母快樂，他就覺得更開心。一旦這麼想，就會發現果然如此。這些道理如果沒有人教的話，就不見得會懂，因此需要妥善的教育，讓人明白符合人性要求且更高層級的快樂。如孟子所說的，聖人先得到我們心裡面共同認可的做法。

對於朱熹的注解，我們的質疑還是這句話：「聖人是天生的，還是修養成的？」如果是天生的，我們都沒希望了。因為我們不是天生的聖人，無法相比也學不來。所以孟子的見解正確，聖人是比我們更真誠的人，他先知道人心共同的要求是什麼。

由明善而能真誠

「自明誠」意指由明善而能真誠，大多數人皆是如此，所以「謂之教」。人能分辨善惡，內心便會自覺有股力量在要求自己真誠，去行善避惡。《易經・乾卦・文言傳》說：「閑邪存其誠。」要防範邪惡以保存自己的真誠。可見真誠與邪惡勢不兩立，因為人一真誠，立即察覺內心有「向善」的要求，因而無法容忍邪惡。孟子雖然認為舜是聖人典型，但是他也曾描述舜如何「由明善而能真誠」。他說：「舜之居深山之中，與木石居，與鹿豕遊，其所以異於深山之野人者幾希。及其聞一善言，見一善行，若決江河，沛然莫之能禦也。」（《孟子．盡心上》）由此可見，舜若未曾「聞一善言，見一善行」（此為明善），就不會「真誠」而促使內心的行善要求「若決江河」。

朱注在此又說：「先明乎善而後能實其善者，賢人之學，由教而入者也，人道也。」他依此二語區分聖人與賢人，以及天道與人道。這種區分並無實質意義，此由孟子上述之語可知。

人如果常常聽到好的道理，自然就會產生嚮往的心；如果沒有聽到好的道理，就無從嚮往，所以這就叫做自明而誠。真誠與邪惡勢不兩立，所謂邪惡，是人所知道的邪惡，假如不知道這是邪惡的，就無法責怪他。「不知者無罪」是普世的原則。

孟子舉舜為例，表示舜與樹木、石頭住在一起，和野鹿、野豬一起遊玩，與未受教育的純樸鄉下人沒什麼差別。他比較特別的是聽到一句善的話，看到一件善的行為，內心就像江河決堤一樣，沛然莫之能禦。這就是人性向善，由明善而能夠誠身，也就是「自明誠，謂之教」。

「自明誠，謂之教」比較普遍。由明善而能真誠，可稱為教化的作用，整部《中庸》所談就是從明善而真誠，孟子也是這麼說的。因為明善之後，遇到事情就會反問自己：我學過什麼叫善，那我現在做這件事合不合乎那個標準呢？如果不明白什麼是善，則無從對照。一旦知道善是什麼，做任何事就會想：我這樣做算是孝順，我這樣做算是講道義嗎？我這樣做算是守信用嗎？所以一個人只要受過教育，就代表他由明而誠，因為明善而誠身，這是大多數人的狀況。

真誠與明善不可分離

最後「誠則明矣，明則誠矣」，真誠到一定程度就會明善，明善到一定程度就會真誠。古文寫得很扼要，在這裡要加上「到一定程度」，否則何必一定要去學習呢？

只要明、只要誠就好了。真誠有個程度的問題，假如真誠只有三分，距離十分還有很大的空間。真誠到一定程度就會明善，明善到一定程度就會真誠。因為明白了什麼叫善，就會問自己到底有沒有做到呢？這就是真誠。用自己的行為，來對照善。

但是，做到「自誠明，謂之性」的不知道是誰，所以孟子的論述，也有值得商榷之處。一方面他說「堯舜性之也」，一方面又說舜本來與深山野人沒有差別，他是聽到別人善的話，看到別人善的行為。那麼，他所看到、所聽到的那個做了善的行為或說了善的話的人，自己知道這是善嗎？未必如此。也可以說舜很真誠，所以他看到別人善的行為，即使當事人不見得知道那是善事，舜看到之後，內心就好像江河決堤一樣，鼓勵自己一定要向他學習。

所以，有時候明善和誠身是相互為用的。當一個人做好事時，即使他並不知道自己做的是好事，別人看到也可能起而效法。但是，一個人偶然做好事，不知道自己做的是好事，就不見得會堅持下去，因為他對善沒有真正的理解。原始社會中，大家都一樣過日子，有些人的行為被認為是孝順，有些人的行為被認為是不孝順，他們自己也不知道那是怎麼回事，該怎麼辨才好，就這樣生活了很多年。但是有一個人特別真誠，當看到別人孝順的行為就很喜歡，看到別人不孝的行為就很討厭，這個人就是舜。這是舜真誠的地方，由真誠而明善，也可以講得通。以舜為例，說他是自誠明或自明誠都能講得通。我們也一樣，一旦真誠，就發現善的行為讓我們喜歡，行善的時候就會把這個善與自己的真誠對照。由此可見，舜若未曾「聞一善言，見一善行」，也可能不會真誠而促使內心的行善要求「若決江河」。

真誠與明善是不可分離的兩種功夫，所以「誠則明矣，明則誠矣」的譯文是說：真誠到一定程度就會明善，明善到一定程度就會真誠。這樣就沒有什麼語病，道理也講得比較清楚。

朱熹在本章之後，加了一段話：「右第二十一章，子思承上章夫子天道、人道之意而立言也。自此以下十二章（亦即到《中庸》結束）皆子思之言，以反覆推明此章之意。」我們的疑惑是：第二十八章兩次引「子曰」，或許仍可視為引言，但第三十章又出現「仲尼」之名，似非子思所可直言者。所以，朱熹的這種解釋與分法，僅供參考。

第二十二章

〈22〉

唯天下至誠，為能盡其性；能盡其性，則能盡人之性；能盡人之性，則能盡物之性；能盡物之性，則可以贊天地之化育；可以贊天地之化育，則可以與天地參矣。

只有全天下真誠到極點的人，才能夠充分實現他自己本性的要求；能夠充分實現自己本性要求的人，才能夠充分實現眾人本性的要求；能夠充分實現眾人本性要求的人，才能夠充分實現萬物本性的要求；能夠充分實現萬物本性要求的人，才有可能助成天地的造化及養育作用；可以助成天地的造化及養育作用的人，就可以與天地並列為三了。

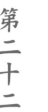

至誠之人可以充分實現自己與眾人本性的要求

「至誠」是達到真誠的最高程度，亦即真誠到極點。這樣的人應該是指理想中的聖王，他的修養效應才可能一直向外推擴。否則，深山裡來了一個「唯天下至誠」之人能夠影響誰？因此這個人一定是聖王，德為聖人，尊為天子，才能夠站在最高的位置上，一言一行做為天下百姓的表率，才有可能盡其性，則能盡眾人的本性。

孟子談「盡其心」（《孟子．盡心上》），因為「心有四端」（惻隱、羞惡、辭讓、是非）（《孟子．公孫丑上》），這四種善端有如潛能，只要充分實現，就會「知其性」，瞭解自己的本性是向善的。《中庸》在此談「盡其性」，就表示人的本性也有潛能，等待人去充分實現。「盡其性」的具體表現即是行善。行善不是外在的要求，是人盡其心、盡其性，自然就會行善。善是我跟別人之間適當關係的實現。我是天子的話，別人就是天下人，因為天子的身分，相對的是天下每個人。孔子的志向是老者安之、朋友信之、少者懷之，但是，他有沒有做到這一點？沒有做到，因為他不是天子。

聖王若是盡己性，即是做到孔子所謂的「堯舜其猶病諸」（連堯舜都覺得難以做到的事），亦即做到「博施濟眾」（《論語．雍也》）與「修己以安百姓」（《論語．憲問》）。由「盡其性」推到「盡人之性」，其中的關鍵正是儒家對「善」的定義。這種觀點在理論上也許可以做到，但在實際上連堯舜都未能成功。自此以下的說法就更加困難了。

全天下真誠到極點的人，一定是很少數，真誠到極點，就可以充分實現本性的要求。能夠充分實現自己本性要求的人，才能夠充分實現眾人本性的要求。當國家領袖，充分實現自己本性的要求，就可以充分實現眾人本性的要求。問題是，眾人不用自己實現本性的要求嗎？要靠領導者一個人來充分實現眾人本性的要求，這就有點勉強。但是，從儒家的立場來看，風動草偃，領導者做得好的話，「其身正，不令而行」（《論語．子路》），百姓被同化了，勉強可以講得通。

我在講儒家的時候，經常會強調幾個定義，這些定義不是孔子、孟子給出的，是我研究之後的心得。例如，善是我與別人之間適當關係的實現。很多人說善是一種動機，或者善是一種結果，這些都不容易講得通。「善」這樣的動機，應當怎樣解釋呢？例如，我只要有一個善念，做出來的事情就是善的。其實不然，有善念結果反而害人的例子不少。因此怎麼能說「動機是善」就算善呢？有些人專看行為的結果，因為動機看不到，所以行為對別人有好處就是善的，但這是真的嗎？例如，有人到處去幫助別人，但其實心裡面卻懷著不純的動機，請問這是善的行為嗎？行善到最後，也只是工具而已，怎麼可以說這樣的人是善人呢？

所以，儒家對善的基本立場是把它擺在人與人之間，這叫做人文主義，也就是不能只把別人當作手段來利用，同時也要尊重別人是一個目的，是與我一樣的主體，這即是「己所不欲，勿施於人」。所以這個善的定義很清楚：我與別人之間適當關係的實現。問題在於怎麼樣才算是適當？我一再重複的就是要考慮：內心感受、對方期許、社會規範。「適當」兩字常常在變化之中，所以儒家強調智慧，不能夠膠柱鼓瑟，而忽略了時代的變化與觀念的調整，如果只是一意孤行，那不叫善，而是頑固。這就是瞭解儒家思想的關鍵，理論上也許可以做到盡己之後盡人之性，但實際上，連堯舜都不見得做得到。

至誠之人能充分實現萬物本性的要求

能夠充分實現眾人本性要求的人，才能夠充分實現萬物本性的要求，一個是人類的世界，一個是萬物，人怎麼去充分實現萬物本性的要求呢？要講得通，只有回到第一章最後一段：「中也者，天下之大本也；和也者，天下之達道也。致中和，天地位焉，萬物育焉。」「中」的狀態是天下眾人（人類）共同的基礎，「和」的狀態是天下眾人通行的正路。天下眾人完全做到中與和，代表人的世界穩定上軌道，天地就各安其位，萬物就生育發展了。這裡呼應第一章，說明儒家的思想是以人類為中心，人類關係如果和睦的話，自然界就完全沒問題，這是一種很樂觀的想法，也是一種負責任的心態。

能夠充分實現萬物本性要求的人，才有可能助成天地的造化及養育作用。天地是萬物生存發展的場所，所以天地對萬物有化育的作用。

「可以贊天地之化育，則可以與天地參矣。」「與天地參」的「參」也可以讀為參加的參，可以與「天」、「地」並列，也就是天地人這三個層面。人可以參贊天地的造化，贊與參合在一起，代表人的偉大。但問題是，天地化育的，除了人類之外就是萬物，要怎麼參贊呢？萬物需要人的幫忙嗎？前面說過「天地之大也，人猶有所憾」（第十二章），《中庸》的特別之處，是它與《論語》、《孟子》相同，都注意人間的安頓，不同的是它還把範圍推廣到萬物，因為人間和萬物共同的來源是天。這個「天」與天地的天不同，「天命之謂性」的天和天地的天是兩回事。只講天，代表宇宙萬物的來源；講天地就代表宇宙大自然，是一個容納的場所。天沒有不覆蓋的，地沒有不承載的。

如果人類全都充分實現了本性，既安頓和諧又不斷行善，那麼萬物的本性就不會受到干擾、扭曲或毀滅了。萬物所構成的生態環境有其自然規律，因此從消極方面說，只要人類不去干預，萬物自可盡其本性。

我們講到地球生態環保時，有一句話非常經典：「只要讓地球休息，它就會自己復原。」有機體會自然調節，讓它休息，它就會復原，不必刻意做什麼。所以人的社會，如果都安定和諧、沒有戰爭，自然界本來就比較平靜。

至誠之人能助成天地的化育功能

天地的造化與養育功能，為何需要人去助成呢？這裡所預設的是：自然界難免會出現一些突發的意外狀況，如各種自然災難。或者，某些狀況在人看來是對萬物不利的，人才要助成天地的化育。由此觀之，《中庸》第十二章所謂「天地之大，人猶有所憾」，可以重新理解為：聖人既要擔心人類是否受到良好教育，又要擔心天地化育萬物是否合乎理想的狀況。

如果沒有人類的話，自然界本身無所謂災難。地殼變動就地殼變動，很多生物都死了，但這邊死得多，那邊才生得多。有的人看問題喜歡只看一半，「天地有好生之德」，他忽略天地也有好死之德，萬物生生不已，另外一邊是死死不息。光生生不已，這個世界會爆炸的。所以生態平衡本身就是要看到全面，而不要只看到一部分。從人的角度來看，萬物有一些地方需要我們來配合。

儒家與道家都有一個特色，就是要把人類的偉大充分實現。所以《老子》第二十五章中說「道大，天大，地大，人亦大」，如果真正瞭解這句話，就明白道家不只是無為而治。

如果道家說的「無為」是人生下來不要刻意做任何事，那怎麼可能變成和天地一樣大呢？人要修練自己，讓他的心和道一樣可以包容一切，就自然大了。心之大與小要看它能夠包容什麼，就像一個杯子有多大是看它能裝多少水，我的心如果能體驗道的話，就和道一樣大，這是道家思想的基本觀點。儒家說人和天地一樣，所以要幫助天地的造化，這樣人可以和天地並立為三。這兩家學派都是尊重人的生命，認為人有很多潛能可以開發出來。

第二十二章是我的老師上課時很喜歡朗誦的話，大家聽了都覺得悠然神往，但下課之後完全是另一回事，哪裡有天地至誠之人呢？根本找不到。世界自古以來都在分分合合、浮浮沉沉之中；人與人之間也是時好時壞，也有各種複雜的情況。這種理想什麼時候實現呢？很多時候一個學派的理想，不要問它能不能實現，要問這個學說的立場是否合理，這樣就夠了。儒家講人性向善、擇善固執、止於至善，人類社會安定之後，自然界也將跟著安頓，這是基本的構想。

第二十三章

〈23〉

其次致曲。曲能有誠，誠則形，形則著（ㄓㄨˋ），著則明，明則動，動則變，變則化；唯天下至誠為能化。

其次談到修養功夫，就是要推究隱微的意念。由隱微的意念能夠產生真誠的心態。真誠到一定程度就會表現出來；表現到一定程度就會彰顯開來；彰顯到一定程度就會發出光明；光明到一定程度就會產生行動；行動到一定程度就會帶來改變；改變到一定程度就會造成轉化。只有全天下真誠到極點的人，才能夠教化眾人。

真誠之後的六個步驟

在講過真誠之後，上一章就出現了「唯天下至誠者」的表現，可以透過他的修練，讓天下人都充分實現本性，然後推到萬物，再推到天地。這一章的最後一句，也說「唯天下至誠」，代表真誠到極點的人才能夠教化眾人。

本章提到六個字，誠之後是「形、著、明」，代表展現開來；「動、變、化」，代表產生效果。這裡描寫的是由上一章的作為，再進一步談到一個人如何盡眾人之性，也就是變化眾人。

由「致曲」而能「有誠」，可知這是個人內心要做到真誠之前的活動。「曲」，偏曲，隱微之處，亦即今日所謂的「起心動念」。換言之，「致曲」就是要省察自己隱微的意念是否合乎「善」。一般人先明善才可做到真誠，「致曲」是介於「明善」與真誠之間的功夫。

真誠之後，有六個步驟：形、著、明、動、變、化。這六步所做到的皆為「善」，所以譯文不厭其煩地加上「到一定程度」。此六步驟又可分為兩組：「形、著、明」與「動、變、化」。在此所做的區分是參考孟子之語；到「明」的階段，即是「充實而有光輝之謂大」；到「化」的階段，則是「大而化之之謂聖」（《孟子．盡心下》）。由本章結語的「唯天下至誠為能化」可知此為聖人之功。如此，理解可以連貫起來。孟子在此還有最後一句：「聖而不可知之之謂神。」這句話配合《中庸》下一章所說的「至誠如神」，亦可相應。但是如此一來，孟子所謂的「聖」與「神」就不易區分了。

孟子所說的第一步「可欲之謂善」，是指內心真誠的時候，看到別人做出的事情「可欲」，就代表這是善的事情。亦即我沒有什麼成見，也沒有什麼特定立場，別人的行為讓我覺得很「可欲」，那就是善的行為。第二步是「有諸己之謂信」，我把我見到別人所做的善的行為，親身加以實踐，「信」代表真，如此我才是真正的人。所以人只是向善，他在行善時才是真正的人。第三步是「充實之謂美」，充實就是在任何時候、任何地方和任何人相處都可以做到善。沒有任何空隙，沒有任何欠缺，如此叫做美，這種美是人格之美。儒家講人格之美，就是把人性向善充分實現。第四步，「充實而有光輝之謂大」，發出光輝，是因為時時刻刻都能行善，在別人看起來，就好像見到光明一樣。一般人沒有光明，就在黑暗中摸索，一次做，一次不做；有時候做，有時候不做；天氣好的時候做，天氣不好就不做；心情好的時候做，心情不好就不做。但是充實的人沒有任何一次是錯過的，任何時候、任何地方、跟任何人來往都做到善，對別人來說就好像光明，讓他知道該怎麼做、該往哪裡走。「形、著、明」就是到了這一步，叫做充實而有光輝。

下一步「大而化之之謂聖」，「化」就是這裡所說的「動、變、化」。孟子說的幾句話、幾個詞，在《中庸》中把它再引申開來。「大」只是發出光輝，「化」是能夠教化眾人、感化眾人。發出光輝代表靜態，靜靜發光；化代表動態，已經能夠產生效果。這樣叫做聖人。

人的生命有無限可能性

儒家所謂的聖人，一定是德行和地位都達到一個最高的層次，才能夠像光一樣，放在高的地方。耶穌說過，你如果點了燈，不要放在斗底下，要放在桌子上，照耀全室的人。所以光明就是這樣，放在高的地方，然後能夠產生變化。當天子的政策，是要感動百姓，讓老百姓行善，產生教化的效果。可見到「動、變、化」的階段，都是聖人之功。如此理解才可以連貫起來。

一般人說到聖就結束了，孟子還加上最後一句，「聖而不可知之之謂神」。這句太精采了，就因為有這句話，使得儒家思想的境界無法想像，不可知之。一般人連「聖」都做不到，但竟然要做到聖，才能知道還有更高的「不可知之之謂神」。

我常強調「不可知之」有點像佛教所說的不可思議境界，不可思議是因為沒有概念可以描述。思考一定需要概念，概念來自於生活經驗，從來沒有這樣的經驗，沒有見過這麼高境界的人，所以無法想像、無法去思考什麼樣的情況。生命的偉大就在於肯定一個無法用言語、概念來描述的境界，代表人的生命具有無限的可能性。這是對人最高的肯定。如果一個人堅持修養自己的話，最後是「聖而不可知之之謂神」。這是儒家思想最精采的地方，亦即天人合德，達到與天一般的境界。自古以來能全部做到的是極少數，這句話與《中庸》下一章所說的「至誠如神」也可以相應。這是孟子所說的無法想像的奧妙境界。我們有時候覺得這些說法聽起來很好，其實並不知道是怎麼回事，這是因為我們還沒到那個層次。通常我們只能理解比自己高的一兩個層次，還沒到「大」，就不知道什麼叫「聖」；還沒到「聖」，就不知道什麼叫「神」。

孟子講這段話的背景，是他的學生樂正子在魯國要做大官，別的學生就問樂正子的修養到什麼程度，孟子說「四之下，二之中」。第四步是「大而化之」，樂正子只做到第二步，偶爾做到第三步。我們至少都可以做到第二步「有諸己之謂信」，在自己身上實現了善，這叫做真正的人，但是做不到「充實之謂美」。所以我們在閱讀二十三、二十四這幾章時，會覺得像神話一樣。

第二十四章

〈24〉

至誠之道，可以前知；國家將興，必有禎（ㄓㄣ）祥；國家將亡，必有妖孽（ㄋㄧㄝˋ）；見乎著（ㄕ）龜，動乎四體。禍福將至，善，必先知之；不善，必先知之。故至誠如神。

抵達真誠到極點的境界，可以預先知道未來。國家將要興盛時，必定會有祥瑞徵兆；國家將要滅亡時，必定會有妖孽作怪。它顯示在蓍草與龜甲的占卜中，也影響了人的行為舉止。災禍與幸福將要來到時，是好的，必定可以先知道；是不好的，也必定可以先知道。所以，真誠到極點的人，簡直就像神一樣。

占卜是古人預測未來的一種方法

「至誠之道」中的「道」為法則。修養抵達至誠之境，領悟此一法則的人，就會產生神奇的功效，「可以前知」，在事前就有辦法知道未來會發生的事。

「國家將興」這兩句話已成為名言。「禎祥」為祥瑞之物。「妖孽」，妖怪，今多指言行反常、驚世駭俗的人。但是，在判斷禎祥與妖孽時，很難找到客觀而有共識的標準。你說他是妖孽，他說你才是妖孽，那到底誰是，誰不是呢？說不清楚。

「蓍」為蓍草。古人以蓍草占筮，所依據的是《易經・繫辭傳上》所謂的「大衍之數五十，其用四十有九」。「龜」指龜甲，古人也以龜甲（或牛骨）進行占卜，所留資料即為甲骨文。《尚書・洪範》在談到「稽疑」（考察疑惑）時，也談到「謀及卜筮」。「卜」為龜卜，「筮」為蓍占。「四體」原指手腳，推及人的行為舉止。

「大衍」就是大的演算，像數學演算一樣，它用的數是五十。古人占卦的時候用蓍草，今日改成籌策，就像竹筷子一樣的，五十根籌策真正用的是四十九根。第一根拿起來橫著放到前面不動，叫做太極。雖然這是一張普通的書桌，因為有這樣的程序，它就變成了一個特別的場所，讓人可以進行占筮。接下來後面有一套操作程式，要先想好問題，做這個選擇結果會怎樣，結果出來之後，就是六個數字由下往上構成六爻。六爻出現之後形成一個卦，這時就要問有沒有變爻，再看它的爻辭怎麼寫，這就是問題的答案。

《易經》這本書三千年前就有了，它的重點在於怎麼解卦。解卦有專家。用適當的程式，讓人知道某一個選擇的結果如何，結果出來之後，自己可以選擇要不要照著做。如果不信邪而照樣去做，就試試看結果；如果已經知道結果而去改變，當然就可以避開災難，避開的方法很簡單，就是修養德行，所以《易經》不是算命，也不能說是迷信。

很多人占卦之後都會問有沒有辦法改變，這代表他有迷信心態，想要改變結果。其實人只能改變自己，改變自己就不叫迷信。修練德行、改變自己，設法不要做這個選擇，隔一段時間再說，這就是改變自己的策略。改變的時候，原來占的凶就不會出現，但它提醒你修練自己，所以經常占卦，之後對自己的要求就愈來愈高。

天道無吉凶，六十四卦沒有真的吉或凶，因為「易」代表變化，一直在變化之中。現在吉，下一步可能是凶；現在凶，接著就是吉了。人不能要求每天都吉，那就不是人生了。所以，要能夠適當瞭解吉凶，把修練焦點放在自己身上，《易經》是最好的幫助。例如，一家公司經營上出現問題，問十個顧問，十個顧問的說法都不一樣，最後仍須自己選擇。與其問這些人，各有各的見解，各有各的立場，不如問《易經》。因為《易經》沒有什麼特定的立場，它就是那麼神奇，告訴你將來的發展如何。這是古人最高的智慧，而不是迷信。十三經的第一本就是《易經》，是中國學問的極致，因為它可以讓人用占卦的方式預測未來的發展，很難有任何典籍能再超越它了。

古人以龜甲或牛骨進行占卜，所留的文字資料就是甲骨文。《尚書・洪範》談到「稽疑」，考察疑惑，就是當國君有疑惑時要向誰請教？其中包括：第一，「謀及乃心」，自己要先想清楚；第二，「謀及卿士」，讓專業官員參謀；第三，「謀及庶人」，就是徵求老百姓的意見；第四，就是「謀及卜筮」，卜和筮分開，卜是龜卜，筮是蓍草。這幾種方法怎麼用呢？要看問題是內政還是外交？是自己的事還是別人的事？

在未學《易經》以前，讀到這一段會認為它有迷信的色彩，感覺像是算命一樣，能夠知道未來；學過《易經》之後才發現，對古人而言，知道未來不是很大的問題。古代從夏朝到商朝，都有官員為君王負責占卜，就稱作「卜人」。要做重大決策的時候，例如要不要遷都？要不要戰爭？要不要救災？怎麼救災？都要先占卜，因為錯誤的政策比貪汙還可怕。錯了之後再來補救改過，不僅時機不對，難免勞民傷財。占卜的目的，就是要知道怎麼做，結果會比較好。占卜有兩個方法，一個是用龜殼，一個是用蓍草，所以這裡講「蓍龜」。

孔子說過：「鳳鳥不至，河不出圖，吾已矣乎。」這段話的意思是：鳳鳥沒有飛來，河裡面沒有出現圖（河圖），我的理想不能實現了。代表孔子當時也有這種信念，但不能說是信仰，也不好說是迷信，只是當時一種普遍的想法。

真誠到極點如同神明

占卜有一定的程式，可以使未來顯示在蓍草與龜甲的占卜中，由此影響人的行為舉止。災禍與幸福將要來到時必定有跡可循，例如地震之前，有些動物先知道，但人的本能脫離自然界太久了，徵兆出現也不會察覺。「至誠如神」，真誠到極點的人，禍福將至都可以先知道，他的表現就像神明一樣。

神明沒有身體，所以不受時空限制，對於過去、現在、未來可以同時把握，不是到今天才知道晚上怎麼樣，到明天才知道後天怎麼樣，而是一下就看到所有的方面。這是很奇特的一種說法，我們不容易理解。《史記．五帝本紀》描寫堯為「其仁如天，其知如神」。可見神之明智為眾所公認。朱注在此說「神謂鬼神」，但是這個「鬼神」與朱注第十六章所說的「陰陽二氣的變化」好像不是同一物。陰陽之氣的變化固然神妙，但怎能說「至誠如神」？這裡的「神」應該是指實存的某物。

「天」代表仁愛，因為天是覆蓋以及照顧萬物的。朱注的問題是前後不一致，「至誠如神」的「神」，一定是名詞，不能是形容詞。所以「至誠如神」，那個「神」不是指神妙的樣態，而是指鬼神。鬼神沒有身體，所以它的自由是無限的，來去自如。聽起來好像有一點迷信，但它有一個前提——「至誠如神」，我們不是至誠的人，就不會明白那個境界。

第二十五章

〈25〉

誠者，自成也；而道，自道也。誠者，物之終始；不誠無物。是故，君子誠之為貴。誠者，非自成己而已也，所以成物也。成己，仁也；成物，知也。性之德也，合外內之道也，故時措之宜也。

保持真誠，就會自己成就潛能的要求；然後，道也會自然而然地展示出來。保持真誠，萬物的結束與開始都會如實進行。沒有真誠，無一物可以存在。因此，君子非常重視要求自己真誠。做到這樣的真誠不是止於成就自己而已，還是可以成就萬物的方法。成就自己，顯示了仁德；成就萬物，顯示了明智。這兩者都是出於本性的能力，是把外在的途徑與內在的途徑融合起來，所以要配合時機做適當的處置。

本身即是真實無妄

這裡講到「誠」是「成己成物」，這與「唯天下至誠，為能盡其性」，到最後「盡物之性」的意思相似。保持真誠，就會自己成就潛能的要求，這是成己。自己成就潛能的要求，然後道也會自然而然展示出來。這個「誠」讓人可以率性，人若真誠地順著本性走，道便會自己展現出來。

保持真誠，萬物的結束與開始都會如實進行，因為「誠者，天之道」。宇宙萬物的開始與結束，都是按照這種方式進行的。「不誠無物」，沒有真誠，無一物可以存在。這句話是說一個人說話和做事，如果不真誠，一切都是做戲作秀，都是虛幻的，並不是說不真誠就什麼都沒有了。宇宙萬物如果沒有真誠，則沒有一樣東西是可以存在的。真誠用在萬物身上，代表真實無妄；用在人身上，才有真不真誠的問題。因此，君子非常重視並要求自己真誠，做到這樣的真誠不是止於成就自己而已，也是可以成就萬物的方法。這就是前面說過的「唯天下至誠，為能盡其性」的意思。

本章前面幾句，到「不誠無物」，所說的都是「萬物」（含人在內）的情況，從

「是故君子」開始，就專談「人」了。就萬物而言，保持真誠即是保持自身自然的樣子，如此萬物將會「自成」。在此，「誠者」無異於前面「誠者，天之道也」的「誠者」。真誠即是真實無妄的狀態。

宇宙萬物不需要人類顧及，便能成就自己。《聖經》上也說，所羅門王在極盛時期，身上所穿戴的，還比不上田間的一朵花。這話講得多好，田間的一朵花多漂亮，它是天然的。人工的事物可以做到巧奪天工，織出一朵很美但卻不耐看的花。彈琴的聲音再美，也有聽膩的時候；至於自然界的聲音，例如，風吹過竹林的聲音，海浪的濤聲，百聽不厭，只要人有善聽的耳朵。

莊子說人籟和地籟不同。人籟就是人發出的聲音，人發出的聲音，為什麼不耐久聽呢？因為人說話的聲音，一定有目的，有它的內涵，聽的人會自問我聽得懂嗎？會不會聽錯呢？風吹過萬物，吹過山上的樹木、山洞、樹幹的缺口所發出的各種聲音叫做地籟。地就是自然界，自然界發出的聲音，聽起來就覺得安詳。所以人籟比不上地籟。人籟有它的限制，地籟是大地的聲音。

莊子還說了天籟。天籟就是不要用耳朵聽，也不要用心去聽，要用氣去聽。就是以不聽為聽，聽到了就和沒聽到一樣。所有聲音發出來，都有它的條件，所以聽的時候，不要有情緒反應，讓聲音來了好像沒有來一樣，聽到就是沒聽到，沒聽到就是聽到，這叫做天籟。不要把它當聲音看，它是氣的相通，宇宙萬物都是氣的變化，並沒有什麼聲音的問題。它不會想讓你瞭解這是什麼聲音，也不用分辨是人發出來的，還是風吹出來的，這叫做用氣去聽。這是莊子思想的境界。

萬物各有其道，原本不需人去煩惱。花有花道，樹有樹道，每樣東西，都有它自己的發展路線。但是人類出現之後，萬物又不可能不受人類影響，所以才說要「成物」。其實本來物都是自成的，人類出現之後就要成物，因為人可以設法去安排。

《大學》第一章說「事有終始」，先說「終」再說「始」，是要強調一事有其目的，目的總是在最後才知其是否達成；既知目的何在，也就提醒人注意如何開始，必求善始善終。例如，學生上大學，要先知道終始，代表知道進大學的目的，知道怎麼樣結束，就應該怎麼樣開始；不知道怎麼樣結束，開始的時候就沒有一個方向，不知道要如何開始。所以先講終再講始，有它的考慮。

這裡說「物有終始」，有如認定萬物之存在也有其結束與目的，因而也需注意其開始。「誠者，物之終始」，肯定了萬物處於真誠狀態（亦即不受人類干擾），就可以順利由開始演變到結束。

「不誠無物」的意思是，若不處於真誠狀態（亦即萬物的本性受到干擾或扭曲），則無一物可以存在。在《莊子》裡面有一段小故事。他說魯國的郊外飛來一隻大鳥，像鳳凰一樣，魯君用盛大的排場歡迎它，獻上太牢之禮，以最高的規格，演奏韶樂。但這鳥既不吃，也不聽，三天就死了。所以莊子說，不要用養人的方式來養鳥，要用養鳥的方式來養鳥。用養人的方式來養鳥，沒有讓它真實無妄地活下去，就是「不誠無物」，當鳥無法適應飼養方式時，便會受到傷害。

人的真誠要誠己、誠物

接著焦點轉到人類身上，亦即「誠之者，人之道」。這裡所謂「是故君子誠之為貴」，「誠之」是指讓自己真誠。與前面所說的「保持真誠」應該有所區別。保持真誠是萬物的情況，人則是要讓自己真誠。

「誠者，非自成己而已也」，這裡的「誠者」應該是指「誠之者」，所以譯為「做到這樣的真誠」，以區別於本章開頭所說的「誠者」。現在談的是人，所以接著要說「成己」與「成物」。

孔子說過「為仁由己」（《論語・顏淵》），「我欲仁，斯仁至矣」（《論語・述而》），可見行仁全在自己。本章則說：「成己，仁也。」人只要真誠，就會成就自己潛能所要求的，而這種「成己」，即是仁的表現。孟子引述孔子所說：「道二，仁與不仁而已。」（《孟子・離婁上》）行仁才可成己，因此人性可以說是「向善」，但無法說是「本善」。如果人性本善，還有什麼成己不成己的問題？人性向善，才需要通過行善來成己，成就自己內在行善的要求。

參考第二十二章所說的「贊天地之化育」，「與天地參」的相關討論。若要成就萬物的本性，就得考驗人的明智了。故而說「成物，知也」。仁與知都是人的「性之德」（德為功能），兼含對內（對己）與對外（對物）兩種途徑。對內就是「成己仁也」，對外就是「成物知也」，都是來自於人的本性的能力。將外在的途徑和內在的途徑融合起來，需要配合適當的時機採取適宜的行動方式。

第二十六章

〈26.1〉

故至誠無息，不息則久。久則徵，徵則悠遠，悠遠則博厚，博厚則高明。博厚所以載物也，高明所以覆物也，悠久所以成物也。博厚配地，高明配天，悠久無疆。如此者，不見（ㄒㄧㄢˋ）而章，不動而變，無為而成。

所以，真誠到極點的人，行善沒有片刻止息。不肯止息，就會持續長久；持續長久，就會產生效驗；產生效驗，就會悠久深遠；悠久深遠，就會廣博寬厚；廣博寬厚，就會高大光明。廣博寬厚，由此可以承載萬物；高大光明，由此可以覆蓋萬物；悠久深遠，由此可以成就萬物。廣博寬厚可以配合地的功能；高大光明可以配合天的功能；悠久深遠可以推及永無止境。做到這樣的程度，他不用表現，就彰顯出來；不必活動，就造成變化；沒有作為，就成就一切。

第二十章第五節談到「誠者，天之道也；誠之者，人之道也」。從這一章開始，就分成兩個領域，但是兩個領域，最後還是要合成一個整體。

我們常講哲學有三點特色：第一，澄清概念。所以學《中庸》首先就要知道它的基本概念。例如，「誠」是重要的概念，就要說清楚它是什麼。「自誠明，謂之性；自明誠，謂之教。」凡是提到什麼「謂之」什麼的，都是在下定義。除了《中庸》，其他很多哲學書也有類似的做法。它先界定「天命之謂性」，否則後面無法談「性、道和教」。所以澄清概念是哲學理論的第一步，概念沒有澄清就根本不能思考，或者思考起來前後也不易統一。

第二，要設定判準。判斷什麼是君子，什麼是小人，標準何在？「君子中庸，小人反中庸」，這是一個標準，君子一定會走中庸的路，小人就反其道而行。在分辨的時候，就要說明君子的中庸是「君子而時中」，在適當的時機做正確的事；小人的反中庸是無忌憚，沒有任何顧忌，天不怕，地不怕。《大學》提到小人，用了四個字

「無所不至」，意即：只要給小人機會，他就會去做壞事。在《大學》、《中庸》這些發展儒家思想的書之中，這種標準非常明確。

但是後面提到的「天下至誠」，就比較難以掌握了，到底怎麼才是全天下最真誠的人？看他的作用表現往往是指天子。所以才要介紹周公、文王、武王這些古代的聖王，以他們做為例證，才能夠講清楚。

我們一般人又不是聖王，為什麼要讀這種書呢？因為它是經典，同時也談到了人生的正確途徑，所以一般人當然可以學習。就像《老子》之中主要的角色是聖人，聖人是悟道的統治者，負責統治百姓，今天我們讀《老子》要統治誰？要統治自己，掌控自己的生命。

管理自己的生命是一個很大的挑戰，成就感也非常明顯。莊子的思想，就比較不偏重統治者，而偏重於每個人是否能夠自在逍遙，這也是道家思想的進一步發展。

我們今天學習古代經典的時候，不能忽略它的時代背景，因為作品能夠反映一個時代的特色。

讀經典的時候要能夠轉換想法，有些觀念學了之後，可以當作一個傳統，慢慢往後世流傳；有些觀念則是學會之後能夠立即使用。

第三，是建構系統。這是哲學的第三個特色，在此就不仔細說明了。

我們接著講第二十六章。這一章的第一段裡面提到「至誠無息」，後面的結論是還能達到「無為而成」。這是人人都很羨慕的境界——什麼都沒做，最後事情做成了。

天地就是無為而成，沒有什麼努力就讓四時行、百物生，一切都順利發展。但是講無為而成的時候，如果把焦點落在人的身上，就會強調人需要智慧才能夠領悟自然界的這種狀態。例如，什麼地方該種什麼植物；什麼地方該發展什麼樣的產業。這些都需要智慧而不能勉強，勉強的話就會違背天時，違背地利，違背人和，最後事倍功半。

本章所說的都不是我們所能夠體驗到的，因此最好把它當作一種理想來理解。

真誠的人，行善沒有止息

「至誠無息」，無息是指不間斷，不止息。也就是孟子所說的「充實之謂美」的

「充實」，沒有任何空隙，沒有任何止息。真誠的人在明善之後，當然會行善沒有任何止息。在此要指出的是「行善」不止息，否則不會有後續的效應。說到「至誠無息」，有一位號稱日本「易聖」的人，曾經坐牢七年，在獄中有一個老人家教他《易經》。出來之後，他就用《易經》占卦，不到十年，成為日本首富。他解釋「至誠無息」，說占卦要完全真誠，屏住呼吸到憋不住氣、快要昏倒的時候開始占卦。他這樣理解，實在是一種創造性的誤解。

這裡的「不止息」不是不要呼吸，或者不斷呼吸，因為後面說要博厚配地，高明配天，好像天地一樣，讓萬物在裡面生長發展。因此，它當然是指行善，如果不是行善的話，前面談真誠和明善有何目的？所以這裡講無息，一定是不斷行善，沒有任何休息的時候。人若行善，則己立立人、己達達人，由此可以博施濟眾，最後才可以達到配地與配天的境界。

「配」就是配合，和地配合，和天配合。一個人到這個程度，一定是天子。不是天子的話，配什麼地，什麼天呢？老百姓怎麼被他照顧呢？在天子的位置上，真的是廣博寬厚、高大光明，可以像天地一樣，讓老百姓和萬物在其中自由生存發展。

「不息則久」，由此推出「久、徵、悠遠、博厚、高明」。這裡連用的五個「則」字，都應理解為「做到某一程度」之後所產生的質變。

例如運動，今天慢跑，一天看不到效果，甚至一個月都不一定有用，但三個月就看出成效了，長期之後，發現身體更健康了。持續長久，產生效驗，就會悠久深遠；悠久深遠，就會廣博寬厚；廣博寬厚，就會高大光明。這就和我們前面說過的一樣，到一個程度就會怎麼樣，是需要自己去體驗的。

至誠者的境界與天地同功

古人認為「地無所不載，天無所不覆」，至誠者對人類而言，正如天地之於萬物。最後結局是「悠久無疆」。朱注說：「此言聖人與天地同體。」這話說得太過，至多可說聖人與天地「同功」或「同用」。在第二十二章中說，至誠者「與天地參」，是共成為三，而非同體。

「博厚所以載物也」，意即：廣博寬厚，由此可以承載萬物。一個人廣博寬厚，等於《易經》裡面的坤卦，「地勢坤，君子以厚德載物」。意即大地的形勢順應無比，人要學習大地，敦厚自己的品德來承載萬物，物是指人而言。《中庸》則說人的德行可以承載萬物，然後高大光明，由此可以覆蓋萬物。《中庸》的特色在於把人與萬物打通，因為人與萬物，都來自於天，所以它們之間可以相通。悠久深遠，由此可以成就萬物。承載萬物，覆蓋萬物，成就萬物一層層推進。「博厚配地，高明配天，悠久無疆」，這三句話，把人的生命和天地配合，與天地並列為三。不用表現就彰顯出來，不必活動就造成變化，沒有作為就成就一切。

老子說「天地不仁，以萬物為芻狗；聖人不仁，以百姓為芻狗」（《老子》第五章），天地是萬物生存發展的空間，但是天地也是萬物之一；聖人，是統治老百姓的領袖，但聖人也是人類之一。「天地不仁」和「聖人不仁」之中的「仁」在這裡要理解為偏愛。天地沒有任何偏愛，讓萬物自己去生存發展。「芻狗」，根據莊子的說法，古人祭拜祖先的時候擺個牌位，需要有東西陪祭，代表陪伴祖先，就用草紮幾隻狗放在旁邊，這叫芻狗。芻狗放在祖先牌位的旁邊，祭拜的時候是在尊崇的位置，高高在上；但是拜完之後，因為它是草紮成的，就丟在地上被人踩踏，或拿回去當柴燒。萬物就如芻狗，該興盛繁榮就興盛繁榮，該枯萎凋零就枯萎凋零。聖人也像天地一樣，以百姓為芻狗，不要在乎誰是誰的鄉親，誰和誰有什麼朋友關係，完全大公無私，不要有偏愛，這是道家的一種理想。

特別值得注意的是最後一句「無為而成」，這幾個字與《老子》第四十七章所說的類似：「是以聖人不行而知，不見而明，不為而成。」第四十八章又說：「無為而無不為。」這在道家來說需要智慧，在儒家來說需要德行，這兩個學派的立場不一樣，但意思是相通的。

我們可以發現，到最高境界時，很多學派都是相通的。宗教到達最高境界的時候，都是不可思議，你看我，我看你，大家笑一笑，全懂了。笑什麼不確定，但最高境界是不能說的，一說就落於文字，落於概念，變成一個可以衡量的層次。所以在宗教裡面，最高境界都是神祕境界，也就是合一境界，而在合一之後，也就不需言語了。

〈26.2〉

天地之道，可一言而盡也：「其為物不貳，則其生物不測。」天地之道：博也，厚也，高也，明也，悠也，久也。今夫天，斯昭昭之多，及其無窮也，日月星辰繫焉，萬物覆焉。今夫地，一撮（ㄘㄨㄛ）土之多，及其廣厚，載華嶽（ㄩㄝˋ）而不重，振河海而不洩，萬物載焉。今夫山，一卷（ㄑㄩㄢˊ）石之多，及其廣大，草木生之，禽獸居之，寶藏興焉。今夫水，一勺（ㄕㄨㄛˊ）之多，及其不測，黿（ㄩㄢˊ）鼉（ㄊㄨㄛˊ）蛟（ㄐㄧㄠ）龍魚鱉（ㄅㄧㄝ）生焉，貨財殖焉。《詩》云：「維天之命，於（ㄨ）穆不已。」蓋曰天之所以為天也。「於（ㄨ）乎不（ㄆㄧ）顯？文王之德之純。」蓋曰文王之所以為文也，純亦不已。

天地的運作模式，可以用一句話就說完了：「它的表現純一無二，產生的萬物卻難以測度。」天地的運作模式，是廣博的、寬厚的、高大的、光明的、悠遠的、長久的。以天來說，把一丁點光明累積起來，推到無窮之境，就可以掛上日月星辰，還可以覆蓋萬物。以地來說，把一小撮泥土累積起來，推到廣博寬厚的地步，可以承載華山而不覺得重，可以收攏河海而不讓它們流洩，還可以承載萬物。以山來說，把一小塊石頭累積起來，推到寬廣龐大的程度，可以讓草木生長，讓禽獸居住，還可以儲存許多寶藏。以水來說，把一小勺水累積起來，推到不可測度的時候，可以讓黿鼉、蛟龍、魚、鱉在裡面生長，還可以讓貨財得以增加。《詩經．周頌．維天之命》中說：「天所降的大命啊！深遠而無窮盡。」這裡說的是：天是如此才成為天的。「啊！大顯光明，文王的德行多麼純粹！」這裡說的是：文王就是如此才稱為「文」的，他的純粹也是無窮盡的。

天地的運作

「其為物」是指天地之道的特有表現，而不是指天地造生萬物，因為底下接著說了「生物」。「不貳」即指「誠」字，是純一不二，完全依規律而運作。純一無二，又日積月累，萬物之複雜難以測度。朱注說「生物之多，有莫知其所以然者」，可供參考。相對於此，人卻有可能選擇誠或不誠，亦即「貳而不一」。

古文「為」這個字有兩個用法，一是「製造」；一是「是」。要細心分辨，否則很容易陷入困境。例如最有名的「白馬非馬」。說馬的時候，白馬、黃馬、黑馬都來了；說白馬的時候，只有白馬可以來。所以白馬不等於馬。白馬不等於馬是對的，但是白馬不是馬則是錯的。因為古人講「是」有兩個用法，一個是等於，一個是屬於。說白馬不等於馬能說得通。但不能說白馬不屬於馬。所以，「為、是」這些字在古代可說是等於，也可說是屬於。很多詭辯，就用這些文字來操弄，最後讓「白馬非馬」聽起來很有道理，原因就在這裡。

前面講到「博、厚、高、明、悠、久」，後面再進一步分析「天、地、山、水」這四種自然界最大的現象。天之道和天地之道是可以相通的兩個詞，因為它指自然界。天之道是誠，真實無妄，但是，表現純一無二與產生的萬物難以測度，有什麼邏輯關係？它的意思是，如果只是天生地成這個原則，萬物的產生不會自相矛盾。例如，萬物在春夏秋冬各有什麼樣的生長發展，它沒有什麼矛盾的機會；如果春夏秋冬

效果，不能著急。這樣讀下去，久而久之周圍的人都會覺得你有所不同。專心做一件事，要做到生命只剩做這件事的內涵。所以我們學習古代的經典，至少有一點心得，就是要練習喜歡單純的生活。

我們常希望生活多彩多姿。年輕時的我們很有活力，一下子參加這個活動，一下子參加那個活動，覺得很充實。中年之後才發現單純就是快樂，心裡沒有眾多雜念，也不會覺得無聊。這是因為在失去這種單純之後，才會發現單純的可貴，就像失去健康之後，才發現原來健康多麼美好。

這裡講文王也是一樣，他專心替老百姓服務，德行純粹，最後別人覺得他是善人，因此稱為文王，他的純粹也是無窮盡的。文的表現是經緯天地（經是直的，緯是橫的），就是把天地萬物都給治理好了。一般講「文」是文化的「文」，代表交叉，為什麼是交叉呢？例如，森林裡絕不會看到有兩棵木頭自己交叉變成一張桌子，森林是不會長出桌子的。把樹木砍下來交叉變成桌子，一定是人的作為，這叫做文明。所以文明的文就是交錯，交錯就是人把自然界本來沒有交錯的東西，用思想與行動把它們變得交錯，而完成了產品。周文王把天地都治理好，該直的，該橫的，都把它安頓好。為什麼可以做到？也就是純粹。

所以這裡從自然界的現象，轉到人的世界，這就是《中庸》的特色。人與自然界本來是兩個世界，人的世界是一個自由的世界，可以選擇要不要文，要不要單純；自然界是以其原本的樣子，照這個方式運作。人觀察自然界之後，可以思考要不要向它學習，學了之後用在人的身上，效果也很好。

第二十七章

〈27〉

大哉！聖人之道！洋洋乎，發育萬物，峻極於天。優優大哉！禮儀三百，威儀三千，待其人而後行。故曰：「苟不至德，至道不凝焉。」故君子尊德性而道問學，致廣大而盡精微，極高明而道中庸。溫故而知新，敦厚以崇禮。是故，居上不驕，為下不倍，國有道，其言足以興；國無道，其默足以容。《詩》曰：「既明且哲，以保其身」，其此之謂與！

偉大啊！聖人所展現的理想，充實洋溢啊！發展及養育萬物，高尚的程度抵達了天。從容有餘而博大啊！禮節儀式多達三百種，動作威儀多達三千種，都要等待聖人出現才可以施行。所以說：「如果不是至高的德行，至高的理想是無法體現出來的。」因此，君子尊崇天生的本性並且努力請教及學習；追求廣博宏大的領域並且詳察精細微妙的部分；領悟最高明的境界並且實踐中庸平常的道理；溫習舊有的學問並且瞭解新穎的觀點；敦厚自己的言行並且由此推崇禮儀的價值。因此，君子居上位不會驕傲，處下位不會背叛。國家上軌道，他的言論足以讓自己升上高位；國家不上軌道，他的沉默足以讓自己得到寬待。《詩經．大雅．烝民》說：「既明理又有智慧，如此可以保住自己的性命。」所說的就是這樣啊！

聖人之道發育萬物，富於禮儀

《中庸》的內容只有這一章談「聖人之道」。我們看過天地之道、天之道、君子之道，這裡講的是聖人之道。「道」本來是指道路，每個人都有路走，本來是中性的意思。但是對人來說，選擇道路牽涉到價值判斷，像君子之道，聖人之道。《大學》裡有「生財有大道」，要發財有它根本的法則，所以，「道」可以有各種解釋，像道路、法則、理想，都是道。

「洋洋乎」這個詞在第十六章是用來描寫鬼神的作用。祭祀的時候，「洋洋乎，如在其上，如在其左右」。這裡用來講聖人的作用，也是充實洋溢。聖人的理想是「發育萬物，峻極於天」，聖人怎麼去發展及養育萬物呢？

前面提及人在經過修練之後，可以參贊天地的化育，講的就是這個道理。聖人可以「發育萬物，峻極於天」，高尚的程度抵達了天，把聖人與天搭配，第二十六章說過「博厚配地，高明配天」，這裡講得更具體。

「優優大哉」的「優優」是充足有餘的意思，在此譯為從容有餘。「禮儀」為冠、昏（結婚，通常都在黃昏的時候，這是古代的一種用法）、喪、祭等大禮；「威儀」為進退、揖讓、俯仰等小禮。「待其人而後行」一語，類似《易經．繫辭傳下》：「苟非其人，道不虛行」，如果不是這樣的人，道（指《易經》的法則）也不會徒然運行。「凝」，聚、成、體現。很多理論大家都知道，但要有適當的人來做。這個人如果形象不好，威望不夠，他站在那個位置上，就不能夠實現理想。相反的，一個人如果各種條件具備的話，就是適當的人，可以在那個位置上發揮很大的作用。

在十三經之中有《儀禮》，還有《周禮》。《儀禮》所說的是古代生活的各種規範，見了國君該怎麼表現，跪拜幾次；見了什麼樣的官員，該如何互動，非常複雜。婚喪喜慶都是禮，鄉飲酒禮在《論語．鄉黨》裡有「鄉人飲酒，杖者出，斯出矣」。孔子和同鄉的人一起喝酒的時候，手扶拐杖的人離開了，他才離開。古代扶拐杖代表年齡，指的是六十歲的人。孔子在魯國做過大官，從五十一歲到五十五歲，做到大司寇，等於是部長級，後來還代理「行攝相事」，行政首腦職務。但孔子與同鄉的人吃飯的時候，還是一樣敬老尊賢。這就是古代的禮儀，這種禮儀記載於《儀禮》裡面。

人的世界，如果把禮儀整個拿掉的話，就不成其為人的世界，不是和野獸世界一樣嗎？我們什麼時候見過家裡養的寵物，在餵食的時候會排隊的？任何社會都有所謂的規則，如果人人皆不守規則，一切都隨心所欲，秩序便會大亂，社會也會亂糟糟。所以禮儀是很重要的，它讓一個社會沒有情緒化的風氣，有一個公認的法則可以依循運作，讓事情能夠比較圓滿地進行，但是這些要等聖人出現才可以施行，像《易傳》所說「苟非其人，道不虛行」，此處談的是「苟不至德，至道不凝焉」。如果不是至高的德行，至高的理想是無法體現出來的。所以為什麼說只有周公才能制禮作樂，因為他有那個位置，也有那個德行。

君子的五種修養功夫

君子有五點做法，第一，「尊德性而道問學」，這句話對後代的影響極大，也就是因為這句話，讓很多人分不清楚德性與德行的差別。古人說德性是本來就有的，「德」就是你獲得的，「德」和「得」通用。在老子的《道德經》中，「道」代表宇宙萬物的來源，「德」是萬物從道所獲得的本性，「德」就是獲得的意思，所以德性是人所獲得的天生本性，也就是天命之謂性。如果講德行的話，一定需要有行為、有修練才能叫德行，兩者不可混淆。概念混淆的話，很多話是講不清楚的。

例如，不能說這個人德性很好，而要說這個人德行特別好。德性很好是說他天生所獲得的本性很好，而天生獲得的本性，應該每個人都一樣。德性是天生的，德行是後天修練的。

「尊德性而道問學」這句話為宋朝乃至以後的學者帶來不少困擾，並因此分為道問學與尊德性兩派，道問學屬於朱熹這一學派，朱熹喜歡強調格物窮理，要努力瞭解所有的東西。尊德性則是珍惜尊崇天生的本性，是指陸象山、王陽明這一派。

宋朝的學者雖說基本上有兩派，但事實上是分為三派。最主要的一派就是朱熹這一派，他承接程頤講理學，主張萬物都有理，人要去研究瞭解。第二派是陸象山一派，陸象山與朱熹是同時代的人，兩人曾經辯論過。陸象山主張：人就算連一個字都不認識，照樣可以做一個堂堂正正的人，這是他最有名的話。人性本身就有偉大的地方，他這一派叫做心學。

講理的話，就要學習，要去請教別人；講心的話，要靠自己覺悟。這就是宋朝以後最大的兩派，一派稱為程朱，一派稱為陸王。陸王心學到王陽明後始強調心善，好像什麼功夫都不重要了，只要反觀本心，明白本心是至善的就夠了。朱熹這派強調要用功讀書，永無止境；王陽明這派則是主張不用讀書，覺悟就好，兩派各走極端。

第三派則講究氣，代表人物從北宋的張載一直到明末清初的王船山，他們認為宇宙萬物都是氣的變化。這顯然是受到道家的影響，因為莊子講「氣聚則生，氣散則死」。

雖然宋朝學者在「尊德性而道問學」這裡分成了兩派，但是《中庸》原文中並沒有分成兩個立場的意思。「君子尊崇天生的本性，並且努力請教及學習」，說明這兩方面都是需要的。尊崇天生的本性是因為「天命之謂性」，所以要好好珍惜。性是向善的，會要求人行善避惡，尊崇這種天生的本性，將來才可能修成德行。尊崇天生本性的同時要努力學習請教，亦即要知道善，後面才能夠誠意、正心、修身、行善避惡。所以，「尊德性而道問學」是一句話，應該連起來看，不能分開。

第二，「致廣大而盡精微」，廣大與精微對舉，追求廣博宏大的領域，並且詳察精細微妙的部分。我們常說一個人要有開闊的心胸，但千萬不要眼高手低，如果做事總是粗枝大葉，沒有人可以跟你合作。所以致廣大而盡精微，就是要廣博與精細兩種觀點並進，不能只偏一方。

第三，「極高明而道中庸」，高明與中庸對舉，領悟最高明的境界，並且實踐中庸平常的道理。「道」這個字，在「尊德性而道問學」裡是說努力，在「極高明而道中庸」裡是說實踐，都是屬於行動上的努力實踐。顏淵說孔子「瞻之在前，忽焉在後」，可見孔子的實際作為是「道中庸」，非常平常。在此，「中庸」不是第三章所說的「子曰：中庸其至矣乎！民鮮久矣」。前面講的「中庸」多半是擇善固執，在此，「中」為居中，「庸」為平常，所指的是落實於平常的道理中。

第四，「溫故而知新」，溫習舊有的知識，並且瞭解新穎的觀點。《論語》中說：「溫故而知新，可以為師矣。」當老師就要不斷去複習過去的材料，也不斷得到新的體會。錢穆先生曾說，他每年都要重讀一次《論語》，每一次讀都有新的體會。做老師的一定要有這種心得。當然，這裡要「溫」的「故」，指的是君子之道。

第五，「敦厚以崇禮」，敦厚自己的言行，並且由此推崇禮儀的價值。千萬不要把禮儀當作純粹外在的東西，禮儀要以內心的真誠為基礎。虛偽就是孔子說的「文勝質則史」，就是說太多的裝飾讓人看不清真相。儒家也不希望只是質，「質勝文則野」，「野」就是太粗糙了。一個人很真誠，但是不接受教育，與別人互動都直來直往，也會讓別人不習慣。最好是「文質彬彬」，「彬彬」就如斑馬線，黑白搭配起來恰到好處。這是儒家的立場。

以上這五句話都說得非常好。

因此，君子居上位不會驕傲，處下位不會背叛。有這樣修養的君子，無論處於任何位置上都將能行為得當。古人重視讀書考試，如果文章寫得很有道理，就代表此人頭腦清楚，將來做官時，會把案件審判得很好。經典都是經過千錘百煉才留下來的，所以多讀經典自然會頭腦清楚。解決任何現實的問題，頭腦清楚是最重要的事。世界並非一成不變，凡事需要變通，見多識廣才會理解；人不讀書的話，只能就個人有限的經驗來判斷事物，很容易否定與自己相異的想法，淪為黨同伐異。所以古代以科舉考試選才，也有它的道理，否則無從判斷誰比較明理。

君子見多識廣，明智通達，故而能夠在國家不上軌道的時候保持沉默和低調，讓自己受到寬待，在國家上軌道的時候，則憑其言論升到高位。

既明且哲，愛好美德

「既明且哲，以保其身」出自《詩經．大雅．烝民》，周宣王命仲山甫在齊築城，尹吉甫作詩贈之。此詩開頭即是：「天生烝民，有物有則。民之秉彝（ㄧˊ），好是懿德。」意即：天生育眾多百姓，有事物就有法則。百姓保持常性，所以愛好美德。《孟子．告子上》引述此詩，還附上孔子的評語，可見儒家對此十分重視。《中庸》所引的這兩句，出自此詩第四段，後來演變為人們常用的「明哲保身」這句成語。「明」為明察，所知者為現況。「哲」為智慧，所知者指向未來。《尚書．大誥》使用「哲」

字，所指為「格知天命」、「迪知上帝命」，可見所知不是平常之事。《尚書・召誥》還說：「今天其命哲，命吉凶，命歷年。」「哲」與吉凶、歷年並列，可知這種智慧是針對未來趨勢的。明與哲分別針對現況與未來，「既明且哲」一詞才有意義。

依《史記・孔子世家》所載，孔子病逝之前，曾說：「太山壞乎！樑柱摧乎！哲人萎乎！」他自比於「哲人」，亦有自許先見之明的意味。今以「哲學」一詞翻譯西方的「Philosophy」，其意為「愛好智慧」，亦非一般所謂的聰明而已。

「民之秉彝，好是懿德」的意思是老百姓保持常性，所以愛好美德，可見人性本善是說不通的，只能說是人性向善。如果讀古代的《詩經》、《尚書》，就知道上天需要有人來當國君、當老師來教育百姓及照顧百姓，這說明人需要受教育。

第二十八章

〈28〉

子曰：「愚而好自用；賤而好自專；生乎今之世，反古之道；如此者，裁（ㄗㄞ）及其身者也。」非天子，不議禮，不制度，不考文。今天下，車同軌，書同文，行同倫。雖有其位，苟無其德，不敢作禮樂焉；雖有其德，苟無其位，亦不敢作禮樂焉。子曰：「吾說夏禮，杞（ㄑㄧˇ）不足徵也；吾學殷禮，有宋存焉；吾學周禮，今用之，吾從周。」

孔子說：「愚笨而喜歡採用自己的想法，卑賤而喜歡堅持自己的作風，活在今天的社會卻要恢復古代的法則，像這樣的人，災禍一定會降到他身上。」不具備天子的身分，就不要擬議禮儀，不要制定數度，不要考核文字。現在天下的情況是：車子行走同樣的軌道，書寫形成同樣的文字，行為依循同樣的規範。就算擁有天子的地位，但沒有相稱的德行，是不敢製作禮樂的；就算擁有至高的德行，但沒有天子的地位，也是不敢製作禮樂的。孔子說：「我談論夏朝的禮儀，但杞國的文獻不足以用來驗證；我學習商朝的禮儀，還有宋國的資料可以參考；我學習周朝的禮儀，這是今天正在實施的，所以我跟隨周朝的禮儀。」

孔子也主張與時俱進

孔子經常強調與時俱進，偏偏很多人仍將孔子視為食古不化的人，說他喜歡恢復周禮。《莊子》之中也有這些資料，說他要把周朝的禮樂制度拿到春秋末期來用，是「推舟於陸」。這個比喻非常生動，古人文章之妙處，就在於善用比喻。

孔子這段論述和舉例與他的身世有關。周朝建立後，商王室的後代封在宋國。孔子的祖先是宋國的王室成員，本來可以當宋國的國君。但這位祖先很謙遜，讓給他的兄弟去做，自己變成貴族，「五世而遷」，五代之後就要另立門戶。王室子孫沒有接到世襲的位置，後來變成卿；卿又生幾個孩子，最後變成大夫；大夫又生很多孩子，到最後變成老百姓。

傳到第五代的子孫叫做嘉，字孔父，人稱「孔父嘉」，其後代遂以孔為氏，這就是「孔」氏的來歷。孔父嘉的子孫後來遭到迫害，從宋國逃到魯國。後來家道中落，孔子的父親人稱「叔梁紇」，又稱「孔叔梁紇」。他父親六十幾歲才遇到他母親，兩人生下了他。但叔梁紇的年紀已經很大，孔子三歲的時候，父親就過世了，他跟著母親回娘家生活。孔子的身世平凡，靠自己努力，一路向上，才取得了不凡的成就。所以他做得到的，我們當然也可以學習。

「愚」為不聰不明，「賤」為地位低卑，「自用」是喜歡逞能，「自專」是喜歡堅持。這樣的人保守復古，無法免於被淘汰。「烖」為災。這是孔子的評論，可見孔子是主張與時俱進的。

不是天子就不可以做以下三件事。首先，「議禮」是擬議禮儀，禮儀是「上下之紀，天地之經緯也，民之所以生也。是以先王尚之。」（《左傳》昭公二十五年）非天子，誰能議之？其次，「制度」是制定數度，《論語・堯曰》有「謹權量，審法度」一語，意即：檢驗及審定生活所需的度量衡，「法度」在此是指長度而言。《易經．節卦．象傳》有「制數度」一語，意即：要制定數量上的限度，一般指度量衡而言。最後，「考文」是指考核文字，這種文字是古代歷史對人物的評鑒。例如孔子作《春秋》，就是對人物的評鑑。

孔子寫《春秋》的時候，對一個人的評價往往只用簡單幾個字。例如說一個人取得君位不合法，就用「弒父」二字說明；像楚國的國君自稱楚王，孔子則稱之為「楚子」。春秋時代爵位分為公、侯、伯、子、男五等，將他按規矩排到第四等。在春秋時代魯昭公、魯定公、魯哀公、衛靈公皆稱「公」，都嚴格按照周朝的禮制，沒人稱「王」。但是楚國地方遠，不接受周朝號令，自稱楚王，其意圖是要和周王平起平坐。孔子就不客氣地下筆寫為「楚子」。所以孟子說：「孔子成《春秋》，而亂臣賊子懼」，大家一想到身後的名聲，便會感到害怕。

但是「《春秋》，天子之事也」。孔子是沒有資格寫史書的，因為按照禮制，判斷諸侯卿士好壞是天子的職責，只有天子才有這樣的資格。但是天子已經不管事了，孔子寫歷史的時候，就必須承擔史家的責任。所以孔子說「知我者，其惟《春秋》

乎！罪我者，其惟《春秋》乎！」瞭解我的，是因為《春秋》這本書的內容；要怪罪我的，也是因為其中的內容。

以下所說的三點「車同軌，書同文，行同倫」，一般認為是秦始皇統一中國之後才可能做到的，因此《中庸》一書的完成，應在秦漢之際或漢初。《中庸》文本為子思所著一說，實在難以成立。

一般人不敢作禮樂，必須有天子之位與聖人之德，如周公者，才有資格制禮作樂。第十七章說到舜「德為聖人，尊為天子」，正是標準所在。孔子又說自己「述而不作」（《論語・述而》），也與此有關。

本段最後兩句由兩段資料合成：一為子曰：「夏禮，吾能言之，杞不足徵也；殷禮，吾能言之，宋不足徵也。」二為子曰：「周監於二代，郁郁乎文哉！吾從周。」這兩句都出自《論語・八佾》。夏朝的後代封於杞國，商朝的後代封於宋國，故孔子舉這兩個國家為例。

第二十九章

〈29〉

王天下有三重（ㄓㄨㄥˋ）焉，其寡過矣乎！上焉者，雖善無徵，無徵不信，不信民弗從。下焉者，雖善不尊，不尊不信，不信民弗從。故君子之道，本諸身，徵諸庶民，考諸三王而不繆（ㄇㄡˋ），建諸天地而不悖（ㄅㄟˋ），質諸鬼神而無疑，百世以俟（ㄙˋ）聖人而不惑。質諸鬼神而無疑，知天也；百世以俟聖人而不惑，知人也。是故，君子動而世為天下道，行而世為天下法，言而世為天下則。遠之則有望，近之則不厭。《詩》曰：「在彼無惡（ㄨˋ），在此無射（ㄧˋ）；庶幾夙（ㄙㄨˋ）夜，以永終譽。」君子未有不如此而蚤（ㄗㄠˇ）有譽於天下者也。

統治天下有三件重要的工作，目的就是要減少過錯吧！在上位的人雖然行善但沒有驗證，沒有驗證就無法取信於人，無法取信於人，百姓就不會聽從。在下位的人雖然行善但地位不高，地位不高就無法取信於人，無法取信於人，百姓就不會聽從。所以，君子的理想是：以親身實踐為基礎，以一般百姓的反應為驗證，以三王的標準來考核而沒有謬誤，以天地的法則來建立而沒有相悖，以鬼神的吉凶來質問而沒有懷疑，就算一百世以後再請聖人來指正也沒有困惑。以鬼神的吉凶來質問而沒有懷疑，那是因為瞭解天的緣故；就算一百世以後再請聖人來指正也沒有困惑，那是因為瞭解人的緣故。因此，君子在世間的作為得到天下人的稱讚，他在世間的行動受到天下人的效法，他在世間的言論成為天下人的準則。從遠處看他，會有仰望之心；就近接觸他，也不會感到厭倦。《詩經．周頌．振鷺》說：「在那兒不受憎惡，在這兒不被討厭。希望早晚都如此，一直保持好名聲。」君子沒有不這麼做而能很早在天下獲得聲譽的。

王天下有三重

齊宣王還沒有登上王位時，知道孟子要到齊國，就派人隱瞞身分先去觀察他的行為，被孟子發現了。孟子知道來者的用意，就說：「我怎麼會不一樣？堯舜跟我們都一樣。」哲學家就是厲害，抓住機會進行教育。不過，哲學家在臺上講課，當然說的都是大道理，人家要看他私底下是不是真的能夠實踐所說的道理，這是自古以來世人皆有的好奇心。君子應從日常生活接受檢驗，這就是儒家思想所強調的，要自己先實踐。

「三重」是指三件重要的事，所指即為第二十八章所說的，只有天子可以做的三件事。朱注說：「呂氏曰，三重謂議禮、制度、考文，惟天子得以行之，則國不異政，家不殊俗，而人得寡過矣。」可供參考。但是，用「寡過矣」為結語，意思不明確。它所說的是天子要寡過還是百姓要寡過？《中庸》所言多為政治領袖的修養與職責，所以，減少過錯的要求應該指向天子。

本句「上焉者」與「下焉者」對比，其意何在？朱注認為，「上焉者」是指時間在前的，「謂時王以前，如夏商之禮，雖善，而皆不可考」；「下焉者」是指地位在下的，「謂聖人在下，如孔子，雖善於禮，而不在尊位也。」這種對比不易說得通。

一般講「上焉者、下焉者」，一定是同時的比較，當然是指地位的高低。所以，比較合理的說法是：「上焉者」是指在上位的人，因為距離百姓太遠，以致「雖善無徵」，所以下一段才接著說「徵諸庶民」。「下焉者」是指在下位的人，他距離百姓很近，但是地位不高，是「雖善不尊」。這兩者各有所限，都未能得到百姓的信賴。

君子之道的六種表現

從「本諸身」以下所說的六點，是古人對「君子之道」所描繪的完美形象。

首先，還是要由自身做起，「本諸身」，以親身實踐為基礎。

其次，「徵諸庶民」，亦即「修己以安百姓」（《論語‧憲問》）。這句話恰好是孔子回答子路問君子的最後結論。

第三，「考諸三王而不繆」。「考」，考核。三王為夏商周三代的開國之君。

「繆」，通「謬」，錯誤。王與霸的分辨是：「以力假仁者霸，……以德行仁者王。」（《孟子．公孫丑上》）

第四，「建諸天地而不悖」。前面三點所說的是人類現存的社會狀況，第四點談到「天地」，亦即人類的安居樂業不能脫離大自然的基本規律。《易經．泰卦．象傳》說：「天地交，泰。后以財成天地之道，輔相天地之宜，以左右民。」意即：天地二氣互相交流，這就是泰卦。君王由此領悟，要根據天地運行的法則來設計制度，配合天地運行的條件來助成效益，藉此引導百姓。

第五，「質諸鬼神而無疑」。有關鬼神，請參考第十六章、第二十四章的解讀。「質」，問也。

第六，「百世以俟聖人而不惑。」「世」，三十年為一世；「百世」指往後的世世代代。「俟」，等待。這句話是說，請聖人來指正。孟子說過：「聖人復起，不易吾言也。」（《孟子．滕文公下》）又說：「聖人復起，必從吾言。」（《孟子．公孫丑上》）這即是出於類似的觀點。孟子的自信來自瞭解人性，從有人類開始就有這樣的人性。所以按照人性的方式來設計制度照顧百姓，那麼聖人都會贊成。

文中把「質諸鬼神而無疑」當成「知天也」，是因為瞭解天。這明顯表示「天」與上一段所說的「建諸天地而不繆」的「天地」不同。「天地」二字合用，代表自然界。「天」字則意思較古，可以用做「天命」（第一章「天命之謂性」），也可用做「天道」或「天之道」（第二十章「誠者，天之道也」）。天命就是上天有一個命令，遵守的話，鬼神就幫忙祝福你；違背的話，鬼神就代替天來懲罰你。

孟子談到「昔者堯薦舜於天，而天受之」時，特地說明：「使之主祭而百神享之，是天受之。」（《孟子．萬章上》）可見天與百神（在此為鬼神）有一致的回應立場。

天與鬼神在對人類的態度上一致，但依然是兩個不同的概念，不可混淆。「百神」是指山川之神。例如，舜祭獻之後的幾個月內，山川都很安定，沒有地震，沒有山崩，代表舜的祭獻受到百神的祝福。如果堯把天子位置傳給舜，由舜來負責祭獻，祭獻之後馬上天崩地裂，代表神明不支持他。所以，用神的反應來做為驗證，用以知天。

孟子提到這段話，是因為學生問他「古代天子的位置怎麼傳」。堯傳給舜，舜傳給禹，叫做傳賢不傳子。但是，禹的天子位卻傳給了自己的兒子，那到底誰對誰錯呢？孟子說兩個都對，上天要傳給賢，就傳給賢；上天要傳給子，就傳給子。但孟子怎麼知道是上天的意思呢？他就講了以上這段話。

所以，應該是《孟子》在《中庸》之前，如果《中庸》在前，《孟子》直接引用《中庸》的內容就好，何必講那麼多呢？

第二十章談及知人與知天，知人是為了事親、修身。由此可知，瞭解人性是怎麼回事，近可以事親與修身，推而廣之，就是這裡所說的「百世以俟聖人而不惑」。學習儒家，怎能不瞭解人性？

「動而世為天下道，行而世為天下法，言而言為天下則」這三句話，氣象宏大。「而」，於也。君子在世間的作為，受到天下人的稱讚。也有人把「而」當作轉語詞，意即：君子在世間的作為，世世為人所稱讚（或，世世為人所取法。把「道」當成法則）。

「在彼無惡，在此無射，庶幾夙夜，以永終譽」出自《詩經·周頌·振鷺》。「在此無射」的「射」，在《詩經》原為「斁」（ㄧˋ），厭倦也。「庶幾」，幾乎、大概，在此有期勉之意。「永終」，長期保持下去。

「蚤」，早。周王祭祀時，杞、宋二君（夏商之後）也來助祭，以此詩勉之。本詩期許二君在自己的國家不受人民憎惡，在這兒助祭也不被神明所厭惡。因為他們是亡國的王朝之後，所以會對他們有這樣的期許。

第三十章

〈30〉

仲尼祖述堯舜，憲章文武；上律天時，下襲水土。辟（ㄆㄧˋ）如天地之無不持載，無不覆幬（ㄉㄠˋ）；辟如四時之錯行，如日月之代明。萬物並育而不相害，道並行而不相悖。小德川流，大德敦化。此天地之所以為大也。

孔子推源紹述堯舜的理想，取法光大文王武王的德政。往上遵守天時的規律，往下順從水土的趨勢。可以譬喻他為天地，沒有東西不持守承載，沒有東西不覆蓋照顧。可以譬喻他為四時的交替運行，如同日月輪流照耀。萬物一起得到養育而不相妨害，道路各自分別通行而不相衝突。小的德行像河川一般滋潤萬物，大的德行就轉化萬物形成一體。這正是天地之所以如此偉大的緣故。

孔子的宏大理想

「仲尼」，孔子，名丘，字仲尼。「祖述」，「祖」，推源；「述」，紹述；「憲章」，取法並發揚。

天的運作顯示於春夏秋冬的季節上。孟子說：「天時不如地利，地利不如人和。」（《孟子．公孫丑下》）「上律天時」是要往上遵守天的規律。「襲」為因循、順從。「水土」則為地理之特性。這句話已有荀子的思想色彩：「天有其時，地有其財，人有其治，夫是之謂能參。」（《荀子．天論》）荀子是戰國時代末期的思想家，比孟子出生年代晚了六、七十年，算是儒家的第三位代表。他說，天、地、人各有各的特色，各做各的事情，稱為鼎足而三。

「辟如」，辟，譬也。以天地、四時、日月等來比喻孔子，正如《易經．乾卦．文言傳》所說：「夫大人者，與天地合其德，與日月合其明，與四時合其序，與鬼神合其吉凶。」「持載」為持守承載，「覆幬」為覆蓋照顧。

「道並行而不相悖」，萬物（如植物、動物）各有其道，彼此不相衝突，保持生態均衡。

「小德川流，大德敦化」，小與大，就其影響範圍而言。小德有如河川，可以滋潤萬物；大德則有深厚的力量，可以轉化萬物形成一體。這兩句話的對象皆為萬物，是第二十二章所謂「贊天地之化育」的體現，所以結論是「此天地之所以為大也」。

孔子沒有當過帝王，但這一段把他形容得如同帝王一般。我們也知道，像這種歌功頌德的話，有時候只是一種文學描述而已，沒有實質的意義。如果對孔子的理解，只看這一段，就會覺得他是被盲目崇拜的權威者。孔子哪裡有機會像天地日月四時一樣照顧百姓呢？他這樣講的理由是基於孔子的理論、建構的理想，如果有機會的話，就會有這樣的結果。所以讀書一定要知道什麼是事實，什麼是理想。

《論語‧子張》第十九談到子貢對孔子的稱讚，說他照顧天下百姓的時候，讓他們怎麼做就怎麼做，讓他們休息就休息，讓他們前進就前進。子貢是孔子親自教導的學生，他有這樣的觀察與信心。我們也知道，不同的人領導會有不同的效果。孔子這樣的人來領導，不但有德行還有智慧，他知道該怎麼做才能夠讓老百姓安居樂業。但是這種理想從古以來，就沒有機會去實現，這是我們要明白的。

儒家的理想來自人性向善

更重要的是要瞭解儒家憑什麼有這樣的理想，也就是我常常強調的「人性向善」。因為儒家肯定人性向善之後，就有一種信心，只要行善的話，老百姓都會跟著走。所以孔子說，無為而治的就是舜吧！他本身態度恭敬，面向南方站著，什麼都不必做。《論語．為政》中有「為政以德，例如北辰，居其所而眾星拱之」，治理天下以德行為主，就好像北極星一樣不必行動，便能讓所有星星各就各位。古人認為北極星是不動的，其實我們知道北極星也會移動，但這沒有什麼關係。這裡只是比喻。所以儒家也主張無為而治，但這裡的無為是行善。

行善怎麼叫無為呢？因為人性向善，所以行善不是很自然的嗎？不行善反而是有問題了，這是儒家的基本立場。這種立場或許可以討論，但是沒有此一立場的話，後面推不出這麼複雜豐富的內容。因為《中庸》不但講人間，還把自然界也拉進來，如天地、四時、日月。這個問題比較大，就算讓孔子再生來治理國家，就不再會有大地震嗎？那是不可能的。這是古人對自然界瞭解很有限的一種認識。到漢代時，專門講「天人感應」，例如某地發生地震，就會找個人出來扛責任，指出是因為他的德行不好，才會引發地震。當然，地震和統治者的德行毫無關係，這只是一種迷信心理，當人們無法分辨自然界與人類各有各的規則時，就會把它們混為一談。

第三十一章

〈31〉

唯天下至聖，為能聰明睿（ㄖㄨㄟˋ）知，足以有臨也；寬裕溫柔，足以有容也；發強剛毅，足以有執也；齊（ㄓㄞ）莊中正，足以有敬也；文理密察，足以有別也。溥（ㄆㄨˇ）博淵泉，而時出之。溥博如天，淵泉如淵。見（ㄒㄧㄢˋ）而民莫不敬，言而民莫不信，行而民莫不說（ㄩㄝˋ）。是以聲名洋溢乎中國，施（ㄧˋ）及蠻貊（ㄇㄛˋ）。舟車所至，人力所通，天之所覆，地之所載，日月所照，霜露所隊（ㄓㄨㄟˋ），凡有血氣者，莫不尊親，故曰配天。

只有在全天下達到至聖境界的人，才有可能做到以下五點。他耳聰目明、智慧完備，因而足以親臨百姓；他寬厚有餘、溫和柔順，因而足以包容眾人；他奮發圖強、堅定不移，因而足以持守原則；他整潔莊嚴、居中守正，因而足以受人尊敬；他講究條理、詳細考察，因而足以明辨是非。周遍廣闊而深刻寧靜，但在適當時機就展現出來。周遍廣闊有如上天一般，深刻寧靜有如深淵一般。他一出現，百姓沒有不尊敬的；他一說話，百姓沒有不相信的；他一行動，百姓沒有不喜歡的。因此，他的聲名充滿了整個中國，遠傳到偏遠的蠻貊地區。車船所抵達的地方，人力所開發的區域，天所覆蓋的範圍，地所承載的領域，日月所光照之處，霜露所降下之處，只要是人類，沒有不尊敬他、親近他的，所以可以說他是與天匹配的。

這段描寫愈來愈誇張，讓人感覺儒家的理想真的是天下第一。全世界各種文化和宗教的理想拿來對比，也比不上儒家的偉大，一句話概括起來就是「要把人間變成天堂」。其他的宗教總覺得人間有缺陷，天堂一定在彼岸，要覺悟、要得救，才能到那邊去。儒家這種理想為什麼可以成立？就是因為肯定了人性向善。所以領導者行善之後，老百姓就會喜歡，要不然憑什麼百姓都會有一致的反應呢？這種一致的反應代表普遍性，而普遍性一定有一個共同的基礎，那就是人性。所以，對人性瞭解透徹以後的哲學，才能夠建構起整個系統。當然我們也知道，人性向善還有很多地方值得商榷，例如惡是怎麼來的？這些是比較複雜的問題，在《孟子》裡面做過一些討論。

至聖是完美的境界

這裡提到聖人之道，又提到了至聖，表示達到完美的極致了。為什麼在聖人之上還有一個更高境界的至聖呢？這就要想到孟子的「聖而不可知之之謂神」（《孟子・盡心下》）。至聖相當於孟子所說的「神」的境界，前面說過至誠如神，也是類似的說法。

就如《大學》中的「在止於至善」。用「至善」這兩個字，代表在善之上還有一個層次，「至」代表最高境界，完美的境界。那麼，善與至善有什麼差別？如果要比較合理地去瞭解的話，要對善下個定義。善如果沒有定義的話，這就變成了純粹的名詞之爭。所以，我們把善定義為「我與別人之間適當關係的實現」。我們在學習的時候，一定要設法把話說清楚，在傾聽他人的批判之後，再來檢討，看看這個說法，怎樣去修正，才能符合經典本身的意思。

例如，這樣定義善之後，別人可能會問：難道人不應該照顧自然界的萬物嗎？人對動物好不叫善嗎？這是很好的問題。也有人問，難道人敬拜鬼神，捐錢去蓋廟、蓋教堂，不叫善嗎？這兩個問題要設法回答，是不能逃避的。這就要根據孔子、孟子的說法，對人而言才有的一種互動，才能稱為善。依照儒家的說法，始終把人放在和我平等的地位，善只在人與人之間，對動物好不叫善，叫愛護動物，例如孟子所說的「親親而仁民，仁民而愛物」。在宗教方面，捐很多錢蓋廟，稱為虔誠的信徒。虔誠的信徒不等於善人，愛護動物的人不等於善人。

至聖的五種能力

「有臨」是指以上臨下，治理百姓。孔子說：「知及之，仁不能守之，雖得之，必失之。知及之，仁能守之，不莊以涖之，則民不敬。知及之，仁能守之，莊以涖之，動之不以禮，未善也。」（《論語．衛靈公》）孔子提及治理百姓，需要「知、仁、莊、禮」。對照之下，《中庸》提及五項，多了「勇」。首先，聰明睿智為「智」，亦即孔子所說的「知及之」。由此可知，他講的當然是政治領袖，不然怎麼能夠以上臨下，治理百姓呢？

所以，我用《論語》的這句話來對照這一段的內容，說明《中庸》確實受到儒家的啟發。「知」代表智慧，可以靠智慧去面對百姓，得到百姓的支援，但仁不能守住，代表做的好事還不夠，照顧百姓還不夠，德行不夠，善的表現不夠，雖然得到最後還是會失去。這是第一步。第二步，雖然智慧可以得到百姓的支持，愛心可以照顧百姓，能守住位置，但是「不莊以蒞之」，面對百姓的時候不夠莊重，就會造成問題，老百姓就不會尊敬你。所以，孔子教仲弓「出門如見大賓，使民如承大祭」（《論語・顏淵》），出門就要像接待各國重要的賓客一樣莊重，使喚老百姓做事要好像奉行大型祭典，做到之後百姓才會尊敬你。孔子提到治理百姓，需要四個條件，「知、仁、莊、禮」。對照之下，《中庸》的內容多了一個勇，證明這是對孔子思想的發揮。

「有容」是指「仁能守之」。「寬裕溫柔」為仁的表現，寬裕溫柔能夠守住，就是仁能守之。

「有執」要靠「發強剛毅」，也就是「勇」。「發強剛毅」的「發」代表振作奮發。「強」，已在第十章說過。

「有敬」是說如果「齊莊中正」就可以受百姓的尊敬。「齊莊中正」的「齊」為齋，引申為整潔；「莊」為莊重嚴肅。孔子說過：「臨之以莊，則敬。」（《論語．為政》）孔子的思想是一貫的，前面說「不莊以蒞之，則民不敬」，後面說「臨之以莊，則敬」。一再強調領導者面對百姓，父母面對子女，老師面對學生，長官面對屬下，都要以莊重的態度待之。所以，「莊」這個字很重要。「中正」一詞在《易經．象傳》中經常使用，如陽爻在九五之位（如艮卦）或九二之位（如豫卦），皆可稱為「中正」，為居中守正之意。

「有別」指的是「文理密察」，在講究條理、詳細考察時，可以辨別是非，也可以因而合乎禮的要求。因為禮本來就跟分別有關。古代人講禮和樂要一起講，禮代表分，要敬老尊賢，區分各自的身分角色地位，以適當的方式來對待。但不能一直區分，所以要和諧，讓大家產生一種共融的心態。

君子三戒

「溥博如天」，「溥博」，周遍廣闊；「淵泉」，「淵」，狀其深；「泉」，狀其靜；「而時出之」，適時表現、出現。儒家用「時」強調適當的時候，該怎麼樣就怎麼樣，這是需要智慧的。

「施」，同「迤」，延伸、遠傳。「蠻貊」，《論語．衛靈公》：「言忠信，行篤敬，雖蠻貊之邦行矣。」由此可見，孔子相信自己的學說具有普遍性。因為「言忠信，行篤敬」，等於是遵守善的規則，蠻貊之邦的人應該也是人性向善，所以是行得通的。孔子的學生子夏說：「君子敬而無失，與人恭而有禮，四海之內皆兄弟也。」（《論語．顏淵》）因為敬、恭是行善，四海之內的人都是向善的，別人自然與你稱兄道弟。行善的話，雖蠻貊之邦行矣；不行善的話，雖州里行乎哉？說明家鄉的人也是向善，不向善、不行善，家鄉的人也受不了。這就是儒家的思想。

「隊」，意為「墜」，降下。「血氣」，指人的身體之自然狀態。此處的「血氣」為中性用法。

最早使用「血氣」一詞的是孔子。孔子所主張的並非人性本善，最好的理由之一，就是《論語・季氏》提到的「君子有三戒」。「少之時，血氣未定，戒之在色；及其壯也，血氣方剛，戒之在鬥；及其老也，血氣既衰，戒之在得。」想做君子的話，在人生不同的階段有三個毛病需要警惕：年輕時不要好色；中年不要好鬥；老年不要好得。如果人性本善，孔子怎麼會說這段話呢？這話說得有道理。什麼是血氣？人有身體，就有本能、衝動、欲望，這就是血氣。孔子把人的生命三個階段對應三個毛病來談，但有些人在同一個階段就有三個毛病。例如孟子見齊宣王的故事就是一個典型的例子。

齊宣王是萬乘之君，但他很佩服孟子，因為孟子比他大了二十幾歲，而且老先生很有學問，講話也很有道理。齊宣王向孟子坦白，坦率地說「寡人有疾」。讀這一段，會覺得很感動，齊宣王能這樣說真是很了不起！古今中外的帝王很少有主動承認自己有問題的。

齊宣王說他有三個毛病，寡人好色，寡人好勇，寡人好貨。這說明齊宣王一定讀過《論語》，所以才說自己同時有這三個毛病。孟子的回答也很巧妙，他說你好色嗎？天下人都好色。所以要推己及人，不應該一個人占有太多美女，而要讓每一對男女的感情都有歸宿。接著，針對好勇的問題，他先澄清概念，把勇敢分為小勇和大勇兩種。走在路上有人瞪我一眼，立刻怒髮衝冠、拔劍相向，這叫做小勇；大勇就是像周文王、周武王一樣，看到商紂無道，一發怒而天下立刻安定。有這種氣魄，老百姓都會感謝你，所以不要爭個人的匹夫之勇。最後，對於好貨這個毛病，孟子說你喜歡發財嗎？只要讓老百姓都發財，你自然就有錢了。這句話直到今天還是適用的，對國家元首而言，老百姓都發財，國家自然就有錢了。

孟子自始至終沒有批評他一句話，因為人在沒有練習、沒有修練的自然狀態就會有這三個毛病，既然帶著毛病當國君，我就讓你設法去想到百姓的處境。他講話的時候察言觀色，知道該怎麼說，也有很多的教育方法。

以齊宣王為例，還有這樣一個故事。

有一次孟子見了他就說，聽說前幾天大王坐在堂上，有人牽牛從堂下經過，大王聽牛哀叫很可憐，好像無罪被判了死刑，就詢問原因。牽牛的人說，最近鑄了一口鐘，要用牛血塗在鐘上面。（這是古代的釁鐘之禮，也就是祭鐘）大王就說，把牠放了吧，牠太可憐了。牽牛的人問，難道要廢除祭鐘的典禮嗎？大王說不可以，難道不能換一隻羊嗎？這話傳出去之後，老百姓都笑大王小氣，因為牛比羊貴。這話又傳到大王耳中，大王因此獨自生悶氣。有這種事嗎？

齊宣王坦承確有其事。孟子就安慰齊宣王說：我知道你是不忍心而不是小氣。齊宣王聽了很高興，他說的確是這樣，我是萬乘之君，怎麼會在乎一頭牛呢？我是不忍心。孟子就說太好了，大王有這種不忍的心情，將來就可以在天下稱王了。但是這種不忍心還不夠，只聽到牛在叫，沒有注意到羊也會叫；只聽到牛和羊在叫，不知道老百姓很多是餓死的。孟子是想讓齊宣王把這種同情心由動物推廣到對國內的老百姓身上，推行仁政。

這段話很有教育意義，但是對齊宣王並沒有發揮太大的作用。因為孟子把齊宣王比喻為很容易生長的植物，在它正要發芽的時候，曬它一天，凍它十天，怎麼能生長呢？這就是「一曝十寒」。孟子像太陽去曬它，但是周圍的大臣都把他凍起來。孟子說，一個國君身邊都是好人，他和誰一起做壞事？一個國君身邊都是壞人，他和誰一起做好事？這說明對人而言，周圍的環境很重要。

第三十二章

〈32〉

唯天下至誠，為能經綸（ㄌㄨㄣˊ）天下之大經，立天下之大本，知天地之化育。夫焉有所倚？肫（ㄓㄨㄣ）肫其仁，淵淵其淵，浩浩其天。苟不固聰明聖知，達天德者，其孰能知之？

只有在全天下真誠到極點的人，才能夠經營籌畫天下眾人共同的規範，奠定天下眾人共同的基礎，並且瞭解天地的造化及養育方式。他哪裡有什麼憑藉呢？他以無比誠懇的態度努力行仁，他以無比深刻的修養保持寧靜，他以無比廣闊的心思體察上天。如果不是真正耳聰目明、智慧完美、充分領悟天的功能的人，有誰能明白這個道理呢？

「經綸」，經營籌畫。朱注：「經、綸，皆治絲之事。經者，理其緒而分之；綸者，比其類而合之。」《易經．屯卦．象傳》：「雲雷屯，君子以經綸。」在社會剛剛組成的時候，領袖的首要任務是經營籌畫各種制度規章。「大經」，「經」，常也。大經是人類共同的規範，如五倫等重要的倫常與禮儀。

「大本」，第一章說：「中也者，天下之大本也。」意指「喜怒哀樂之未發」這種穩定狀態是天下眾人共同的基礎。「天下」一詞與「天地」對照，所指為人間社會。這種大本的來源則是「天命之謂性」一語所揭示的。

「倚」，依靠，憑藉。「焉有所倚」是指不依賴任何外在的或外來的支持，而應該靠自我的修練。這就是前面說過的「自誠明，謂之性」，如果沒有機會受到好的教育，但能夠明善，還是有希望的，這是儒家觀點。

「肫肫其仁」，「肫肫」，懇切之至；「淵淵」，寧靜無比；「浩浩」，廣大開闊。這三句話皆為個人修養的極致表現。疊詞「肫肫」、「淵淵」、「浩浩」在文中的使用，是要強調一而再、再而三、念茲在茲，一定要一直往這個方向前進，這是古代用字的習慣。

「天德」，在此指天的功能，亦即在《中庸》多次描述之自然界的造化之功。

「唯天下至誠」在此再度出現。第二十二章時，至誠已經展現了明顯的效果，即「為能盡其性」、「盡人性」、「盡物性」、「贊天地之化育」、「與天地參」。當然，我們很難想像什麼叫至誠，因為「至」是最高境界，我們一般人沒有到這個境界。這裡又說了一遍，只有全天下真誠到極點的人，才能夠經營籌畫天下眾人共同的規範。

「立天下之大本」，又回應了第一章的「中也者，天下之大本也；和也者，天下之達道也。致中和，天地位焉，萬物育焉」。「天下」在這裡是指人間，「天地」是指自然界。從天下人類的安定，推到自然界的安定，所憑藉的不是神仙的啟示，也不是宗教信仰，而是孟子說的：「形色，天性也，惟聖人然後可以踐形。」（《孟子．盡心上》）

形色是天性，聖人實踐潛能

形色是人生下來就有的形體和容貌，這不是我們選擇的，而是天生的本性；但只有聖人，才能把人生命的形狀、樣貌全部實現出來。換句話說，人生下來圓顱方趾，身子直立，兩腳行走。直立行走是人的一個重要特色，這是人和動物不一樣的地方，別的動物沒有直立行走的。

人能夠雙足著地，才能夠頂天立地，整個人站立起來。在宇宙之中是神奇的現象。而且，人類是所有動物裡面，唯一頭生長於脊椎骨上方的。別的動物，包括最接近我們的猩猩在內，頭都是長在脊椎的前面。而且只有人的手掌整個可以伸開來，可以抓東西、製作東西，像猴子、猩猩的手，只適合攀援。人和動物在很多地方有共同的背景，而在幾十萬年前，我們的祖先通過了考驗，一路發展上來，以致從身體結構看來就不一樣了。

孟子說，只有聖人才能把人的潛能全部實踐出來。這就清楚地說明人不需要靠外界的事物來代表人的特徵。人的內在就有特別的智慧，說是善端也好，說是人的自覺能力也好。我比較喜歡強調人有自覺能力，人和動物的差別，在於人類跨過反省的門檻，這是一個西方用的術語。因為只有人類，才能夠意識到自己。動物只能直接意識到外面的東西，但是意識不到自己。什麼叫意識不到自己呢？例如說人在吃飯，人知道自己在吃飯，人還知道自己知道自己在吃飯；狗在吃飯，狗知道自己在吃飯，但狗不知道自己知道自己在吃飯。這不是繞口令。動物沒有辦法意識到自己是一個主體，有主體意識才會有自覺。

羞恥心有助於修養

我們常常說瞭解自己，才會有羞恥心，所以儒家很強調「恥」這個字。一般人不受教育，不去修養自己，就是「有怨而無恥」——一天到晚什麼事情都抱怨，而不會有羞恥心。

什麼叫做修養呢？修養就是「無怨而有恥」——任何事情發生了都不抱怨，同時有羞恥心，會自我反省、檢討自己。在《論語》中，有很多言論可以做為根據。孔子說「不怨天，不尤人」（《論語‧憲問》），做為一個念書人，第一件事是「行己有恥」（《論語‧子路》），我本身的言行即存有羞恥心，會自我要求，自我約束。

所以對現在的年輕人，教育的目的之一是要有羞恥心，當自己的言行表現未能達到正常的標準時，要心懷羞愧。中國人與西方人的不同之處，在於基督徒有罪惡感，華人則是受儒家影響而有羞恥心。罪惡感是一個人由於信仰，而知道在神的眼中沒有人是完美的，因為人有原罪，這叫做罪惡感。所以常常覺得自己不堪，言行表現都達不到神的要求，與神對比的時候，常覺得自己不完美。

羞恥心與神沒什麼關聯，卻與社會有關。在一個社會裡面，大家都考六十分，你考了四十分，覺得丟人，這是羞恥心。但是羞恥心又分兩種。第一種是向外比較，最怕是笑貧不笑娼，窮並不可恥，不擇手段去賺錢才更可恥。如果一個社會的價值觀，認為只有得到富貴權力才叫成就，那就麻煩了。真正的羞恥心注重的是德行夠不夠，看到別人的德行比我好，自己覺得可恥。顏淵說過：「舜何人也，予何人也，有為者亦若是。」（《孟子．滕文公上》）因為人性向善，在善的方面我做不到他那個程度，甚至達不到社會一般的標準，我覺得不好意思，這是羞恥心。

所以社會風氣很重要。如果社會風氣整個變壞的話，大家都沒有羞恥心，社會就亂掉了。儒家在這一點上有它的堅持，所以孟子才引用孔子的話：「自反而縮，雖千萬人吾往矣。」（《孟子．公孫丑上》）千萬人代表大多數人，儒家講究群體和諧，我跟別人之間適當關係的實現叫做善。但是，為什麼說如果我反省自己沒有錯，就算千萬人跟我作對，我照樣向前走呢？千萬人為什麼都和我作對？因為千萬人都墮落了。當千萬人都墮落的時候，我怎麼知道自己是對的？這是儒家最難說明的地方。

天下處於亂世時，一個人可以堅持原則，獨立而不倚，但問題是怎麼才能知道自己所堅持的是正確的？所以孔子講「五十而知天命」，要上知天命，意義就在這裡。這是儒家的重點，因為它強調社會性，那麼當社會整個腐化的時候，社會性在哪裡？孔子和孟子很喜歡講「天」，原因就在這裡。所以學習儒家的時候，不能只注意人的這個平面層次。除了橫的側面，還有縱的側面，要上知天命。天代表縱面，橫面就是一般平常的社會。

孔子曾兩次差點被殺，第一次是在匡被圍，他說「天之未喪斯文也，匡人其如予何？」（《論語．子罕》）第二次是他在宋國，宋國司馬桓魋（ㄊㄨㄟˊ）要殺他，他說「天生德於予，桓魋其如予何？」（《論語．述而》）兩次都把天抬出來，就是向上訴求。但是向上訴求，牽涉到一種信仰，信仰就很難去做深入的追究。很多時候，不要問一個人的信仰對不對，而要問一個人信了之後，有什麼表現？信的是真正的神或者假的神都是次要的，重要的是信了之後，生命有沒有改變。就算是真正的神，行為沒有改變也是白信。即使是誤信了假的神，但在信了之後，能夠很虔誠地改變自己，倒也成就了一樁好事。所以，信仰最後的驗證不在於相信的對象是不是真的，而在於是否改變自己，變得更完美。

第三十三章

〈33〉

《詩》曰：「衣錦尚絅（ㄐㄩㄥˇ）」，惡（ㄨˋ）其文之著（ㄓㄨˋ）也。故君子之道，闇（ㄢˋ）然而日章；小人之道，的（ㄉㄧˋ）然而日亡。君子之道，淡而不厭，簡而文，溫而理；知遠之近，知風之自，知微之顯，可與入德矣。

《詩》云：「潛雖伏矣，亦孔之昭。」故君子內省（ㄒㄧㄥˇ）不疚，無惡（ㄨˋ）於志。君子之所不可及者，其唯人之所不見乎！

《詩》云：「相在爾室，尚不愧於屋漏。」故君子不動而敬，不言而信。

《詩》曰：「奏假（ㄍㄜˊ）無言，時靡（ㄇㄧˇ）有爭。」是故君子不賞而民勸，不怒而民威於鈇（ㄈㄨ）鉞（ㄩㄝˋ）。

《詩》曰：「不（ㄆㄧ）顯惟德！百辟（ㄅㄧˋ）其刑之。」是故君子篤恭而天下平。

《詩》云：「予懷明德，不大聲以色。」子曰：「聲色之於以化民，末也。」《詩》曰：「德輶（ㄧㄡˊ）如毛。」毛猶有倫。「上天之載，無聲無臭（ㄒㄧㄡˋ）。」至矣。

《詩經》說：「穿錦衣時，外加罩衫。」這是因為討厭外面的色彩太過醒目。因此，君子的作風是黯淡卻日益彰顯；小人的作風是亮麗卻日漸消失。君子的作風是平淡而不惹人厭煩，簡單而富於文采，溫和而條理井然。一個人知道遠處的情況是從近處推廣出去的，知道風俗的演變是由哪裡開始出現的，知道隱微的細節反映了明顯的事實，這樣就可以進入修德的途徑了。

《詩經．小雅．正月》說：「潛在水裡隱藏起來，還是看得一清二楚。」所以君子反省自己而沒有愧疚，心意也可以坦然無憾。君子讓一般人比不上的，大概就在別人看不到的地方吧！

《詩經．大雅．抑》說：「看你獨處於屋中，在陰暗角落還可無愧。」所以，君子沒有作為也能讓別人尊敬他，沒有說話也能讓別人相信他。

《詩經．商頌．烈祖》說：「抵達無言的意境，此時大家也無爭議。」因此，君子不用賞賜，百姓就振作起來；不必發怒，百姓就覺得比刀斧更有威力。

《詩經．周頌．烈文》說：「德行光大顯揚出來，諸侯就會起而效法。」因此，君子篤實恭敬，天下就會太平。

《詩經．大雅．皇矣》說：「我珍惜光明德行，不想要疾言厲色。」孔子說：「用聲音與臉色來教化百姓，那是最差的手段。」

《詩經．大雅．烝民》說：「德行很輕，輕如羽毛。」羽毛還有形象可見。《詩經．大雅．文王》說：「上天所行之事，既無聲也無味。」那才是至高境界啊！

入德之後的各個修行階段

「衣錦尚絅」為「逸詩」。「逸詩」就是沒有被收錄在《詩經》裡，但還是有人在引用的詩句。「逸」就是逃走的，沒有收錄而流落在外的。類似的句法見於《詩經．衛風．碩人》：「衣錦褧衣。」「錦」，文彩華美的衣服。「褧」（ㄐㄩㄥˇ），絅，禪衣，單層的罩衫。「尚」，外加於其上。穿錦衣時，外加罩衫，有收斂自重之意。此與《老子》第七十章所說「是以聖人被褐懷玉」表面類似，但立意不同。聖人為什麼被褐懷玉呢？因為要隱藏自己，這樣比較安全。如果懷中有美玉，讓別人知道之後，別人就會來搶，給你帶來各種麻煩，這是道家的立場。

古時候國家很多，到了周朝的時候，還有上百個國家。如果天子的德行光大顯揚出來，諸侯就會起而效法。因此，君子篤實恭敬，天下就會太平。原文講的當然是天子，因為只有天子的表率和德行光大顯揚出來，諸侯才會效法。但是，後來也把這些用於君子。

「君子之道，闇然而日章；小人之道，的然而日亡。」「闇」，暗也；「章」，彰也；「的」，明也；「亡」，消也。這句話的意思是君子的作風以德為主，而不會虛張聲勢；小人則反之。

「知遠之近，知風之自，知微之顯」這三句話皆以「知」開頭，可見是先知再行。不先瞭解自己該負的責任，是不可能入德的。以下六句引《詩經》中之語，代表入德之後的六個修行階段。

「潛雖伏矣，亦孔之昭」出自《詩經．小雅．正月》。此詩憂心時局異常，世事堪慮。在亂世中，就算隱藏也未必安全。此詩引文另有用意，強調修德的第一步是真誠面對自己，不必想要隱瞞什麼。「內省不疚」亦見於《論語．顏淵》，「內省不疚，夫何憂何懼？」如此才可成為君子。「無惡於志」即無愧於心，坦蕩蕩也。君子勝過一般人之處，就是他在私下日常生活的用心修養。「孔」，甚也；「昭」，明也。

「相在爾室，尚不愧於屋漏」出自《詩經．大雅．抑》，此為衛武公自惕之詩。「相」，視也；「尚」，庶幾。「屋漏」，室內西北角陰暗之處，上有天窗可漏些光進來，所以稱為「屋漏」。由於慎獨，表裡一致，理直氣亦壯，所以顯示人格的特殊力量，可以「不動而敬，不言而信」。

「奏假無言，時靡有爭」，出自《詩經．商頌．烈祖》，此為祭祀成湯之樂詩。「奏」，進；「假」，格，至；「靡」，無。無言而化民，民亦無所爭。孔子也曾說過：「予欲無言。」（《論語．陽貨》）接著他說：「天何言哉！四時行焉，百物生焉，天何言哉！」意即：真正的力量不在多言，而在於真實的行動及效果。「勸」，振作；「鈇鉞」，刀斧。

「不顯惟德，百辟其刑之」出自《詩經．周頌．烈文》，此為周王祭於宗廟，而諸侯助祭之詩。「不顯」，丕顯，大顯。「百辟」，辟為諸侯，指所有助祭的諸侯。「刑」，型，取法。天子大顯其德，諸侯起而效法。「篤」，厚，實在。「天下平」，此亦孔子「修己以安百姓」（《論語．憲問》）之意。

「予懷明德，不大聲以色」出自《詩經．大雅．皇矣》，此為勉勵周人取法文王修德之詩。這句引詩前面有「帝謂文王」四字，原意是：上帝告訴文王，他眷念明德，不疾言厲色。此處引文用意稍異。所說為鼓勵君子要珍惜明德，要靠本身光明的德行來感召及教化百姓，而不可全靠疾言厲色。「大」，倚重。「聲以色」，聲與色。

「德輶如毛」出自《詩經．大雅．烝民》。原詩說的是「德輶如毛，民鮮克舉之」，意即：德行輕得像羽毛一樣，但百姓依然無法將它舉起來。君子不該期待百姓，而要自己努力修德。這一句說：即使以德教化百姓，也還是落於形跡。「倫」，類，可比擬，有形象。

至於最高境界，則是「上天之載，無聲無臭」，這句話出自《詩經．大雅．文王》。上天所行之事，如「四時行，百物生」皆為無聲無臭，自然而成。孟子說：

「夫君子所過者化，所存者神，上下與天地同流。」（《孟子．盡心上》）意即：真正的君子，經過之處都會感化百姓，心中所存則是神妙莫測，造化之功與天地一起運轉。《中庸》以此結束，亦可見其為孔子、孟子思想之延續與發展。

像《中庸》這樣的經典，能夠從頭到尾全部讀一遍，就可以知道古人在學習的時候使用的素材。我們也發現很多東西都必須重新再解釋，不能夠只把它當作事實來加以理解，很多是屬於理想層面的。這時就要問，到底它是一種想像中的，還是有可能實現的境界。它的限制在於古代上層社會的人才有機會讀書，他們是統治階層，一般老百姓只有基礎的鄉村教育。所以我們在閱讀時，必須自行斟酌。有些想法只要大致瞭解即可；另一些則要進一步問：可以從其中學到什麼，可以怎樣去實踐？

最後一章是總結，它大量引用了《詩經》的材料。《大學》與《中庸》引用《詩經》，很明顯就是現代常說的「斷章取義」。這不是故意扭曲，或者否定它的意思，而是說只選擇需要的部分。這也是一種方法。就好像今人寫文章引用古人的話一樣，要用得恰到好處。

君子的作風黯淡卻日益彰顯

第一段重點在於最後那一句話「入德」，進入德行的門檻，總結要入德該怎麼做。《詩經》說穿錦衣時，外加罩衫，代表收斂。一個人如果有什麼就都表現出來，就像孔雀一樣，色彩太醒目的話，別人就都注意你的外表，你也容易只留意自己的外表，最後就忘記內在。一些人雖然外表不出色，但事業很有發展，因為很老實，別人就不會防他。如果精明外露，別人看了就會提防，最後反而吃虧，這就是社會生活的經驗。所以能力才華不要急於顯露出來，否則容易遭忌。

因此，君子的作風是黯淡卻日益彰顯，重要的是開始的時候不要急，只是做實際的修行，要有紮實的功夫，慢慢就會彰顯出來。反之，小人的作風亮麗卻日漸消失，就像放煙火一樣，煙火放完之後，是更深沉的黑暗。這就是君子與小人作風的差異。代表君子比較重視根本，而非外在的表現，小人則反之。「君子之道，淡而不厭，簡而文，溫而禮。」君子的作風，是平淡而不惹人厭煩，簡單而富於文采，溫和而條理井然，這三句話講得真好。

人無遠慮，必有近憂

君子之道，行遠必自邇，登高必自卑，沒有從近處推出去，遠處就不會有這種結果。遠近也可以就時間來說，「人無遠慮，必有近憂」（《論語・衛靈公》），如果沒有長遠的考慮，就會有眼前的憂患，所以想事情都要想得很遠。

風俗的演變是由哪裡開始出現的？社會風氣就像曾國藩所說的，「風俗之厚薄，繫乎一二人心之所向」。一、兩個在關鍵位置上的人，只要有了作為，風氣便會開始出現，否則就會茫然無緒，不知道社會怎麼變成今天這個樣子？

見微知著，勿急於表現

隱微的細節反映了明顯的事實。尼采說「哲學家是文化的醫生」，這話說得真好。因為文化的發展非常複雜，非常龐大，但它還是有跡可循。誰可以發現這個跡象呢？尼采認為是哲學家，因為哲學家看得比較深刻，見微知著，只要看到一點點隱微的徵兆，就會想像照這樣下去的話，將來結果會如何。人要善於培養一種想像力，一方面是基於過去的經驗，另一方面是基於自己讀書之後，瞭解人性的趨向。例如，大家都知道，由儉入奢易，由奢入儉難，但是你知道這個奢侈的風氣什麼時候出現的嗎？對大家來說，是從我們買名牌開始。當名牌變成大家都很熟悉的概念，它就開始流行了。文化可能生病，所以它需要醫生，但是生病之後就來不及了。所以隱微的事實反映了明顯的事實，這樣才可以進入修德的途徑，也就是不要著急去表現。

年輕的時候，我有幾個朋友早早嶄露頭角，年紀輕輕就當了系主任、當了院長，我還沒出國念博士，同學都已經上臺了，難免著急。後來一位長輩就說：「你不要著急，『夫唯不爭，故天下莫能與之爭。』」（《老子》第二十二章）這句話也是我後來的一種生活信念。

最好的教育方法是身教

本章第一段教人入德，第二段則講修行。因為隱微的地方也很明顯，所以在別人看不到的地方，就要修練。代表要下實際的功夫，不能只求表面的妥協。第三段就是慎獨的功夫所造成的效果。由於慎獨，表裡一致，理直氣亦壯，所以顯示人格的特殊力量。第四段說真正的力量不在多言，而在於真實的行動及效果。自己本身做得好，雖然不講話，壞人也會害怕，好人也會得到鼓勵。這是從前面的入德，一路慢慢自我修練，從慎獨一路上來，就表現出來了。就像舜與人為善，從別人身上取優點來實踐，讓別人也可以來實踐。

所以最好的教育方法是身教。用言教的話，只要求學生照這個去做，自己不做，效果不大，他們也只是表面上應付一下而已。也就是說，真正的力量不在多言，而在於真實的行動及效果，所以對百姓不講話，他們也會得到鼓勵、因而振作；對壞人而言，雖然沒講什麼話，卻讓他覺得比刀斧還要嚴厲。孔子說，用聲音與臉色來教化百姓，是最差的手段，代表教化一定要靠身教。

《詩經》還相信有上帝。上帝告訴文王，他眷念明德，不疾言厲色，意思是說，我不喜歡疾言厲色，我喜歡好的德行。引用在這裡是說，鼓勵君子要珍惜明德，要靠本身光明的德行來感召及教化百姓，不可全靠疾言厲色。

德行不夠是不為，不是不能

德行輕得像羽毛一樣，但百姓依然無法將它舉起來。要老百姓去實踐德行太難了，因為他們是被統治的人，平常比較缺乏自主性，不會覺悟自己應該怎麼選擇，怎麼決定。他們被統治時，只注意到日常生活實際的需要，該怎樣養家餬口，教育孩子，如何將來能有發展，一般老百姓就如此打算。所以德行雖然輕得像羽毛一樣，老百姓也舉不起來。以此為比喻，說明德行不是很難，但問題是你要不要舉起來呢？

對於這個問題，孟子曾做過比喻，把情況分為兩種。他勸誡齊宣王的時候說，第一種情況是叫你挾泰山以超北海，即把泰山挾在手臂下跳過北海，聽起來像神怪故事，這不是不能，而是真的做不到。第二種情況是為長者「折枝」，如果這個做不到，就不是不能，而是不為。以前有人將「折枝」解釋為替長輩折樹枝，但長輩為什麼需要樹枝呢？其實古代的字有很多是通用的，「枝」在這裡是指四肢。「折枝」就是替長輩跑跑腿，拿拿東西。這個不做的話，是不願意去做，而不是不能做。

孟子認為齊宣王要治好天下，是不為也，非不能也。儒家講究推己及人，他說人心有四端，不肯推的話，會連與父母都無法相處。如能推到天下的話，則治天下可運於掌。「推」這個字怎麼去運用呢？那就是我們常說的「苦民之苦，聞聲救苦」。

要確立適宜的目標

孟子說政治領袖要「樂以天下，憂以天下」（《孟子．梁惠王下》）。以天下之樂為樂，以天下之憂為憂，這已達到極致了。但是宋朝的范仲淹又把話說得誇張了，「先天下之憂而憂，後天下之樂而樂」。「先、後」兩個字用得不好。一個人要先天下之憂而憂，是可以做得到，天下人都還沒有憂慮，我先憂慮，這個可以理解。但後天下之樂而樂，誰做得到？天下人都快樂了之後，再來快樂，那永遠到不了快樂的時刻。

宋朝有很多文章寫得好的學者，但做不到的事，寫出來有什麼意義呢？當作理想，你也做不到，別人也做不到，大家都只能遙遙嚮往。人有一種心態，理想定得太高之後，做不到就很容易反向而行，變得自暴自棄。所以老師不要給學生們定太高的目標，只要比他們的能力高一點就好，他們做到之後再稍微高一點，慢慢來。否則一下訂了很多目標，實際上是難以實現的。

所以經典學了之後，要能夠實踐，否則只講一些好的理想和大話是沒用的。孔孟為什麼了不起，因為他們講的話沒有虛話。孟子說天下人怎麼樣快樂，我就以這個當作快樂；天下人怎麼樣憂愁，我就以這個當作我的憂愁。我和老百姓站在同一個立場上。所以儒家很喜歡強調「與民偕樂」，我和老百姓一起快樂，這才是我們要推廣的思想。

所以君子不該期待百姓，而要自己努力修德，最高境界是和天一樣，無聲無臭。上天所行之事像孔子說的「四時行，百物生」，這些事情都沒有聲音也沒有味道，自然而成。孟子說君子經過任何地方，都會感化百姓，君子到任何地方去，一定會有造福百姓的一些具體作為。君子有比聖人還要高的境界，以無法描寫的境界做為心中所想的目標。我們都知道「取法乎上，得乎其中」，把目標定得高，就有可能往那個方向前進；目標定得低，達到之後就沒路走了。有一個真實的故事。有個女孩子，臺大畢業，到美國矽谷打拼。她從小就只有一個願望，要住在臺幣一億的房子裡面。結果她到四十歲那一年，就買了美金三百多萬的房子，達到終身的願望。她請所有的朋友，到家裡面開派對，大家都很羨慕她。然而一個月之後，她的朋友都收到她想自殺的短信。

目標是要在心中常常存想的，當一個目標達到之後，一時之間會有失落感。多少人在世間奮鬥，都是以有形可見的具體成就或是某種表現，做為奮鬥的目標，但是這類目標一旦達到之後，便容易感到無路可走，陷入迷茫。所以要把目標轉向內在，如此一來，就有無限的發展空間。

德行如果還有形象，代表修練得還不夠，要和上天所做的事一樣無聲無臭。所以孟子說，「上下與天地同流」（《孟子．盡心上》），他也說浩然之氣，「以直養而無害，則塞於天地之間」（《孟子．公孫丑上》）。用正直真誠來養我的氣，這個氣可以充滿於天地之間。天地之間就是萬物，我的氣充滿在天地之間，代表在天地之間到處行得通，沒有任何地方會妨礙到我，就是前面說過的「君子無入而不自得焉」，這叫做君子的修練。

修練自己是一項長期的工作

第三十三章講人生的第一步就是要入德，就好像孔子教學生，第一步是立志。如果不立志，就沒有方向，沒有方向就會在原地打轉，或是到處流蕩，氾濫無所歸。所以在學儒家的時候，第一步要立志，立志之後當然是跨進入德之門，入德之後一定要腳踏實地。做君子不要著急，要從曖曖內含光，從內在慢慢修練發出光明。

入德之後要真誠，不要想隱瞞，心胸一定要坦蕩光明，因為你走的是人生的正路。什麼是正路呢？人性向善，行善就是正路。行善的時候有兩種考慮，第一種是形式上，要設法擇善固執；第二種是內涵上，處在什麼位置和角色上，都要盡到責任。之前舉過舜的例子，他無論在貧困度日時或是擁有天下時，都能夠坦然應對。修練自己是長期的工作，舜修德之後，有了內在的信念，所以外在的遭遇不能影響他，就能夠做到寵辱不驚。

《莊子》描寫孔子周遊列國時，曾在陳蔡之間被圍了七天，沒有飯吃，同學們都餓壞了，開始抱怨起來。孔子就把學生集合起來，並告訴他們，學儒家的人「窮亦樂，通亦樂，所樂非窮通」，而在於道。什麼叫道？就是《中庸》所說的人之道，因為人性向善，知道之後就真誠地由內而發，產生力量，不斷行善做我該做的事，這就是我的道。瞭解了道之後，不管什麼時代、什麼社會、有什麼遭遇，快樂都會由內而發，這是儒家的立場。

所以，入德之後一步步來，真誠然後慎獨，以德行來教化百姓，不要靠疾言厲色，然後上行下效，到最後要效法上天的無聲無臭，好像一切都順其自然。這就是《中庸》所表達的儒家理想，有傳承，也有其精采的發展。

文化文創 BCC010A

止於至善
傅佩榮談《大學》‧《中庸》

作者 — 傅佩榮

責任編輯 — 李美麗（特約）、陳孟君
封面暨內頁設計 — 黃淑雅（特約）

出版者 — 遠見天下文化出版股份有限公司
創辦人 — 高希均、王力行
遠見・天下文化 事業群董事長 — 高希均
事業群發行人／CEO — 王力行
天下文化社長／總經理 — 林天來
天下文化總經理 — 林芳燕
國際事務開發部兼版權中心總監 — 潘欣
法律顧問 — 理律法律事務所陳長文律師
著作權顧問 — 魏啟翔律師
社址 — 台北市 104 松江路 93 巷 1 號 2 樓
讀者服務專線 —（02）2662-0012
傳　真 —（02）2662-0007；2662-0009
電子信箱 — cwpc@cwgv.com.tw
直接郵撥帳號 — 1326703-6 號　遠見天下文化出版股份有限公司

電腦排版 — 立全電腦印前排版有限公司
製版廠 — 東豪印刷事業有限公司
印刷廠 — 祥峰印刷事業有限公司
裝訂廠 — 精益裝訂股份有限公司
登記證 — 局版台業字第 2517 號
總經銷 — 大和書報圖書股份有限公司　電話／(02)8990-2588
出版日期 — 2013 年 12 月 24 日第一版第 1 次印行
2022 年 12 月 30 日第二版第 3 次印行

定價 — NT$600
4713510945445
書號 — BCC010A
天下文化官網 — bookzone.cwgv.com.tw

國家圖書館出版品預行編目(CIP)資料

止於至善 : 傳佩榮談<<大學>>.<<中庸>> / 傅佩榮著. -- 第一版. --臺北市 : 遠見天下文化, 2013.12

面；　公分. -- (文化文創 ; CC010)

ISBN 978-986-320-332-2(平裝)

1.學庸 2.研究考訂

121.257　　　102023186